本书受大理大学博士科研启动费项目（KYBS201740）资助

群体·社会丛书
QUNTI SHEHUI CONGSHU

晚明文本插图研究

田 威 著

中国社会科学出版社

图书在版编目（CIP）数据

晚明文本插图研究 / 田威著. -- 北京：中国社会科学出版社，2024.8. --（群体·社会丛书）.
ISBN 978-7-5227-4036-2

Ⅰ. D691.9

中国国家版本馆 CIP 数据核字第 2024NW1826 号

出 版 人	赵剑英
责任编辑	刘　芳
责任校对	王　潇
责任印制	李寡寡

出　　版	中国社会科学出版社
社　　址	北京鼓楼西大街甲 158 号
邮　　编	100720
网　　址	http://www.csspw.cn
发 行 部	010-84083685
门 市 部	010-84029450
经　　销	新华书店及其他书店

印　　刷	北京明恒达印务有限公司
装　　订	廊坊市广阳区广增装订厂
版　　次	2024 年 8 月第 1 版
印　　次	2024 年 8 月第 1 次印刷

开　　本	710×1000　1/16
印　　张	16.75
插　　页	2
字　　数	240 千字
定　　价	98.00 元

凡购买中国社会科学出版社图书，如有质量问题请与本社营销中心联系调换
电话：010-84083683

版权所有　侵权必究

序

  在人们眼里，技法和理论是一对矛盾体，至少现状便是如此。比方说，在艺术学领域，从事技法研究与教学的老师不重视理论，或理论修养有限；从事理论研究与教学的老师，技法不精湛，或有缺陷。二者兼得者甚鲜。然而，事实上，理论和技法双修并相互促进，不仅完全可能，而且十分必要。我在多年的博士人才培养过程中，有过多次实践，深有感触。从中，我也体会到跨学科人才培养的乐趣与心得。

  田威于2008年考入我的门下攻读博士学位。他是设计专业出身，在自己的专业领域卓有成绩。入读伊始，我对他在自己专业领域的修养便十分明了：多年积累，对于美术和装潢艺术有着独到的见解，执着于对中国传统文化的深入理解，并对于中国古代的器物孜孜以求。总之，田威对于自己的专业领域有着与众不同的见解与取向。这正是我比较看重且对其抱有信心之处。

  读博期间，田威敏而好学，潜心研究。他深知治学的重点和需要努力的方向，在两个方面着力尤多。

  一是历史的专业素养，这是跨学科攻读博士学位的研究生们都必须力补的方面。当然，我对史学专业出身的研究生们也有跨学科的要求，希望他们尽量完善学科知识结构，应该对诸如文化人类学、社会学、地理学、制度经济学等学科的理论与方法有所涉猎，至少应该选择其中一门对自己研究领域有所助益的学科，深入其中，领悟该学科的知识体系、理论与方法，这对提升学养将有极大的帮助。在我的课堂上，在阅读与交流过程中，田威对社会史表现出极为浓厚的兴趣，并体悟到社会史的理论和方法对他的研究有十分重要的意义。于是，田威围绕着社会史的研究，阅读了一批学术研究成果，受益良多。这在他的学位论文中可以得见。

二是史料的收集。入读不久，田威便确立了学位论文的选题，基于他的专业兴趣和原来的专业背景，田威选择了对于晚明文本插图的研究。开展这项研究，中国大陆的资料应该是比较充实的，但境外仍有不少好的版本的相关文献。为此，田威在我国大陆地区广泛关注和收集相关文献的同时，先后前往我国台湾地区和日本东京等地。在台湾期间，田威在"中研院"等地专心阅读和搜集，同时拜访了一批研治新文化史的学者，包括我的一些学界朋友。在日本东京访学期间，田威更是如饥似渴，勤奋查阅，并得到了我的学界朋友的帮助，收获甚多。记忆中，田威在日本访学期间，正巧遇上日本大地震，亲历了日本地震的全过程，这对他是一次难得的经历。访学结束回到国内，田威撰写并出版了《东京一年》（武汉大学出版社2011年版）一书，记录了他在日本访学期间每天的经历和所睹所思。

为了能够最大限度地充实自己，田威学习颇为用心。在"史学前沿著作研读"的课堂上，他认真阅读课堂内外的史学前沿书籍，并尽力理解与体会作者力图揭示的那个时代和解决的学术问题，努力尝试我一直强调的体验式研究，成效显著。比如，我在课堂上布置阅读卜正明先生的《纵乐的困惑——明代的商业与文化》（生活·读书·新知三联书店2004年版）一书，在课堂交流上，田威谈他对于该著的认识，我感受到他的阅读重心在于理解作者如何剖析明代社会的变迁，尤其是晚明社会的特点。他还结合樊树志先生的《晚明史》（复旦大学出版社2003年版）等著作，深入探寻晚明的时代与社会。这些工作为他更准确地把握晚明社会奠定了一个良好的学术基础。在学习中，田威十分注重与同门好友开展交流，冯明、徐剑与他同届，三人交流甚繁。据说，他们私底下相聚多次，皆为交流心得，相互砥砺。如果属实，确实值得一赞。

田威的博士学位论文选题为《晚明文本插图研究》，该选题无疑具有很好的学术意义，一方面，晚明乃学术研究的焦点之一，然同类研究多有不足；另一方面，该项研究体现出了鲜明的跨学科性质，单一的历史学研究无法很好地达成这一课题。晚明是一个多彩的时代，社会生活如火如荼，而书籍插图的大量出现，必然是时代使然。那么，产生这种现象的时代依据何在？晚明社会缘何制造了插图？晚明书籍插图的内涵与特点是什么，或者说具有什么样的时代性？通过晚明书籍插图，我们还可以解读出什么样的历史？这些都是该项研究力图回答的问题。在学位论文的撰写过程中，田威紧紧围绕这些问题，充分利用不同版本的文本，辨析其中插图的差异，解读插图的内涵及插图中的社会。在研究方法上，田威较好地运用了图像学的方法，并从社会史的视角，进入晚明时代。在学位论文的答辩会上，田威的选题及其研究获得了一致的好评。毕业之后的数年，田威吸收了答辩会上各位答辩委员的宝贵意见，一直在详核史料，修正内容，完善书稿。今天终于向学界呈现了他的这项研究成果，书名仍为《晚明文本插图研究》。

该著正文部分从四个方面展开，分别为晚明知识的下移，明代文本插图及其变化，晚明文本插图的制造，晚明插图的延伸视角。书中提出许多有新意的观点，颇具启发意义。以下列举数端。

晚明市民阶层在发展过程中，唤起了社会对文化的觉悟和对知识的渴求，进而促进了插图类书籍的大量出现及知识的下移，激发了"人"阅读文本和图像的兴趣，加剧了"人"的变化。

明代早期书籍插图以神、佛、圣为主，中期以后至晚明小说、戏曲、农桑、科技、类书、言情、画谱等诸多书籍出现大量插图，插图内容则以娱乐消遣、言情和实用类为主。由此，晚明社会的知识传播和认知逐渐迈向图像化的方式。

戏曲插图的"照冠扮服"功能，小说插图的"增进读者的兴趣"功能,以及大量实用性插图,反映出晚明剧增的插图种类、数量与利益需求紧密关联,利益需求推动小说、戏曲以及言情图文不断被重新批注、点评、刊刻,并由此吸引大量画家、失意文人等参与商业性的文本编辑和插图图像的创作,促使职业出版群体形成。

晚明社会存在着各种形态的文本与图像的"复制",这种复制实为晚明鲜活、灿烂的社会生活的复制。文本与生活之间的复制与被复制关系,应当是一种互为摹本的关系。此外,作为市民文化的戏曲演绎,既是对生活的美化,也是对生活的再现,这种再现可视为另一种图像的"复制"。"复制"与"图像"成为晚明社会一个突出的特征。如果说"复制"与"图像"是晚明社会变化的一个组成部分,那么这种变化是否也呈现出一个权威思想旁落、世俗文化丰富多样的事象?其中虽然充斥着利益的冲突,仍是一个充满欢愉与自由的平民世界。

以上观点对于现有的晚明史研究,应是多有对话和补充的意义。田威在"余论"部分明确指出:晚明"插图图像"作为一种绘画形式,既不是最难绘制的图像,也不是价值昂贵的图像,却是可以"复制"的图像,而"复制"的行为和"复制"的图像到晚明时期达到了中国历史最高峰。从"插图图像"数量、种类、内容等的变化上观察,一方面"图像式"地呈现出明代社会从中期到晚期的发展过程;另一方面,以"插图图像"为代表的印刷"复制"图像所引发的"图像化"也是明代社会变革的结果。这一认识颇具新意,有助于我们从更深、更具象的层面把握晚明社会。

这是一部值得阅读的学术著作,跨学科的视角给我们提供了多方位审视晚明的思路,从不同的层面和角度予我们以启发。当然,该著仍有许多未尽之意,除了史料方面、涉及和解决的问题方面尚可进一步拓展之外,仅从田威专业的领域,仍是可以再拓展、再挖掘的。借用田威"余论"中的最后一段话:"晚明插图留给后人的不仅是精美图像,更有丰富而深厚的历史与社会信息。如何完全解码这些信息，本书尚没有找到有效方法。虽在文中某些部分尝试从图像学角度进行讨论，但限于篇幅、能力等诸多因素，未能详述，这不能不说是本文的遗憾。因此，对于晚明文本插图更深入的研究只能留待未来。"田威已经做了很好的尝试，未来我们期待他的新成果面世。

吴琦　谨识于桂子山

2020 年 10 月 8 日

目 录
CONTENTS

绪　论 …………………………………………………… (1)

第一章　晚明知识下移 ………………………………… (21)
　　第一节　学术思潮与文人交往 ……………………… (23)
　　第二节　社会群体的变化 …………………………… (37)
　　第三节　大众文化的活跃 …………………………… (50)

第二章　明代文本插图 ………………………………… (64)
　　第一节　明代插图的类别 …………………………… (67)
　　第二节　言情插图流行 ……………………………… (93)
　　第三节　类书插图 …………………………………… (109)

第三章　晚明文本插图生产 …………………………… (139)
　　第一节　图像产品的出现 …………………………… (141)
　　第二节　不断重刻的文本与图像 …………………… (163)
　　第三节　名士的参与 ………………………………… (194)

第四章　晚明文本插图延伸视角 …………………… (205)
　第一节　复制的行为 …………………………………… (206)
　第二节　图像化与复制 ………………………………… (225)

余　论 ……………………………………………………… (243)

参考文献 …………………………………………………… (248)

后　记 ……………………………………………………… (258)

绪　论

　　文本插图①是明代视觉艺术的重要组成部分，20世纪20年代开始受到文化学者、美术家、版画家、艺术史家的关注。特别是明代晚期的文本插图，绘制精美且数量巨大。以现存129种明代（以晚期为主）戏曲唱本为例，共计2000余幅插图。其中，少则2—3幅，多则10余幅，有的超过100幅。如《樱桃记》2卷36出，插图2幅；金陵唐锦池刻本《还魂记》27出，插图3幅；金陵继志斋《旗亭记》2卷40出，插图12幅；《新刊大字魁本全相参增奇妙注释西厢记》5卷，插图155幅。话本小说插图总量又远远超过戏曲唱本插图。一部话本小说插图一般达十余幅，如《三遂平妖传》插图30幅，《古今小说》插图80幅，《新刻钟伯敬先生批评封神演义》插

---

①　文本插图是指书籍中附带的图画。一般而言，书籍插图依据书籍文本内容进行绘制，即书籍插图与书籍文本紧密关联。同时，也存在部分书籍插图与书籍文本没有关联，插图的存在只是为了装饰或填补书籍版面。本书称文本插图表明本书研究对象是与文本紧密联系的书籍插图，同时表明本书研究的插图也包括与之对应的文本。文本插图，首先是绘制成各种形式的画稿，再通过制版、刷印成印刷图像。图像是指画成、摄影或印制的形象。因此，本书对文本插图的称谓还使用了"插图""图像""插图图像"等不同称呼。"插图""图像"解释，参见中国社会科学院语言研究所词典编辑室编《现代汉语词典》，商务印书馆2002年版，第130、1275页。另，书中出现的"图像制作"，主要指从图像最初纸本原创到雕刻工人雕版，再到装订成书的一个整体过程；也包括柯律格著作中提到的明代中国存在规模庞大的图像制作与图像观赏活动，他所指的图像制作包含了绘画以及在其他物品上的图画。参见［英］柯律格《明代的图像与视觉性》，黄晓鹃译，北京大学出版社2011年版，第3、12—14页。

图 100 幅,《李卓吾先生批评忠义水浒传》插图 200 幅,而《京本增补校正全像忠义水浒志传评林》插图多达 1200 幅。① 除戏曲、小说类插图之外,还有山水、花鸟、器物、宗教、地图等类型插图。

明代文本插图最早是作为一种绘画形式进入研究者视野的,此后,相关学者在艺术史、美术学领域展开了丰富的研究。但是,文本插图并不是可以独立呈现的绘画形式,它需要以书籍为载体而存在,并辅助文本传播知识和信息,具备审美赏析和娱乐消遣功能。因此,明代文本插图研究不应该囿于艺术学科角度,而应从多学科、多视角展开。

"插图"是明代书籍的标志和特征。晚明时期各类书籍的刊刻出版均大量使用插图的现象与明中期出现的社会变化密切相关。因此,明代书籍(以晚明时期为代表)的刊刻出版呈现四个特征。第一,种类、数量、质量均达到中国历史最高峰;第二,形成"无书不插图"的书籍制作风气;第三,"官刻""私刻""坊刻"多种刊刻出版机构并存;第四,书籍成为商业出版机构——书坊生产的文化产品和行销全国的文化商品。同时,插图功能也增添了新内容。一方面,插图能够帮助诠释文本内容;另一方面,刷印精美的插图成为促进书籍销售的主要因素。目前,明代文本插图研究、整理主要集中在三个方面。第一,书籍插图自身发展史,如《中国古代插图史》;第二,木刻版画艺术角度,如《中国古代木刻画史略》《中国版画史图录》;第三,中国古代书籍插图汇编,如《中国古代版画百图》《金陵古版画》《古本戏曲版画图录》《水浒全传插图》等图录资料。

现存明代文本插图不仅具有较高的艺术研究价值,更是明代历史研究的图像材料。一方面,从明初到晚明的书籍插图形象地展现出明代社会的历史变迁,同时也记录了相对真实的明代社会风貌;另一方面,展现了明代人对于理想社会风貌的描绘。因此,明代文

---

① 徐小蛮、王福康:《中国古代插图史》,上海古籍出版社 2007 年版,第 78—79 页。

本插图在精彩绝伦的表象下，隐藏着较丰富的历史信息与内容。这是吴琦教授给予我对明代文本插图的新认识。

一　相关研究

本书聚焦晚明文本插图展开相关研究，因此，涉及书籍、插图、印刷、晚明社会等多方面。同时，先辈学者在插图、图像、印刷出版、晚明社会等领域的丰厚研究，是本书论述的重要基础。

（一）插图研究

1927年郑振铎发表的《插图之话》，是目前关于明代文本插图的最早研究。郑振铎也是最早关注明代文本插图的学者，他在《中国古代木刻画史略》中第一次对中国历代木刻画进行了较全面的梳理和总结。《中国古代木刻画史略》对木版插图源流和历代插图风格进行了较详尽的论述。全书用五个章节讲述明代木版插图在不同时期的特征与变化，并辅以大量图例；同时，将日用类书、农书、工巧制造类插图纳入其中。此外，书中重点记述了明万历时期南北两京、杭州、建安、歙县、苏州等地不同的刊刻风格，通过比较不同地域的刊刻风格，为读者呈现了书籍插图史上光芒万丈的明万历时期。该书对历史文献中鲜有记载的明代徽州"剞劂氏"群体——徽派木刻家进行了专门记载。明万历时期徽派刊刻技艺异军突起，技术风格影响到金陵、建安等区域，成为明万历时期刊刻技术的代表。《中国古代木刻画史略》第一次对此进行了集中记载和描述，为读者展现出一个鲜活的社会群体和精于镌刻的个体生命。该章节丰富了《中国古代木刻画史略》的内容，为进一步深入研究明版插图提供了宝贵资料。此书是"西谛先生一生中最后一部开拓性的学术专著"[①]，成为从艺术视角研究中国古代插图的范式。

徐小蛮、王福康著《中国古代插图史》上下编。上编基本沿用

---

① 郑振铎编著：《中国古代木刻画史略》，上海书店出版社2006年版，第1页。

《中国古代木刻画史略》的体例与结构，按照时间秩序对历代插图发展变化进行论述。甚至，上编第4章第2节借用《中国古代木刻画史略》第6章标题的"光芒万丈的万历年"。内容上，不仅保留了明代"剞劂氏"群体，另外增加了创作插图画稿的画家群体。上编整体上形似《中国古代木刻画史略》的扩写。下编按照插图种类、形式、功能三方面对中国历代插图艺术展开论述。总体上，《中国古代插图史》是比照《中国古代木刻画史略》的范式展开中国插图史的研究，通过客观叙述插图艺术风格发展变化，重建历代插图的历史图像。应该说，此书是在艺术史层面对中国历代插图进行了较全面的梳理。但是该书也存在诸多不足之处：一是忽略了书籍插图作为另一个阅读对象和图像产品的社会价值及意义；二是对于插图功能、内容、形式变化与明中后期出现的社会变化之间的关系缺乏论述；三是忽视了插图的充斥是否会引发"图像化"这一问题。基于此，在《中国古代插图史》上下编的基础上，有必要进一步深入探讨。目前，在明代文本插图研究中结合艺术史和社会史的研究方法并不多见，多数仍采用艺术史或美术学的视角、方法，从插图自身发展规律入手，探究不同历史时期插图的形式、内容特征及发展，并对插图的艺术价值、风格传承流变、作者生平、作品主旨进行梳理和论述。同时，收集整理加以概述后结集成册也是比较常见的形式，如《中国版画史图录》《中国古代版画百图》《金陵古版画》《古本戏曲版画图录》《水浒全传插图》等。前辈学者的整理与论述是本书研究的基础，也为本书进一步深入探讨论述晚明文本插图留出了空间。

（二）图像研究

在艺术史家眼中，明代文本插图是中国古代的"绘画作品"或"版画作品"。而历史学者从"绘画作品"中看到社会风貌以及更丰富的内容。虽然，这些作品不乏人为加工的因素，但它们仍然是相对客观的历史图像材料，可以运用于历史研究。

史前岩画与洞穴画在史前史研究中是史前人类狩猎、战争等社会实践的唯一证据，它们为撰写史前史提供帮助，也是史前世界的反映，这是图像材料在历史研究中最基本的作用。随着研究领域、研究方法的拓展，历史研究逐渐从关注历史现象如何发生，转向关心历史事件为何如此转变。[1] 历史学者开始重新审视历史图像，因此，逐渐从借助图像了解历史，转变为在历史叙述中关注图像的主体性。即历史图像实现了从"帮腔"到"开讲"，从"映现"到"再现"[2] 的转变。"映现"是借助图像史料忠实捕捉历史瞬间，帮助文字史料展现无法呈现的过去，反映部分真实世界。"再现"是因为图像史料的产生并非完全中立的，它们因生产者与观看者角度、选择的不同，存在意识形态与利益的差别，将它们完全看成历史的一面镜子是不准确的；应该将其视为一种文化产品，从产品角度考察生产、销售以及消费过程，从中解读内在的社会与文化象征意涵。[3] 因此，从"再现"角度看待明代文本插图，它们就不仅是明代历史叙述的"帮腔者"，亦是明代社会的"开讲者"。

彼得·伯克的《图像证史》是一部有关图像证史的教程，他在书中运用大量例证说明图像在历史研究，特别是在物质文化史、生活史、身体史等领域扮演重要角色。但图像作为历史证据，具有自身的局限性。[4] 彼得·伯克所说的"局限性"类似约翰·伯格所说

---

[1] 张广智、张广勇：《史学：文化中的文化》，上海社会科学出版社2003年版，第270页。

[2] 视觉表述中存在"映现"与"再现"两个概念。"映现"被描述为图像忠实地捕捉历史的一瞬间。而"再现"的提出，是从文化研究的角度来看，意义由语言所构建，此处语言是广义的，包括声音、文本、影像等。而语言能够建构意义，主要是因为它是在一个"再现系统"之中运作。我们透过语言来表达观念、情感，并传递给他人。经由语言再现，是意义能够产生的关键过程。参见黄克武《导论》，《画中有话——近代中国的视觉表述与文化构图》，台湾"中研院"近代史研究所2003年版，第iii—v页。同时，"再现"一词也指对现实生活的真实反映，特别是在戏剧与戏曲艺术中，西方式话剧艺术被称为"再现"性表现手法，以其界定在表演中高度模仿与借鉴现实生活的方式。参见胡妙胜《阅读空间：舞台设计美学》，上海文艺出版社2002年版，第1页。

[3] 黄克武：《导论》，《画中有话——近代中国的视觉表述与文化构图》，台湾"中研院"近代史研究所2003年版，第iv—v页。

[4] ［英］彼得·伯克：《图像证史》，杨豫译，北京大学出版社2008年版。

的"我们观看事物的方式,受知识与信仰的影响";"摄影师拍摄的照片与画家所绘制的画作,均体现了他们的观看方法,而对于这些影像的理解与欣赏又取决于每个人独特的观看方法"①。即图像的创作、获取是受制于人的。同时,他还指出:"每一影像都体现一种观看方法。一张照片也是如此。因为照片并非如一般人认为的是一种机械的记录。每次我们观看一张照片,多少觉察到摄影师是从无数可供选择的景观中,挑选了眼前这角度。"② 约翰·伯格的观点与彼得·伯克的"影像拍摄中存在摆拍等多种人为因素"相似。因此,彼得·伯克提出图像记录的历史事件并非完全客观的,它们存在图像记录者、绘制者的一些自我理解与判断。"图像"一方面是历史研究的证据;另一方面,受"人为因素"的影响,它的真实性与客观性也受到一定质疑,成为需要审慎运用的历史材料。但是,无论这些历史图像的创造、获取是完全基于客观,还是包含多种人为的因素,它们都不可否认地成为历史的见证者。因此,对于历史图像需要进行深入细致分析后再加以运用。英国图像学家潘诺夫斯基的"三层级式图像解释",对于我们研究、分析历史图像给予了宝贵的启示与借鉴。

潘诺夫斯基将"图像解释"分为三级:第一级是在自然层面,依据所看到的"事实",所谓的文化、习俗和艺术史的知识并不重要,而是以自己日常生活的"实践经验"为基础,做出直观的"表达"。第二级须将现有的文学、艺术和文化知识引入,了解其中的运行机制,只有这样才能分辨出随意的一餐和"最后的晚餐"间的区别。他所说的第二级实际是指直观"表达"后的合理"解释"。第三级指"对国家、时代、阶级、宗教或者哲学信仰的基本态度——

---

① [英]约翰·伯格:《观看之道》,戴行钺译,广西师范大学出版社2015年版,第4—7页。
② [英]约翰·伯格:《观看之道》,戴行钺译,广西师范大学出版社2015年版,第7页。

被无意识透露出来并压缩在作品里"①。第三级是潘诺夫斯基认为的最深层的图像解释，也是他理解的图像"本质"意义或内容。他认为本质内容是被无意识地透露或压缩在"图像"中的。潘诺夫斯基的三级图像解释给予晚明文本插图研究较大启示与帮助，在图像解释中绕不开"人的因素"。任何图像的创造、获取都会保留人的意识和认知以及时代社会因素。因此，图像"无意识"或"有意识"地透露或压缩的内容都离不开"人"。"人"不仅是"自然人"也是"社会人"，更是创造图像的主体。如果"无意识的存在"是"自然人"在图像创造中的残存，那么，作为"社会人"在图像创造中的"无意识的存在"则是社会赋予个体的有意识行为。而图像的产生基本源自"社会人"的创造，即使是史前时期的图像创造者，他们亦并非完全的"自然人"。由此，潘诺夫斯基认为的"无意识"可否理解为"另一种形式的有意识"，尚需进一步讨论。基于此，本书对于明代文本插图中的"无意识的透露或压缩"，希望尝试从"另一种形式的有意识"去研究和解释；并借助部分图像学研究方式和成果，探究明代文本插图隐含的内容，从图里到图外寻找一个丰富而多样的晚明社会生活。

（三）印刷出版研究

"插图"既是艺术作品也是"印刷物品"。插图图稿经过镌刻成印版，再通过刷印成为"印刷图像"。印刷技术将个人化的"绘画作品"转换成具有消费属性的"文化产品"。因此，印刷出版成为观察明代文本插图的另一个视角。

《中国印刷史》是有关中国古代印刷史的巨作，明代的印刷在其中占较大比重。张秀民通过梳理明代建阳、南京、杭州、湖州等地书坊雕版、书籍，提出书坊间在字体、标点、刊牌、广告、版权、著作者画像等非传统关注领域的细微变化与差异；同时，对明代纸

---

① Erwin Panofsky, *Studies in Iconology*, Harper and Row, 1972, p. 7.

张、松墨、雕版等各类印刷物料，刷印技术、装订等工艺流程都有详尽论述。① 该书是研究中国古代印刷出版行业的重要史料。此外，《中国纸和印刷文化史》将中国纸张、印刷的发明、发展置于中外文化史框架下，看待其历史地位和影响。钱存训认为，中国古代造纸术、印刷术对于世界文明进步有着巨大贡献。② 同时，他提出明代木刻版画盛行，是因为雕版印刷中的艺术因素起到关键性作用，而雕版与绘画的亲近关系是其中的重要因素。钱存训观察到明代雕版技术的艺术性与技术性对明代文本插图的影响，同时，雕版印刷的"可复制性"是明代文本插图流行的另一个重要因素。

《中国出版文化史》将中国古代各个时期的写作、刊刻、刷印、销售、阅读等涉及书籍的方方面面均纳入一个整体——出版文化。其中，对于明代书籍出版的研究，结合了明代的销售状况，较有新意。井上进认为，明朝地域广袤，导致书籍销售形式多样，流行于江南地区的书船销售形式不仅符合地域特征且较有创意。因此，他认为灵活多样的销售方式对于书籍出版的繁荣起到积极作用。同时，他还观察到书籍销量增长与生产成本降低、价格下降密不可分。他比较宋、元、明时期书籍价格、成本，发现到晚明时期书籍刊刻成本降低许多。明中期开始的刊刻成本下降，最终导致晚明出版业泛滥。他还发现晚明士人普遍存在见闻之知的诉求，因此，他进一步提出出版业泛滥与多样知识渴求形成共生。晚明时人尚奇之风导致他们对于刊载奇闻逸事之书充满渴望。而见闻之知的个体诉求，又促使他们对于各种知识孜孜以求。晚明时人"尚奇"和"见闻之知"的品性促使阅读群体进一步扩大是晚明出版业泛滥的另一个重要因素。③ 由此，从阅读与接受的角度观察晚明文本插图，也是不该忽视的视角。美国学者何谷理从明清书籍版式、插图风格、文人阅

---

① 张秀民：《中国印刷史》（上、下卷），浙江古籍出版社2006年版。
② [美] 钱存训：《中国纸和印刷文化史》，郑如斯编订，广西师范大学出版社2004年版。
③ [日] 井上进：《中国出版文化史》，李俄宪译，华中师范大学出版社2015年版。

读习惯、收藏风尚变迁中,提出插图运用与流行是明清小说作为"文化产品"得以流传的必要原因。① 显然,明清小说得以流行,是因为阅读者完全接受了图文并茂的书籍呈现方式,并推动了图文并茂的小说类书籍进一步产品化。

可以说,插图的运用既是书籍从纯文本向图文混排的转换,也是阅读习惯改变的开始。从文本书籍到图文书籍,再到以图像为主体的书籍,图像日渐成为晚明时期各种知识的新载体。因此,"文化产品"不仅指书籍,刊载其中的插图也属于具有文化意义的"图像产品"。印刷出版视角是从书籍插图生产、制作、销售角度切入,考察晚明书籍插图产生、销售的全过程,并将书籍插图纳入具有社会文化价值的"图像产品"中进行解读,有助于理解书籍插图与社会之间的关系,丰富晚明文本插图研究的层次。

(四) 晚明社会相关研究

樊树志的《晚明史》对于当下晚明研究具有指导意义。书中明确界定出"晚明"时间,即万历元年(1573)至崇祯十七年(1644)。② 此时正值地理大发现背景下经济全球化的开始。樊树志将晚明中国放在全球视野中,以经济全球化为切入点看待晚明71年间发生的一切。经济全球化始于地理大发现开通了环球航路。新航路发现之前,明朝主要与邻近国家保持朝贡和勘合贸易关系,随着远洋航路的开通,海洋强国葡萄牙、西班牙、荷兰等国在亚洲、美洲殖民地均参与了丝绸、陶瓷的远程贸易。繁荣的贸易交流,促使晚明社会经济进一步发展,推动了新型工商业城镇的兴起。同时,东西方的经贸往来带动了文化的交流,耶稣会传教士在传经布道中,亦将欧洲文艺复兴以来的科学文化知识传入中国。"西学"在晚明时

---

① [美]何谷理:《明清插图本小说阅读》,刘诗秋译,生活·读书·新知三联书店 2019 年版。
② 樊树志:《导论》,《晚明史(1573—1644)》(上卷),复旦大学出版社 2003 年版,第 4 页。

期得以传播与当时思想宽松有着极大关系①，并对中国知识界产生积极影响。李贽曾在南京三度与利玛窦会面，他作为王学激进派代表，与"西学"代表利玛窦会面，体现了东西新思想的碰撞。与此同时，东林、复社均有与"西学"交集的经历。晚明学界在与"西学"交集的过程中，或多或少呼吸到了一些新鲜空气，这应该是晚明思想文化领域在当时全球化背景下的一种融入世界的尝试。②应该说，东西方贸易带动城镇繁荣，促进了市民阶层的出现，推动了市民文化的形成。而晚明文本插图的流行与市民文化的繁荣密切相关。《晚明史》为明晚期勾勒出一个较为清晰的时代背景，因此晚明文本插图的研究，应该置于东西方文化交流与碰撞的大背景下进一步思考。

20世纪80年代以来，晚明研究集中于社会风气考察方面。随着万明主编的《晚明社会变迁：问题与研究》出版，研究逐渐转向对社会整体及其变迁的考察，从人口流动、白银问题、地方控制、政治争斗以及思想动态等多领域入手，关注社会整体结构的变迁。提出"晚明中国社会所发生的转变，是在社会生产力发展基础上发生的，是社会内部自发产生的变迁动力。因此，中国社会转型是原生型的，即内力型生发的，而非外力型"。"内力型"变迁，内在是主体，外在是客体。晚明社会发展是由内自发产生变迁动力，借助外部积极因素，将市场从内扩大到外，并与世界接轨，影响了晚明与世界融为一体的历史进程。③刘志琴也看到了晚明社会的变化，但她认为这不是真正意义上的社会变化，特别是在"文化转型"上并没有出现核心转化和结构性变化。因此，她认为晚明时期所出现的社会、文化上的变化，只能被视为中国文化近代化的起点。④商传的看

---

① 樊树志：《晚明史（1573—1644）》（上卷），复旦大学出版社2003年版，第188页。
② 樊树志：《晚明史（1573—1644）》（上卷），复旦大学出版社2003年版，第188—203页。
③ 万明：《绪论》，《晚明社会变迁：问题与研究》，商务印书馆2005年版，第27页。
④ 刘志琴：《晚明社会与中国文化近代化》，《河北学刊》2008年第1期。

法与此近似，他认为，晚明社会因缺失人文主义的精神滋养，无法完成社会转型的历史使命。① 虽然阳明心学的出现为晚明社会奠定了中国早期人文主义萌芽的思想基础，但长期受官僚体制以及小农经济影响，萌芽的人文主义思潮却导致纵欲思潮的泛滥，本应是人文主义发生、发展的时期，却演变成人文主义缺失的时代。陈宝良对于晚明时期出现的各种复杂变化，提出"动态"的观点。他认为，正德时期（1506—1521）是明代社会、文化变迁的分水岭。首先是经济上出现转型，其后延展到社会层面，而文化的变迁则建立在社会转型基础之上。晚明时期从官员到百姓、僧侣、妇人无不游逸成风，他们在读书著书、研究佛学方面均抱着一种"玩"的心态。儒学庸俗化、教育平民化、文章口语化等多样通俗表达，导致晚明文化日渐走上文商结合的文化商业化道路，最终形成一个有别于传统社会的"失范"社会。② 前辈学者对于晚明社会的变化予以积极关注，给出了各自的答案，丰富了晚明社会的论述。但鲜有学者将晚明文本插图与社会变化进行联系。

在晚明社会诸多变化中，阅读图文书籍成为大众获取知识的手段之一，满足市民娱乐消遣之需求的作用显而易见。插图充斥是晚明社会较明显的一个特征。而插图内容、题材、形式的变化，又进一步反映了社会变迁和东西交流对插图的影响。插图是人创造的，因此人的变化对插图的内容、形式产生的影响最直接。"人"的变化分思想变化和"人"的流动，明代"人"的思想变化始于明中期阳明心学的出现，而"人"的流动在明初期已出现。明初"人"的流动主要是通过科举的方式形成上下流动；到晚明时期，"人"的流动变得较为错综复杂。

《明清社会史论》是何炳棣的一部关于明清社会人口流动的经典巨著，全书展现了一个动态、流动的明清社会。明清人口向上流动

---

① 商传：《略论晚明的人文主义与社会转型》，《江西社会科学》2013年第7期。
② 陈宝良：《游逸嬉玩：晚明的社会流动与文化的转向》，《浙江学刊》2014年第5期。

的途径主要在于科举考试；向下流动的因素较多，而激烈的科举竞争和快速的人口增长是其中两个主要因素。同时，他还发现明清出版业迅猛发展，对于社会流动存在一定的影响。① 明清发达的出版业，一方面积极影响了人口的上下流动，另一方面成为晚明人口横向流动②的主要目的地。出版业的繁荣为部分科举失意的文人③流向城镇从事商业出版提供了机会，而失意文人涌入城镇又促进了晚明出版业的繁荣。

张献忠从日用类书入手研究晚明商业，认为晚明商业的发达推动了日用类书出版的发展。类书的种类、刊载的内容，均反映出类书与商业、消费等市民化社会之间的关联。因此，他认为，晚明是一个商业与消费相连，奢华与享乐并存，包容与开放相容的社会。④ 古代类书（日用类书、商书）在晚明时期之所以得到充分的发展，一方面是因为晚明社会的商业活动所需；另一方面是因为类书囊括了日常生活常识、商业行为规范、各种文书规范、道德教化以及游戏、娱乐等，充分满足了大众阶层的生活所需。日用类书中穿插的说明性图形、图示、图表，为识字率偏低的下层民众提供了准确、形象、直观的图像阅读文本。晚明时期日用类书在民间广为流传，书中的说明性图形、图示、图表起到了重要作用。在《明代通俗日用类书集刊》中，商业性类书占比并不高，以日用、道德、娱乐型

---

① 何炳棣认为，明清刻书出版业的发展在一定程度上帮助了寒门子弟更多地获取知识；同时，在科举竞争方面，寒门子弟较之官宦子弟却越来越难取胜。参见［美］何炳棣《明清社会史论》，徐泓译注，联经出版事业股份有限公司2013年版，第268页。出现上述状况的原因，一是书坊刊刻的书籍虽然便宜，但主要是大众文化类型；二是学术型的书籍以私刻为主，私刻书籍往往追求品质，其价格并不便宜。

② 何炳棣指出的人口流动主要是上下阶层的流动，可以形象地理解为纵向的流动。到晚明时期许多科举失意的文人，他们虽然流向城镇从事商业，但阶层地位并没有发生变化。因此，形成一种横向的平行流动。

③ 上田信将科举考试落榜的知识分子称为"失意的知识人"。参见［日］上田信《海与帝国：明清时代》，高莹莹译，广西师范大学出版社2014年版，第311页。

④ 张献忠：《日用类书的出版与晚明商业社会的呈现》，《江西社会科学》2013年第12期。

为主。可以说，晚明日用类书相较同期戏曲、小说等市民文学类书籍更具大众性，郑振铎称之为"兔园册子"足以说明问题。晚明的日用类书插图由于艺术性和镌刻工艺不高，一直被置于艺术史研究领域之外。但是，日用类书插图作为阅读文本之外的图像阅读形式，是晚明文本插图研究绕不开的话题。

美籍学者周绍明认为书籍与士人之间存在必然联系，甚至具有一定的象征性。[①] 他提出，明清时期低廉的雕版印刷成本导致各种书籍大量出版，推动了知识的普及与下移，并由此对社会产生结构性影响。晚明日用类书是廉价大众读本的佐证，同时日用类书刊载的"书画门""梅谱""箫笛谱式"等内容又生动地反映了精英文化向下层的流动。晚明时期的日用类书较之明初时期的变化显而易见。因此，它对于社会的影响一定存在，但是否结构性的影响，则需要进一步研究。

在晚明时期，中国的书籍出版也发展到了历史最高峰。书籍不仅是传播知识的工具，也是士人交往馈赠的礼物，更成为附庸风雅者自我标榜的象征。书籍所肩负的多重使命在中国其他历史时期鲜有存在。同时，"无书不插图"的现象将知识传播与娱乐消遣推向图文并茂的形式。晚明文本插图的出现、流行与明代社会的变化相契合，同时文本插图的流行亦悄然影响着社会发展的进程，但两者之间具体如何作用尚需进一步厘清。

综上，前辈学者对晚明社会的研究和讨论，为我们展现了一个丰富多彩的晚明社会。他们都不同程度地关注到晚明社会变迁下的书籍及插图的变化，但遗憾的是，他们只是把书籍插图变化当作社会变迁中的"帮腔者"，鲜有将插图看成这场变迁的"开讲者"之一。从社会史的视角研究晚明插图，通过插图的各种变化感受晚明社会及人的变化，是本书有别于前辈的晚明研究之处，也是一种新

---

① [美] 周绍明：《书籍的社会史——中华帝国晚期的书籍与士人文化》，何朝晖译，北京大学出版社2009年版。

的尝试。前路漫漫，道阻且长，但愿本书的尝试能为读者呈现一个不太一样的晚明社会。

二　思路、内容、研究方法

本书从书籍插图视角对晚明时代背景、书籍插图数量种类变化、刊刻印刷状况、文本图像的阅读等进行论述并展开研究，努力呈现一个"人""插图""社会"相互交织的时代。

（一）基本思路

本书通过对晚明文本插图——一种由个体创作到群体制作的可复制性视觉图像的研究，呈现晚明文本插图出现、流行、生产、消费、传播等不同环节，以及"插图""人""社会"三者之间的关系，希望从图像世界中看到现实风景，为读者展现图里图外的晚明社会生活画卷。

从明中期开始，政治、经济、思想、社会出现多种变化。其中，工商业城镇及城镇居民的出现是明代社会变化显著的外部特征。明中期以后，城镇居民积极创造属于本群体的文化生活。部分社会精英亦开始关切下层生活，甚至主动融入新群体。社会精英的到来促使城镇居民出现分层，形成大众阶层。与此同时，他们带动的文化知识下移，又造就了以市民文学为代表的大众文化。原本属于精英文化的阅读、品鉴、文玩等，到明中后期逐步下移，进入大众生活，成为大众文化的一部分。其中，图文书籍是数量最多，种类最丰富，影响最大的文化消费品。各种图文书籍通过不断"复制"刷印在较广范围流通，促使阅读图文书籍成为一种新的娱乐消遣方式和信息传播手段。柯律格认为，书籍在不同区域被不同读者同时看到，对于社会、个体产生的波动与影响不容忽视。[①] 传统文本书籍对于社会、个体（社会精英）的影响无须赘言。

[①] ［英］柯律格：《明代的图像与视觉性》，黄晓鹃译，北京大学出版社2011年版，第28—34页。

绪　论

明中后期开始流行图文并茂的书籍，插图与文本同时在各种知识、信息传播中广泛运用。文本插图成为重要的阅读对象之一，并将文本知识、信息以及娱乐内容直观地传递给社会底层。同时，文本插图又保留了创作者的情绪与体验（包括个体与群体）以及时代、社会的痕迹，呈现出文本插图记录的另一面。文本插图既是文本的解释又是相对独立的图像，它所记录的个体与社会的另一面值得重视。同时，图像传播的直观性对于社会、个体产生波动、影响更不容忽视。这是本书以晚明文本插图为研究主体的重要原因。

（二）主要内容

全书分四章。

第一章，晚明知识下移。明代社会中期以后出现较多变化。思想上，王阳明创立阳明心学，同时实学思潮再度兴起。新思想、新思潮随着文人的交往与传播，促进了明中期以后思想的活跃。经济上，快速发展的工商业城镇如雨后春笋般出现，吸引大量人口涌入城镇，带动了社会群体的重组。其中，政治的腐败、科举的艰难等因素，导致或加速部分官绅、学子选择寓居或滞留城镇，逐渐脱离原有群体，与涌入城镇的农村人口逐渐融合、重组，形成新的市民群体。晚明繁荣的城镇为新兴市民群体提供了生存与发展的空间，也唤醒了他们对娱乐和知识的渴求，由此推动市民文学的兴起和图文小说、唱本、日用类书的出现。图文书籍流行，一方面体现了大众对娱乐和知识的渴求；另一方面反映出精英阶层受新思想、新思潮的影响，开始关注下层社会。晚明图文书籍出现与流行，是精英阶层与下层社会寻求交流过程中探索到的"对话边缘"。[①] 可以说，图文书籍是晚明知识下移的重要途径。

第二章，明代文本插图。明初的插图主要刊载神、佛、圣等图像，且数量较少。从明中期开始，插图数量明显增多，内容上亦出

---

① 滕守尧：《文化的边缘》，作家出版社1997年版。

现变化。到晚明时期，插图数量、质量、内容均达到历史最高峰。明中期以后，插图内容以服务大众娱乐消遣和传播实用知识为主。戏曲小说类插图是大众阅读文本时的消遣娱乐主体之一；言情类插图一方面反映了晚明社会的开放与变化，另一方面亦是晚明纵欲生活的写照。科技书、农书、医书、日用类书等图示、图表属于晚明文本插图中的特殊一类，普遍造型简单，制作粗糙，但呈现的内容明确、清晰。实用类书籍采用图文并茂的形式，反映出此类书籍的大众性。除此之外，王琦父子编撰的大型百科类书《三才图会》是希望借助图像与文本互证的形式，构建出新的图文认知方式。

第三章，晚明文本插图生产。晚明时期的图文书籍，主要出自商业性的出版机构——书坊。图文书籍除供娱乐消遣和传播知识之外，亦属于具有商业属性的文化和图像产品。因此，晚明书籍与插图生产中，有着一套完整的商业模式。同时，书坊不断重刻经典图文小说和戏曲唱本既有商业利益的考量，也体现了失意文人、士大夫、职业画家等组成的出版群体对话语权的渴望。他们因各种原因寄居于城镇，为了生存投身商业，创办书坊。同时，他们又通过对经典文本、插图的不断重刻发表自己的观点，缓解他们远离朝堂的失落感。因此，晚明文本插图的创作、生产不单是出于艺术或商业目的，更是集艺术创作、商业经营、话语表达于一体。

第四章，晚明文本插图延伸视角。"复制"是晚明书籍出版中的基本操作。同时，其他领域同样存在"复制"的行为。绘画领域中出于不同目的重复、模仿同一作品，是晚明时期绘画领域较特殊的现象，也是晚明艺术商业化的反映。在市民文学的创作中，现实生活成为文学创作的最好摹本，而言情小说、插图的泛滥对晚明社会生活的影响毋庸置疑。这让我们不禁思考：文学的世界与现实的世界相互影响，是否存在彼此"复制"的行为？此外，《玉杵记》"凡例"中"照搬冠服"明确指出戏曲唱本插图是戏曲演绎模仿的对象。因此，戏曲演绎成为另一种形式的"复制"。文本插图是明中期以来书籍出版中的突出现象，也是晚明知识下移过程中不同阶层探索到的对话边缘。各种"复制"行为，加快了晚明时期形成一种以图像为边缘地带，各阶层之间对话交流的社会。

(三) 研究方法及材料运用

目前，明版书籍插图研究主要集中在艺术史领域，多采用描述性的研究方式，如郑振铎《中国古代木刻画史略》，徐小蛮、王福康《中国古代插图史》。同时，针对版画技法研究的需要，收集整理出版了明代木刻版画集、古代戏曲版画集等图集、图册。上述研究以看"图"说话的方式，对明代插图的艺术形式、风格、技艺进行了深入细致的整理研究和论述，相关成果极大地丰富了中国艺术史和美术学研究内容。但是，明代插图艺术的研究与认知，不应止步于艺术史或美术学范畴。虽然插图艺术隶属于美术门类，但并不独立成为美术作品，需要依附书籍存在。因此，书籍插图与书籍本身同属"文化产品"。作为文化产品的书籍插图，其艺术形式和风格是其内涵之一。同时，它与书籍本身具备同样重要的社会属性。

明初佛教盛行，佛经与传播佛教思想的书籍随之流行，佛教类插图成为明早期书籍插图的主流。但随着明朝政府对待佛教态度的变化，从明中期开始，佛经以及佛教书籍出版逐渐减少，佛教类插图几乎消失得无影无踪。不仅如此，比较不同时期的佛教插图内容，能明显看到明朝政府对于佛教采取的前后不同的态度。从佛教插图上，我们可以明显感受到，艺术形式、风格、表现手法只是对插图进行视觉形式的加工，而插图表现什么内容或主题，怎么表现，则受到国家政策、政治思想、社会风尚等因素的影响。因此，书籍插图内容的形成、变化与所处时代、社会、思想的整体发展密切相关。

从历史的发展脉络不难发现，晚明文本插图的出现、流行与晚明时期的社会变革紧密联系。明中期以后，政治上，朝局乱象进一步加剧，导致新思想、新思潮的萌发与活跃；经济上，随着全球大航海时代的到来，货物贸易持续繁荣，特色工商业城镇大量出现，带动农业人口流向城镇，形成晚明社会底层的主流群体——市民

（大众）阶层。市民阶层的形成与新思想、新思潮的活跃，引发了上层社会对于下层社会生活的热切关注。在此背景下，一边是精英阶层对下层社会生活充满了热切关注，另一边是市民阶层对知识获取和娱乐消遣的渴望。在彼此寻找中，文本插图成为相互交流对话的边缘地带。因此，文本插图成为晚明时期知识下移的一种手段。

此外，晚明文本插图是晚明时期图像充斥的缩影。从图像研究的视角，图像对于个人生活以及社会变化造成的影响毋庸置疑。而插图既是美术作品和文化产品，又是较为忠实的历史图像记录者，有的呈现出华彩万千的形态，有的又表现出粗犷拙劣的样貌。不同的表象不过是插图不同的外衣，而在或优或劣的外衣下，都保留着图像创造者——时代个体的关切和真实情感。这应该是图像最真实的显现和记录。同时，图像作为记录者，它的创造与绘制往往受到时代、社会、审美趣味、文本内容等多种因素的制约与影响，因此有着较明显的主观性和有意识性，其客观性存疑。但是，图像创造的主观性中仍然残存着创造者的"无意识性"，而这种"无意识性"应该是图像中较为客观地反映历史真实的部分。对于图像的"无意识性"认知，正是基于图像学的研究。因此，通过图像研究视角，有助于厘清插图、人和社会之间的关系，对晚明社会变化在书籍插图上的显现给予相对客观的解读。

本书除使用传统文献材料之外，还大量运用晚明时期的图像材料。明代书籍插图种类庞杂而丰富，包括明早、中期佛教类插图；晚期地图、星宿图、农桑科技图、秘戏图、图谱、墨谱、笺谱、日用类书中的图示性插图与图表等。因此，本书虽然针对晚明文本插图进行研究，但并不囿于晚明时期的戏曲、小说类市民文学插图，而是对于明代各个时期、各种书籍插图均有涉及。本书使用的明代插图材料，主要来源于前辈学者对于明代书籍插图收集、整理的图集、图册。这些成果为本书研究提供了颇多便利与助益，在此深表感谢！

综观明代文本插图，戏曲、小说、图谱类代表了明代插图的最高艺术成就和工艺水平。同时，这些具有较高艺术价值的插图也记录下部分晚明社会的现实状况。可以说，高艺术价值的插图，既反映出晚明时期的艺术水平，又具备一定的史料价值。但它们所包含的粉饰成分和人为因素亦显而易见。除此，晚明时期其他插图的艺术性乏善可陈，刊刻技艺流于普通。特别是晚明时期流传较为广泛的日用类书插图，此类插图的主要目的是增强阅读者对文字内容的理解和认知，在形式上，突出说明性和图示性，甚至将部分较为复杂的内容转换成图表形式呈现。一方面，日用类书插图不追求图像的欣赏性，注重图像的说明性；另一方面，日用类书通过降低成本实现低廉价格，使其成为民众可以购买的大众读本。因此，日用类书插图从形式到工艺都较为简单粗糙。日用类书插图因这一特征，往往被排除于明代插图艺术研究领域，亦鲜有辑录到明代插图艺术图录的。

　　日用类书插图属于晚明时期较特殊的文本插图。日用类书是晚明大众用于获取生活常识，学习农桑技术的，书中运用歌谣、俚语等通俗文体结合图画、图示、图表等图像传授知识。日用类书插图呈现出分工协作的制作方式，即晚明式的流水线。此类方式，首先出现在文本使用的"宋体字"上（明体字）[1]，横平竖直的宋体字笔画，方便先刻横笔画，再刻竖笔画，最后刻撇捺笔画的刊刻法。"宋体字"的使用提高了书坊刊刻文字的效率，并逐渐影响了部分书籍插图的刊刻，在日用道德类书插图刊刻中表现最明显。可以说，分工序刊刻方式的运用促使插图制作逐渐从推崇精雕细刻的艺术性转向追求效率的产品性。虽然戏曲小说插图具有极高的艺术性，但是重复刷印更造就了它们的产品性。而分工序刊刻的日用类书插图就是流水线上生产的图像产品。因此，晚明文本插图既是艺术品又是文化产品，具有双重性。同时，晚明插图作为历史图像遗存，无论是精美还是粗劣，是客观呈现还是艺术加工，都形象地记录了晚明

---

[1] 张秀民：《中国印刷史》（上、下卷），浙江古籍出版社2006年版。

社会生活，成为晚明社会研究中相对真实的历史证据。晚明文本插图既是本书研究的主体对象，又是观察晚明社会生活的视角，也是晚明时期的图像证据。因此，它们在文中有着不同的面向，扮演不同的角色。另外，部分插图特别是晚明时期戏曲、小说中的插图，在前辈学者研究中均有使用或是翔实论述，如《西厢记》等。本书虽有重复使用，但对于这些插图的解读与论述是有别于前辈学者的。或许，这些解读和论述存在局限和偏颇，但对于明代书籍插图的研究，无论是在艺术史层面还是在社会史层面都具有建设性。

　　本书试图提交一份书籍插图视野下的晚明社会考察，希望从书籍插图维度认知和理解晚明社会。透过书籍插图的内容、风格、形式、生产等艺术属性和社会属性，寻找书籍插图产生的原因；通过对时代、思想、社会、个体等多方面的考察分析，提交一份有别于传统艺术史或美术史的晚明文本插图研究。

第一章　晚明知识下移

　　文本插图，是指书籍中插入的各类图像，它们辅助文本对内容进行解释说明。同时，插图精美的画面又可以增进阅读的乐趣。因此，文本插图既可以形象、直观地传播文字内容和相关信息，又具有图像艺术的欣赏价值。

　　图像产生于史前时期人的交流和信仰需求，它早于语言和文字，是人类最早掌握的沟通和记录手段。史前图像以符号或简练形象为主。人们将各种形象和符号刻画于岩石或崖壁上，既实现了史前人类的信息交换，又记录下他们崇拜的图腾，更直观地再现了史前时期的生产、生活。随着人类语言的进化，图像在人与人的交流中不再是唯一的手段。而文字的出现，促使图像记录演变成文字记录的辅助。人类进入文明时代以后，图像不再是沟通、记录的主要手段，它们更多地成为艺术与审美的传播者。但是，图像记录因其客观与真实（相对真实）性，始终是人类沟通、记录必不可少的手段。随着文明的发展，图像再次作为人类沟通、记录的重要手段出现在大众视野中。它已不再是史前人类使用的简单形象和符号，而是象征人类文明之光——书籍中的文本插图。

　　明中期以降，社会稳定，经济繁荣，思想活跃，特别是实学思想的再度兴起，促进了明代科学技术的发展。其中，印刷技术的发展促使明代书籍出版达到了中国历史最高峰。随着晚明时期书籍出版业的繁荣，插图在信息传播和娱乐消遣中的作用被重新认识。到晚明时期的万历年间，甚至出现"无书不插图，无图不精工"[①]的盛况。插图之所以在书籍中大量使用，一方面是因为图像的直观性在实用知识与技术的传播中起到重要作用；另一方面是因为阅读书中精美的插图成为阅读文本之外的另一种娱乐消遣形式。可以说，晚明是插图欣欣向荣的时代。明代刊刻、刷印、纸张、印墨等技术、材料的进步对于插图的发展起到一定推动作用，而明中期开始的经济、思想、社会变化是其主要影响因素。同时，知识的下移使得图像沟通、记录的直观真实性再次引起人们的关注。

晚明时期知识下移是学界共识，大量书籍插图的出现和流行是知识下移的主要现象和结果。但同时应该看到，晚明知识下移实际是精英阶层关注百姓生活、融入大众阶层的开始。市民文学的诞生，日用类书的出现，是部分精英阶层试图寻找与下层社会融合对话的结果。在这场明显有着等级差异的对话中，没有强烈的分歧与冲突。相反，社会进入一个相对安定、祥和的阶段，大众普遍追逐个体的放纵与生活的欢愉。其中，插图所起的作用不容忽视。

晚明文本插图的流行促使读书赏图成为全民共享的一种新的娱乐消遣方式，成为大众获取知识的途径，成为人与人信息交换的方式。图像的沟通、记录消弭了不同等级人士的认知差异，进一步融合和扩大了晚明大众群体范围，同时影响了社会的变化。晚明"无书不插图"的出版方式是知识下移的过程和结果，更是精英阶层与下层民众可以接受的交往与融合方式，成为晚明社会不同阶层对话的渠道。[②]

[①] 郑振铎：《郑振铎全集》14，花山文艺出版社1998年版，第306—307页。
[②] 晚明知识下移，本质是精英阶层在时局、思想等多种因素的影响下寻求与下层民众交往融合的对话意识。滕守尧认为，对话意识是在二元或两极对立之间，建立一种"边缘地带"，让二者平等地对话，产生某种既与二者有关，又与二者不同的全新的东西。因此，晚明插图在精英阶层与下层民众之间搭建了与二者相关又有所不同的图像世界。如精美的戏剧、小说插图能够满足精英阶层的娱乐消遣和赏析需求，而日用类书插图可以解决大众知识获取的需求。参见滕守尧《文化的边缘》，作家出版社1997年版，第7页。

第一节 学术思潮与文人交往

明中期以降，贸易的发展带动经济的繁荣，涌现出一大批新兴的工商业城镇。随着农业人口大量涌入工商业城镇，城镇化成为明代部分区域社会的主要变化。同时，繁荣富庶的城镇亦吸引了希望远离腐败政局的士大夫，以及科场屡试不第的失意文人。精英阶层的到来，一方面推动了明代市民阶层及文化的形成，另一方面加速了明代社会的全面变化。

随着经济的发展，思想上亦出现新的变化。明初程朱理学一统天下的局面出现松动，甚至遭到了挑战。《明史·儒林传》中记载，"嘉、隆而后，笃信程、朱而不迁异说者，无复几人矣"，阳明心学的出现对程朱理学提出挑战。心学提倡天理存在于人心，而不必外求，并肯定了人对于自我欲望的追求与满足，看似是对程朱理学"存天理，灭人欲"的修订，实则是一种否定。阳明心学起于明中期而盛于晚明，亦是明代思想变化的主轴。

> 盖自弘治、正德之际，先下之士厌常喜新，风气之变已有所自来，而文成以绝世之资，倡其新说，鼓动海内。嘉靖以后。从王氏而诋朱子者，始接踵于人间。……故王门高弟为泰州、龙溪二人。泰州之学，一传而为颜山农，再传而为罗近溪、赵大洲；龙溪之学，一传而为何心隐，再传而为李卓吾、陶石篑。[1]

随着阳明心学的流行与发展，心学逐渐出现分支。其中，泰州学派提出的"百姓日用即道"对各阶层产生较大影响，并引发部分

---

[1] （清）顾炎武：《朱子晚年定论》，《日知录集释》（中）卷18，上海古籍出版社2006年版，第1065页。

精英关注百姓生活日常，推动宋代出现的实学思想再度兴起。同时，随东西方贸易传入的西方科学技术，极大地改变了精英阶层的世界观、价值观和知识结构。① 他们中的部分有识之士逐渐将格物致知的理念，从人文科学领域转向自然科学领域，晚明实学思想的活跃正是受到这一转变的影响。重"实体达用"的观念促使部分知识分子从"修齐治平"的理想转向精研工艺、技术，编写解决大众日用之需的日用类书，撰写丰富大众文化生活的戏曲小说等。

一 心学兴起与活跃

从明弘治、正德时期开始，经济持续繁荣发展，新兴工商业城镇逐渐增多。到嘉、隆时期，各地的城镇商业活动已经非常丰富活跃。

> 余尝总览市利，大都东南之利，莫大于罗、绮、绢、纻，而三吴为最。即余先世，亦一机杼起，而今三吴之以机杼致富者尤众。西北之利，莫大于绒、褐、毡、裘，而关中为最……
> 夫贾人之趋厚利者，不西入川，则南走粤，以珠、玑、金、碧、材木之利或当五，或当十，或倍蓰无算也。然茶盐之利尤巨，非巨商贾不能任……
> 吾浙富厚者，多以盐起家。而武林贾氏，用鬻茶成富，至累世不乏。②

经济繁荣的城镇为居民提供了充盈而丰厚的物质享受，也成为奢侈之风滋长的温床。从权贵到商人甚至普通居民都以奢侈为风尚。何良俊对比了他小时候和成年后的宴请变化：

> 余小时见人家请客，只是果五色，肴五品而已。惟大宾或

---

① 葛兆光：《中国思想史》第2卷，复旦大学出版社2000年版，第462页。
② （明）张瀚：《商贾纪》，《松窗梦语》卷4，中华书局1985年版，第85页。

新亲过门，则添虾、蟹、蚬、蛤三四物，亦岁中不一二次也。今寻常燕会，动辄必用十肴，且水陆毕陈；或觅远方珍品，求以相胜。①

随着城镇的不断繁荣，浮华奢靡的生活又带动了重利思想滋长。可以说，奢侈、重利风气的盛行，悄然改变着社会观念与个人生活，也消磨着士人的风骨。明中期以后朝纲颓败，世风渐奢，导致部分官员甘于背弃道德理想，贪腐堕落。海瑞曾痛陈："吏贪官横，民不聊生。"② 同时，受奢靡之风的诱惑，文人士大夫僭礼越制、百姓生活犯禁越制的现象更是屡见不鲜。同时，奢靡的生活也为趋利忘义之风推波助澜。李贽曾大呼："夫天下无朋久矣，何也？举世皆嗜利无嗜义者。"③ 小说《型世言》中刻画的教书先生钱公布趋利无德，既入木三分又颇具代表性。④ 政治的腐败、世风的颓废，触动了部分有识之士以天下为己任的济世救民之心。阳明心学由此出现，并带动了晚明新思想的活跃。新思想的活跃与蓬勃，是晚明士人群体为寻求改变世风和士风的一次集体努力。

明初，国家就明确了程朱理学主导思想和学说的地位，重新编修《四书大全》《五经大全》《性理大全》为官私之学指定教材，并将其纳入科举考试范畴，成为官员修身必读之书；将其他学说均视为异端加以禁毁。

> 饶州儒士朱季友诣阙上书，专诋周、程、张、朱之说，上览而怒曰："此德之贼也。"命有司声罪杖遣，悉焚其所著书。⑤

---

① （明）何良俊：《正俗》1，《四友斋丛说》卷34，上海古籍出版社2005年版，第1146—1148页。
② 《明史》卷226《海瑞传》，中华书局1974年版，第5928页。
③ （明）李贽：《朋友篇》，《焚书 续焚书》（下）卷5，中华书局2009年版，第222页。
④ （明）陆人龙：《型世言》第二十七回 "贪花郎累及慈亲 利财奴祸贻至戚"，上海古籍出版社2001年版，第326页。
⑤ （清）陈鼎：《高攀龙传》，《东林列传》卷2，明文书局1991年版，第135—136页。

国家推崇理学思想旨在树立官员忠君、仁义、孝亲的思想道德和行为准则。因此，从明初开始，理学思想即被奉为圭臬，笃践履，谨绳墨，守儒先之正传，无敢改错。① 应该说，理学思想对于明初政权稳固与社会安定起到了积极作用。但是，明中期以后研修程朱理学逐渐成为博取功名、获得利益的手段。同时，士风与世风变化导致理学思想不再适应新的社会形势。

明史载："学术之分，则自陈献章、王守仁始。"② 陈献章，字公甫，新会人。举正统十二年（1447）乡试，再上礼部，不第而归隐学术。他的学说重在提升个人修养，保持心态平和。"献章之学，以静为主。其教学者，但令端坐澄心，于静中养出端倪。"③ 以静来面对纷变的外物，显然是符合当时社会需求的。由于他非进士出身，又屡荐不赴，不太为人注意，所以对于时人影响不大，故孤行独诣，其传不远。而献章之学是陆九渊心学到阳明心学发展过程中的一个重要环节，如果说阳明心学是明代士人道德修持的巨大变化，那么献章之学则是变化的开始，更是晚明回归自我思潮的先行者。④

王守仁，字伯安，因曾结庐于宛委山之阳明洞，自号阳明山人。弘治十二年（1499）进士，从小就有成就圣贤志向，二十一岁随父居京读书，尊朱熹学说，求格物之理，无所悟入。由此对朱熹之格物说产生怀疑，转而研读辞章之学、兵法，旁涉佛道，但终未得其门而入。后被贬为龙场驿丞，思想出现较大变化。从感悟"良知"，到"知行合一"，再到"致良知"说，最终于明嘉靖六年（1527）提出"无善无恶是心之体，有善有恶是意之动，知善知恶是良知，为善去恶是格物"，完成阳明心学整个发展过程。⑤ 阳明心学的主体是致良知，良知的重点在自我修持，个人通过自我修持成为圣人。

---

① 《明史》卷283《儒林传》，中华书局1974年版，第7222页。
② 《明史》卷283《儒林传》，中华书局1974年版，第7222页。
③ 《明史》卷283《陈献章传》，中华书局1974年版，第7262页。
④ 罗宗强：《明代后期士人心态研究》，南开大学出版社2006年版，第52—53页。
⑤ 罗宗强：《明代后期士人心态研究》，南开大学出版社2006年版，第64—65页。

虽不乏纲常伦理，但蕴藏的反权威、不以圣贤经典论是非的精神，对于后学影响较深。"致良知"即注重实践性，提倡知行合一；反对浮泛空谈，反对口是心非、表里不一的假道学。在理学日渐衰落的时代，阳明心学的出现因有治病救人、补阙拾遗的色彩而流行一时。

王阳明的心学思想，因社会变化逐渐演变、分裂出诸多不同派别。其中，泰州学派影响较大。泰州学派创建者王艮，出身世代制盐的灶户家庭。他拜入王门之前，曾提出每一个体都有成为圣人的能力而不仅仅是想法；并认为成为圣人不一定需要博大精深的学问，只需要如圣人般去行动。① 王艮主张将"心"的努力转向"身体力行"的实践，他的门徒有官员、士人，最多的是普通民众。泰州学派从王艮起，到颜山农、何心隐等，思想始终直指百姓生活，提出"百姓日用即是道"的著名观点。由于泰州学派关注百姓日用常行，因此对于人们追求物欲的思想大加赞赏。其中，李贽最为激进、张扬。他在《答邓石阳》中写道："穿衣吃饭即是人伦物理。除却穿衣吃饭，无伦物矣。"功利欲望在他看来带有天然的合理性，而不需要附会于道德。各种欲望、功利造就了日常生活景象的"本来面目"。因此，他提出面对欲望时不要去遏制而应导其自我发展和自我实现，唯有如此才能存其真。"真"在李贽的论述体系中具有最高理论价值。② 李贽之后分化出言情思潮，其代表人物是汤显祖和冯梦龙，他们均受到罗汝芳"生生之仁"的理论影响，都以情的生生之仁作为自己理论的核心。言情思想对晚明士人产生巨大影响，更促成晚明言情小说的流行。

阳明心学的兴起打破了程朱理学一统天下的局面，心学分支勃发，进一步丰富和发展了晚明的学术思想。其中，泰州学派提出的"百姓日用即是道"将生活日用提升到学术研究的高度。随着新

---

① [美]牟复礼、[英]崔瑞德编：《剑桥中国明代史（1368—1644年）》（下卷），张书生等译，中国社会科学出版社2006年版，第689页。

② 万明主编：《晚明社会变迁：问题与研究》，商务印书馆2005年版，第628—632页。

思想的活跃，市民阶层的出现，部分精英走入下层社会，关注普通"人"的日常生活和情感世界。日用类书的流行既是关注日常生活的反映，也是实学思潮勃兴的佐证。而对于情欲观的探讨既是对个体情感的尊重，也带动了言情思潮的流行。同时，对于个体情感的关注与探讨，更扩展和丰富了市民文学的创作题材与内容。以市民文学、日用类书为主体的大众读本是明代书籍刊刻出版最主要的增长点。随着大众读本的不断涌现，图文并茂成为晚明大众读本的特征之一。大众读本的流行既是晚明知识下移的结果，也晚明社会诸多变化之一。如果说明代学术分野始于心学，那么社会变化同样启于心学。

二 实学思潮

中国古代实学追求经世致用、富国强民之道，实学思想始于宋初胡瑗的"明体达用之学"。"明体"与"达用"是实学的两足，密不可分。实学伴随着历史变迁而隐显，在侧重"明体"与"达用"之间不断转换。北宋重"达用"；南宋初期重"明体"，到南宋末年又重"达用"，宋代实学在"明体"与"达用"之间循环往复。[①] 明中期以后经济持续繁荣，思想空前活跃，但朝局的败象和边患问题却进一步加重，而主流思想又流于浮泛空谈，不思经世济民之道。诸多现实问题的出现和思想的变化，为实学的再度兴起奠定了基础。

明代实学思想在"前七子"王廷相的元气本论中就有所体现。王廷相所论之"气"是具有实在性、形上性、无限性的物质实体，也是构成宇宙万物的基础本体，而非"性""心""理""道"等掺杂人的主观认知的精神意象。[②] 其后，泰州学派在"致良知"基础上不断发展，最终提出"良知"有体有用。"良知之体"叫"天理

---

① 葛荣晋：《引论》，《中国实学思想史》（上卷），首都师范大学出版社1994年版，第1—2页。

② 岳天雷：《王廷相的实学思想及其精神品格》，《河南社会科学》2002年第1期。

良知","良知之用"叫"日用良知"。一个在内一个在外，二者"体用一原"，并将"天理良知"发展为"日用良知"。提出"圣人之道，无异于百姓日用"，离开了"百姓日用"，"圣人"将无所作为，故而"天理良知"也就是"日用良知"。他们以百姓日用常行作为"日用良知"的内核，提出"百姓日用即是道"的命题。①"道"既是真理，也是解决实质问题的学问。他们提倡惠民，解决百姓日用，并身体力行将理论应用于实践。王艮的《均分草荡议》就是为解决安丰场灶产不均，改变贫者多失业局面而进行的理论与实践相结合的探索。《年谱》载："先生竭心经画，三公喜得策，一均之而事定，民至今乐业。"② 泰州学派脱胎于阳明心学，虽属心学分支，却践行着实学者的言论。晚明实学倡导弃空谈、重实践、讲致用，关注百姓生活。日用类书的出现与流行是"百姓日用即是道"命题较好的实践。

明代日用类书又称中国古代通俗类书，是为庶民日用方便所汇集的广泛易解的必要知识书，萌生于宋朝，元明时期著作良多，尤以明末清初年间为最。③ 日用类书主要流行于晚明时期，《明代通俗日用类书集刊》所辑录的百余种日用类书，绝大多数为晚明刊本。如：

> 《新锲全补天下四民利用便观五车拔锦》33卷，明徐友三校，万历二十五年（1597）书林闽建云斋刊本。
> 《新刻天下四民利用便览三台万用正宗》43卷，明余向斗撰，万历二十七年（1599）余氏双峰堂刊本。
> 《新刊天下民家便用万锦全书》10卷，万历中刊本。
> 《新锲燕台校正天下通行文林聚宝万卷星罗》36卷，万历

---

① 龚杰、匡亚明主编：《王艮评传》，南京大学出版社2011年版，第53—76页。
② 龚杰、匡亚明主编：《王艮评传》，南京大学出版社2011年版，第114—115页。
③ 刘振天：《明代通俗类书研究》，齐鲁书社2006年版，第110页。

中刊本。

《鼎锓崇文阁汇纂士民万用正宗不求人全编》35卷，明龙阳子辑，万历三十五年（1607）潭阳余文台刊本。

《新刊瀚苑广记补订四民捷用学海群玉》33卷，明武纬子辑，万历三十五年（1607）序，潭阳熊氏种德堂刊本。

《新刻邺架新裁万宝全书》34卷，明冲怀撰，万历四十二年（1614）序刊本等。

晚明时期通俗类书刊刻数量快速增长，日用类书主要辑录日常生活知识，涉及门类繁多，堪为晚明日常生活百科全书。除此日用类书之外，专门汇总辑录一种知识的书，如《士商类要》《一统路程图记》等也属于通俗类书。《士商类要》收录各地物产、脚力价格以及行商之道等商业信息；《一统路程图记》辑录了明代一百多条水陆路里程，道路的起止点与分合点以及天文气象等知识。虽然有的商业、路程等内容独立成商书或路引，但这些内容也时常出现在日用类书中。《新刻天下四民利用便览三台万用正宗》卷21《商旅门》，记述了各地物产以及"船力""脚夫""银色""秤锤""天平""斛斗"等称呼解释；还增加了"青楼规范""客商规鉴论"，旨在加强行商者自我修养，劝诫行商者洁身自好。[1] 除《商旅门》外，还有与商业相关的《法律门》《体式门》等，内容包括法律条文、诉讼文书，以及乡规民约、文契体式。

晚明通俗类书因顺应日常生活之需求而广泛流行。同时，图文并茂的形式成为大众追捧的重要因素。图文并茂的书籍形式不仅大众喜闻乐见，也得到文人士大夫的肯定。周孔教在《三才图会序》中写道：

---

[1] 中国社会科学院历史研究所文化室编：《明代通俗日用类书集刊》卷6，东方出版社2011年版，第408—412页。

故图之有益有二，而图之穷亦有二。君子贵多识，一物不识，漆园以为视肉撮囊。且儒者不云乎致知在格物，按图而索，而上天下地，往古来今，靡不若列眉指掌。是亦格物之一端，为益一也；万物鼓铸于洪钧，形形色色，不可以文字揣摩。留侯状貌如妇人好女，匪图是披，将以为魁梧奇伟一大男子。食蟹者倘尽信书，直为劝学死耳。得是图而存之，无俟读书半豹，而眼中具大见识。鸿乙无误，为益二也。①

周孔教的图像观有别于前人，也符合实学思想影响下的图像认知。晚明通俗类书作为百姓日常生活百科，辑录的内容与大众生活密切相关，不断吸纳新知，通过图文并茂的形式传播日用知识。晚明日用类书既是晚明最具特色的大众读本，也是晚明知识下移的重要途径，更是晚明实学者思想、行为实践的理想场域，亦是晚明实学思想真实、鲜活的呈现。②

晚明实学思想的影响力不仅波及日常生活，还影响了此时的文学创作。明中期以后小说、戏曲创作更加繁盛，一方面是因为城镇化发展以后，新兴市民阶层的文化娱乐需求增多；另一方面是因为文学创作者深受"百姓日用"思想的影响，将视线投向下层社会，渴望积极反映世间美好，针砭时弊、伸张正义，以真情实感创作有意义、有价值的实用性文学作品。晚明文人陆云龙深受实学思想影响，追求经世致用的理想。他在文学创作上提倡作品要有真情实感，要实用。他认为文章要言之有物，真情流露。③ 即文学创作要有社会实用性，要与现实生活相联系。他的时政文章以及小说评点常常结合现实社会，对社会问题进行客观评点，借以引导读者理解文中揭

---

① （明）周孔教：《三才图会序》，载（明）王圻、王思义《三才图会》（上），上海古籍出版社1988年版，第1—2页。

② 刘振天：《明代通俗类书研究》，齐鲁书社2006年版，第80—82页。

③ 雷庆锐：《晚明文人思想探析——〈型世言〉评点与陆云龙思想研究》，中国社会科学出版社2006年版，第44页。

示的社会意义，达到劝诫、教化、警示的作用。此外，陈子龙的《明经世文编》以"实用为准""亦资实用"为原则刊行。全书强调的"明乱世""重经济""详军事""存异同"与晚明社会现实密不可分，凸显了求实救弊的经世精神。①

此外，西学东渐对于晚明实学的发展、繁荣起到促进作用。明万历四十八年（1620）传教士金尼阁一次携来7000余册图书。据徐光启记载，这批书籍涉及天文、水利、数学、地理、医学、音乐、物理、几何等知识，涵盖当时西方最先进的科学技术与文化。② 西学强调"实用"，注重"实理"，反对空谈。初期，因文化差异与传统价值观差异，西方文化与我国传统文化产生较大冲突，也对我国传统文化造成了巨大的冲击。但随着经世致用的观念渐入人心，有识之士逐渐将"西学"作为"实学"的一种来考察，并不断接纳西学中的"实用""实理"之策。徐光启、李之藻、王征等，以全方位、开放式的文化心态，提出"遐方文献，何嫌并蓄兼收"的主张。徐光启曾评价传教士"其实心、实行、实学，诚信于士大夫也"！如此评价，显然是相处良久的心悦诚服，诚服于他们的学养和治学态度，同时反映出徐光启对于"实用""实理""实证"精神的向往与追求。西学的到来，推动了晚明时期《天工开物》《远西奇器图说录最》等科技类书籍的刊刻出版。西方科学技术的传播，促使晚明时期崇实黜虚的实学思想得到进一步发展。

实学思想的流行丰富了晚明时期的学术思想，实学实践活动又促进了晚明经济的发展。晚明工商业城镇的繁荣，大众文化的活跃，插图的充斥，这些至今依旧令人目眩神迷的场景，无不是在关注日用常行、追寻务实求真的理想中活跃与勃发。如果说晚明社会生活如霞彩般灿烂，那么，晚明实学所迸发出的思想与实践之光则是晚

---

① 葛荣晋：《中国实学思想史》（中卷），首都师范大学出版社1994年版，第117—126页。

② 葛荣晋：《中国实学思想史》（中卷），首都师范大学出版社1994年版，第245页。

明社会生活中不可或缺的一道霞光。

三 文人交往

晚明是一个人员流动、变化的社会。明初建立的选官制与考满考察制形成了人员上下流动的机制，而中期以后大量农业人口又不断流向新兴的工商业城镇，因此不断出现人口流动和人员结构的变化，逐渐形成一个动态的晚明社会。晚明文人的交往正是建立在这一流动的基础上。同时，繁荣的城镇、通达的驿路又为文人交往提供了诸多便利。文人因求学、访友、探亲等导致他们需要交往，晚明文人的交往主要基于学问研讨。因此，为了更好地研习学问，他们自愿组合成松散讲会、文社、诗社等社群组织。晚明时期的各种社群活动成为文人士大夫重要的社交方式，并逐渐成为一时风尚。

明嘉靖到弘光时期"党"与"社"活动频繁，直到清初才渐渐衰弱。一般士大夫阶层活跃的运动就是党，一般读书青年人活跃的运动就是社。[1] 学子因读书进学而结社，政治上志同道合者结成党。党社之风对于明中后期政治、社会、文化均有重要影响。郭绍虞认为，明代文人的生活态度是"清客相"而非"学者相"，因而相邀宴饮唱和为平常之事，加之治学态度和学术风度又不甚严谨，多无定见而易被煽动，故而结社标榜。文人士大夫通过结社形成相互帮扶的群体，实现互惠，无论是清谈鼓噪还是砥砺前行都需要群体、集团的支持。因此，晚明文人士大夫的社群交往有着多重目的和意义。

据郭绍虞统计，明代文人团体多达一百七十六个，[2] 社团成员的交往也是他们人际关系中最亲密的一种。[3] 顾炎武曾评论：

---

[1] 谢国桢：《明清之际党社运动考》，上海书店出版社2004年版，第1页。
[2] 郭绍虞：《照隅室古典文学论集》，上海古籍出版社1983年版，第518—610页。
[3] 陈江：《明代中后期的江南社会与社会生活》，上海社会科学院出版社2006年版，第90页。

> 万历末，士人相会课文，各立名号，亦曰某社某社。……今日人情相与，惟年、社、乡、宗四者而已。除却四者，便瞢然丧其天下焉。①

文人士大夫积极加入"社"与"会"，通过结社集会形成人员交往，编织出亲密的人际关系。不同的"社"与"会"谈论的内容和搭建的关系也有所不同。晚明士人祁彪佳日记中记录的"社"与"会"就有着各自不同的内容与目的。

崇祯五年（1632）四月的戊午公会：

> 或争奕，或飞觞，觥筹交错，巾舄纵横，尽饮而罢，盖以不觉日之晡矣。②

另，同年八月十五日的同乡公会：

> 观《教子传奇》，客情俱畅，弈者弈，投壶者投壶，双陆者双陆。予与吴俭育、冯邺仙、阮旭青拈诗……夜分，与二三君踏月长安归。③

这两次"公会"明显具备社交属性，其内容多为饮酒、下棋、投壶、观戏、吟诗等娱乐活动。而接下来他参与的两次聚会则截然不同。

崇祯十年（1637）三月四日：

> 初四日，与季超兄访张介子，坐谈于新构之精舍，随至白

---

① （清）顾炎武：《社》，《日知录集释》（中）卷22，上海古籍出版社2006年版，第1261页。
② （明）祁彪佳：《楼北冗言》（上），四月二日，《祁彪佳日记》（上册），浙江古籍出版社2016年版，第51页。
③ （明）祁彪佳：《楼北冗言》（下），八月十五日，《祁彪佳日记》（上册），浙江古籍出版社2016年版，第82页。

马山房,刘念台、陶石梁两先生皆至。张芝亭举"廓然太空,物来顺应"之义,王金如问心学入门用功之要。两先生辩难良久,刘以渐、陶以须,各有得力处。①

又,同年三月八日:

> 泊舟白马山房,与管霞标诸友习静,晚互纠过失,余问以工夫下手之要,坐二香方别,就宿舟中。②

同样属于"会"的形式,前者通过娱乐活动凝聚、联络同籍官员;后者通过静坐深谈讨论学问,辨析人生,纠举彼此过失。士大夫热衷参与"社"与"会",一是为了讨论学问,二是为了深化同僚、同籍间的友谊。同样,青年学子也有属于自己的"会"。"痒士会文"是童生类的聚会,三两人或稍多一些,仅限于同村或扩大到附近乡。有时甚至须自带口粮,共同讨论学业,揣摩时文风气。文会与科举密切相关,他们结社的目的是共同应对科举考试。③ 晚明文人士大夫怀揣不同目的走入"社"与"会",自如地游走其间,搭建起一个流动而活跃的交往场域。

晚明文人积极参与的"社"与"会"属于聚合交往形式,同时还有一种向外交往的形式——"游谒"。"游谒"是文人为了精进学问,外出拜访名师名士的一种学习方式。晚明文人的游谒活动旨在"谒","游"是为了达到"谒"的目的。下层文人秦镐拜谒钱谦益的一番话充分体现了这一游谒观:

> 吾游不独好山水,以求友也。吾于天中友王损仲、张林宗、

---

① (明)祁彪佳:《山居拙录》,三月四日,《祁彪佳日记》(上册),浙江古籍出版社2016年版,第258页。
② (明)祁彪佳:《山居拙录》,三月八日,《祁彪佳日记》(上册),浙江古籍出版社2016年版,第259页。
③ 陈宝良:《中国的社与会》,中国人民大学出版社2011年版,第311页。

阮太冲，今访子于吴，访袁小修于楚，访曹能始于闽，归而息影南陵，终身不复出矣。①

李贽亦有相同观点：

天下唯知己最难，吾出家以来，本欲遍游天下，以求胜我之友。胜我方能成我，此一喜也。胜我者必能知我，此二喜也。②

晚明文人的游历各有目的，虽如徐霞客"实在至性"之游不在少数，但是更多的人游历是为了切磋学问，增长见识。时人王涣为了科举进学而游谒名士，曾自云："涣游南雍，会八省名士，为诗文以备春试。"③ 晚明游谒四方的文人中，亦不排除借名人、名士评点自己诗文作品之机，抬高自身声望的学术投机者。如《列朝诗集小传》记载的"何山人""钱山人"都有假借游谒公卿求教诗文，以彰显自身之嫌。④

晚明文人士大夫热衷的"社"与"会"以及"游谒"均属于交往面谈。同时，他们还会选择一种不见面的交往形式——笔谈。晚明文人书信往来多是学术探讨和出游邀约。李贽《续焚书》卷一"书汇"中共收录他晚期的86封尺牍，其内容主要是与焦竑、陶望龄、马历山等探讨学术见解、安排出游以及询问身体状况、问候家人等。如在《与焦弱侯》中除去问候、出游邀约之外，主要探讨学问。⑤ 另《与马历山》："昨见教大学章，因有客在坐，未及裁答。"昨日的聚会高朋满座相互讨论，一些问题没能深入交流，故今日附

---

① （清）钱谦益：《列朝诗集小传》（丁集·下），上海古籍出版社1983年版，第642页。
② （明）李贽：《穷途说》，《续焚书》卷2，中华书局1959年版，第73页。
③ （清）钱谦益：《列朝诗集小传》（丙集·上），上海古籍出版社1983年版，第310页。
④ （清）钱谦益：《列朝诗集小传》（丁集·下），上海古籍出版社1983年版，第629—632页。
⑤ （明）李贽：《与焦弱侯》，《续焚书》卷1，中华书局1959年版，第13—14页。

信讨教。可见尺牍往来不仅可以通报友人近况，或邀约游宴，更可以对于面晤中未廓清的学术问题、思想分歧进行深入的探讨。在李贽与友人的书信交往中，不仅有信息的互通、情感的交流，还有学术思想的探讨。

晚明文人通过"社"与"会"、"游谒"以及书信笔谈的形式，开展社会交往，联络感情、探讨学问、传播思想，展现出晚明学术思想的活跃与繁荣。同时，文人游走四方进行拜谒，增加了他们与下层民众交往的频次与机会。因此，晚明的文人交往不仅是文人之间的交往，亦包括文人与民间的交往。徐林在《明代中晚期江南士人社会交往研究》中观察到，明中晚期江南士人与商人、妓女均有交往。在《六如居士尺牍》（四卷）分有23个类别，包括庆贺、感谢、荐托、馈送、求借、饯送、寿文、祭文等[①]，从中可以窥见唐寅交往的庞杂。晚明文人士大夫在向下交往的同时，有意或无意地将新思想、知识以及生活方式渗透转移到下层社会，成为晚明知识下移的又一种形式。晚明日用类书普遍辑录有"书启活套""小柬活套""应酬答语""尺牍华采""名公实扎"等内容。[②] 这说明书信交往已经成为晚明大众日常往来交际的一种选择。文人交往不仅促进了晚明学术思想的活跃与传播，也推动着晚明知识的下移。

第二节 社会群体的变化

明中期以降，朝政愈加黑暗、腐败。与此同时，社会经济持续繁荣增长，推动了新兴工商业城镇的崛起。繁荣富庶的城镇又成为奢靡、贪婪、欺诈风气的温床。政治的黑暗、生活的奢靡导致世风

[①] 宋志英辑：《明代名人尺牍选萃》第1册，国家图书馆出版社2008年版。
[②] 中国社会科学院历史研究所文化室编：《明代通俗日用类书集刊》1—16卷，东方出版社2011年版。

日下。朝堂上的高洁之士，或郁郁不得志者，纷纷主动或被迫致仕，远离朝局。同时，因人口增长，导致学子们的科举之路异常艰难，屡试不第者多不胜数。面对屡试不第的窘境，他们需要另谋生路。而此时，繁荣富庶的城镇不仅大量涌现，还能为寓居者提供富足安乐的生活。于是，致仕的士大夫、失意的文人以及大量农业人口纷纷涌向城镇。随着不同群体的到来，以寓居城镇者为核心不断融合成具有晚明特色的新兴社会群体。

如果说城镇的繁荣经济深深地吸引了不同阶层的民众，那么，人口数量和结构的变化则成为城镇经济繁荣的前提。王锜的《吴中近年之盛》对比了明中期前后吴中的变化。[①] 他看到了吴中因经济发展而发生的巨大变化，但没看到人口的流入是吴中繁荣的另一个因素。明代有三次规模较大的人口流动，其中，第三次是由农业人口向非农业人口转移，即农村人口向城镇人口的转移。[②] 造成农村人口向外流出的原因，一方面是土地兼并导致自耕农破产成为流民；另一方面是人口增长导致耕地减少迫使人口外流。[③] 与此同时，工商业城镇方兴未艾，手工业的发展和商业活动的繁荣又急需大量劳动力。因此，明中后期农村人口向城镇流动。同时，文人士大夫因不同境遇而寓居或滞留城镇，他们与商人、手工业者以及流向城镇的农村人口组成了依赖城镇业态而生活的市民群体。中下层文人滞留城镇多是传授知识赚取酬劳，文人以文治生不仅丰富了城镇业态，更成为晚明大众文化形成的关键。

随着晚明社会经济、文化思想的变化，文人士大夫群体因政见、心性、志趣等多种因素，逐渐分化重组成新的群体。其中，以文人士大夫为主的出版业持续繁荣，促使阅读群体出现并扩大。阅读群体通过共同的阅读行为进行组合，以共同的行为目的进行群体重组

---

① 参见（明）王锜《吴中近年之盛》，《寓圃杂记》卷5，中华书局1984年版，第42页。

② 万明主编：《晚明社会变迁：问题与研究》，商务印书馆2005年版，第36页。

③ （明）王士性：《江南诸省》，《广志绎》卷4，中华书局1981年版，第70页。

是晚明群体变化的新趋势。随着书籍刊刻数量的增加，逐渐构筑起一个较大的阅读群体，除阅读科举类书籍的群体之外，还出现了具有新口味、新情趣的各种阅读群体。群体的不断分化与重组，反映了晚明社会不断变化的态势。

一 群体的分化与重组

明初朱元璋为巩固皇权废黜丞相之职，此举为明代宦官专权埋下隐患。从明中期开始，结交宦官、攀附权贵、卖官鬻爵成为朝局常态。官吏为了巩固权力、谋取私利而结交阉党，民众亦为了获得一官半职而攀附宦官。王锜载，正德时，江阴布衣徐颐和常熟上舍魏家为谋得京官一职皆结交宦官，攀附当道大臣所费不赀。徐颐最终获得中书舍人之职，而魏家人也谋得主事之职，导致京师皆笑谈为"金中书""银主事"[①]。朝廷官员为一己私利，攀附权贵，结交宦官；彼此之间又相互倾轧，横加要挟，不惜陷害同袍。御史张智因与淮扬某盐商过从甚密，他请求前往执行公务的御史刘峣"嘱其支盐"，但刘峣未允。于是，张智伙同盐商胁迫、陷害刘峣。[②]

面对纷乱黑暗的朝局，许多人选择致仕还乡或辞官归隐。大学士刘健、李东阳、谢迁三人因刘瑾专权，时势难为，选择疏乞致仕；而吏部尚书许进则选择愤然辞官。[③] 李贽在姚安知府任上颇有声望，但与上官不和，任期届满便弃官而去。[④] 陈洪绶的进阶之路崎岖漫长，虽最终艰难步入仕途，但因不满腐败黑暗亦辞官南归。[⑤] 朝局的纷扰，仕途的起伏导致庞大的官僚群体出现变动与分化。他们中的一小部分选择暂离朝廷，而多数人则从此远离庙堂，归隐乡

---

① （明）王锜：《寓圃杂记》卷10，中华书局1984年版，第78页。
② 参见（明）陈洪谟《以财得官》，《治世余闻》（下）卷3，中华书局1985年版，第54页。
③ （明）陈洪谟：《继世纪闻》卷1，中华书局1985年版，第72、75页。
④ 林其贤：《李卓吾事迹系年》，文津出版公司1988年版，第16—41页。
⑤ 陈传席：《明末怪杰——陈洪绶的生涯及艺术》，浙江人民美术出版社1992年版，第8—16页。

野城镇，开启新的生活。上层官僚阶层虽然出现了流失、分化的情况，但官僚阶层的人员总数并没有减少。大多数学子仍然希望通过科举向上流动。但是，明中期以后科举之路却异常艰难。明中期以后，随着经济繁荣，人口亦快速增长，生员进一步扩大，导致科举之路壅塞而艰难。① 与此同时，朝廷为谋取经济利益②又另辟他途：

>　　旧制监生止有二途，岁贡、乡贡是也。后增四十岁生贡，又增上马纳粟，近增大臣勋戚子孙乞恩，共为五途。自此选期愈远，仕路愈塞矣。③

朝廷各种名目的"开纳"导致纳捐者大增，各种义官泛滥，亦加重了科举进阶的难度，令大量才华横溢者无缘进入朝堂。文徵明举三十年而不第，④ 他的好友祝允明举二十年不第，甚至其子高中庶吉士，祝允明仍未考中。⑤ 翠娱阁书坊主陆云龙，自幼聪颖好学，青年时甘于淡泊刻苦攻读，专注举业到四十七岁，终因乡试不第放弃举业，创办书坊。⑥ 如他们一般满腹才华，数十年寒窗苦读，励志科举却无缘进阶者不在少数。在科场的艰难阻隔下，大量屡举不第者滞留乡野城镇，上田信称之为"失意的知识人"⑦。当然，亦不乏从

---

① 苏州府8县有1500个生员名额，却有数万考生参加考试，而他们中每三年仅有50人能够参加举人考试。参见（明）文徵明《文徵明集》，上海古籍出版社1987年版，第584—585页。

② 通过纳捐获得"监生"或"职位"需要一笔不菲的费用，而这项收入相对稳定，故成为国家正常收入的一部分。参见［美］黄仁宇《十六世纪明代中国之财政与税收》，阿风等译，生活·读书·新知三联书店2001年版，第320—321页。

③ （明）王锜：《监生五途》，《寓圃杂记》卷5，中华书局1984年版，第39页。

④ 罗宗强：《明代后期士人心态研究》，南开大学出版社2006年版，第163—178页。

⑤ 罗宗强：《明代后期士人心态研究》，南开大学出版社2006年版，第191—192页。

⑥ 雷庆锐：《晚明文人思想探析——〈型世言〉评点与陆云龙思想研究》，中国社会科学出版社2006年版，第2—8页。

⑦ ［日］上田信：《海与帝国：明清时代》，高莹莹译，广西师范大学出版社2014年版，第311页。

一开始就无此志向者。如陈继儒早早将"功名"看作"镜之空花"，他更愿意"作出山之小草"。唐寅虽走入科场考中解元，但仅仅是为了完成父亲的遗愿。无论是无意科举者还是科场失意人，都已无缘朝堂，他们或重回乡野或滞留繁荣的城镇。于是，滞留的文人和寓居的致仕官员以及涌入的农业人口，在城镇这种新型的生活场域中不断交流对话，逐渐形成新的群体。致仕官员、失意文人是晚明市民群体的重要组成部分，也是推动晚明大众文化出现、传播的主流。

　　对于寓居或滞留城镇的新移民而言，如何在繁荣的城镇安享生活成为必须面对的问题。曾经位高权重者，或许尚有积蓄安享生活。而中下官吏就未必能如此，李贽致仕时"囊中仅图书数册"。部分官吏尚且如此，未进阶的学子更可想而知。因此，为了生存，他们必须融入社会。李日华、文徵明、祝允明、唐寅、陈洪绶等选择写字卖画。李贽选择著书、评书。陈继儒亦是广结人脉，笔耕不辍。陆云龙创办书坊。更多的失意者选择开馆授徒养家糊口。虽然他们谋生的手段千差万别，但都是以己之长结合社会的需求实现着自我救赎。他们既是科场、朝堂上的失意者，亦是晚明社会发展变化下的弄潮儿。

　　致仕的官员、失意的文人都曾为治国理政、博取功名努力学习"知识"。而这些"知识"往往囿于对书籍、经典、文献的依赖，甚至是空疏浮泛的解读。当他们远离朝堂，摒弃举业，面对现实时，曾经的"知识"并不能完全解决他们面临的新问题，必须将曾经的"知识"转化成可以解决问题、实现自我救赎的办法。对于"知识"的重新定义和认知是这一新群体的共识之一。"知识"不再是过去囿于书本的思想和说教，而是实际可行和解决各种问题的办法。实用成为衡量"知识"的标准之一，市民文学、日用类书的出现与流行是对"知识"的重新定义，也是新群体形成的标志。晚明城镇不断吸纳致仕官员、失意文人、商人、手工业者、普通民众，加速了晚明新群体、新文化的形成。

二 阅读群体的新情趣、新口味

随着经济的繁荣发展，人的需求逐渐从物质层面转向精神文化层面。一方面，物质充盈的社会更需要精神的慰藉；另一方面，部分精英阶层在社会责任与身份标志双重因素召唤下，开始关注下层生活。

明初太祖朱元璋十分注重文治，大力兴办各级学校，注意图书收集与出版。其"识字"的相对普及推动了粗通文墨人数的增加。①明代识文断字的人口基数较高，到明中后期大量不第文人滞留城乡，无疑进一步增加了人口识字率。张岱《夜航船》"序"载：

> 后生小子，无不读书，及至二十无成，然后习为手艺。故凡百工贱业，其《性理》、《纲鉴》，皆全部烂熟。偶问及一事，则人名、官爵、年号、地方枚举之，未尝少错。学问之富，真是两脚书橱……②

明代识字率的提高，为"阅读"成为晚明大众娱乐消遣的新形式提供了可能。

如果说识字率的提升为阅读消遣提供了可能，那么晚明时期出版业的繁荣则令阅读消遣成为现实。明成化、弘治年出版业日趋发达，到明万历时期达到极盛。③明初，书籍出版一般由官方主导，中后期出现私人刻书和商业性出版机构。官方主导的称为"官刻"；私人刻书称为"私刻"，江南尤盛，著名者达100多家；④商

---

① 戴健认为，明代市民粗通文墨者为数甚众，吴越尤盛。其得益于明代学校教育兴盛，民间私塾馆蒙教育普及。参见戴健《明代后期吴越城市娱乐文化与市民文学》，社会科学文献出版社2012年版，第101页。
② (明)张岱：《序》，《夜航船》，中华书局2012年版，第1页。
③ 张秀民：《中国印刷史》(上卷)，浙江古籍出版社2006年版，第237—240页。
④ 叶树声、余敏辉：《明清江南私人刻书史略》，安徽大学出版社2002年版，第20页。

业性出版机构称为"坊刻",他们以获利为导向,注重市场需求,迎合社会风尚。① 明代的书籍刊刻业是"官、私、坊"刻并举,到晚明时期逐渐形成"坊刻"为主,"官刻""私刻"为辅的格局。三种形式的出版机构因所刻书目的不同形成书籍刊刻的差异化发展,不仅丰富了晚明书籍种类,也成就了晚明出版业的历史最高峰。

随着书籍出版的差异化发展以及大众群体的形成,逐渐出现满足大众阅读需求的书籍。以前,书肆仅有学术或科举类书籍,并且购书目的仅限学术研究和科举应试。从明中后期开始,书肆除学术书籍之外,还有各种志怪、传奇小说可供选择。② 而购书者的目的也不仅限科举应试或学术研究,也有娱乐消遣的目的。虽然书肆仍以学术和应试书籍为主,但志怪、传奇小说的出现预示着书籍内容和阅读口味出现变化。志怪、传奇小说的流行,是因为书中充满了民众喜爱的"怪、力、乱、神"的内容。如胡应麟所言:

> 古今著述,小说家特盛;而古今书籍,小说家独传,何以故哉?怪、力、乱、神,俗流喜之,而亦博物所珍也;玄虚、广莫,好事偏功,而亦洽闻所昵也。……至于大雅君子心知其妄而口竞传之,旦斥其非而暮引用之,犹之淫声丽色,恶之而弗能弗好也。夫好者弥多,传者弥众,传者日众则作者日繁,夫何怪焉?③

胡应麟无法理解大雅君子明知"怪、力、乱、神"的内容是夸

---

① 程国赋:《绪论》,《明代书坊与小说研究》,中华书局2008年版,第5页。
② (明)胡应麟:《经籍会通》4,《少室山房笔丛》卷4,上海书店出版社2001年版,第42页。
③ (明)胡应麟:《九流绪论》(下),《少室山房笔丛》卷29,上海书店出版社2001年版,第282页。

妄之说却还要去传播，明知是"淫声丽色"却还要去喜欢；并且，社会上喜欢和传播这些内容的人还越来越多，导致创作的人更多。胡应麟对于志怪、传奇小说颇多非议，甚至十分排斥。但更多的人却对"怪、力、乱、神"和言情故事满怀热情，导致"作者日繁"。这类书籍甚至成为阅读者和书坊共同追求的新口味、新情趣。对于阅读口味和情趣的变化，谢肇淛有着不同的看法，他趋向积极的态度：

> 小说野俚诸书，稗官所不载者，虽极幻妄无当，然亦有至理存焉，如《水浒传》无论已，《西游记》曼衍虚诞，而其纵横变化，以猿为心之神，以猪为意之驰，其始之放纵，上天下地，莫能禁制，而归于紧箍一咒，能使心猿驯伏，至死靡他，盖一求放心之喻，非浪作也。………惟《三国演义》与《钱唐记》、《宣和遗事》、《杨六郎》等书，俚而无味矣。何者？事太实则近腐，可以悦里巷小儿，而不足为士君子道也。①

他认为志怪小说虽"极幻妄无当"却"至理存焉"，"非浪作也"，反倒是历史或现实题材小说因真实而令他感到过于迂腐无趣。对于志怪、传奇小说是认同还是反对，都无法阻挡以娱乐消遣为目的，具有新情趣、新口味的书籍的出现与流行。与其说志怪小说的流行是晚明时人阅读的新口味之一，毋宁说"崇怪尚奇"本就是他们的口味。晚明时人在文字上创造出各种奇异的字形；在服饰上热衷标新立异，甚至出现男女装混穿的荒诞之举。② 晚明社会风尚的变化，对于阅读者的情趣、口味以及书籍内容都会造成一定的影响。

---

① （明）谢肇淛：《事部》3，《五杂俎》卷15，《明代笔记小说大观》，上海古籍出版社2005年版，第1828—1829页。
② 巫仁恕：《品味奢华：晚明的消费社会与士大夫》，中华书局2008年版，第130—132页。

第一章 晚明知识下移

晚明书籍呈现的新情趣、新口味，在内容上表现为新奇、言情、世俗，在形式上则表现为插图的普及，即"无书不插图"。插图的直观真实性给阅读者带来了另一种全新的口味与情趣。《禅真逸史》凡例：

> 图像似作儿态，然史中炎凉好丑，辞绘之，辞所不到，图绘之。昔人云：诗中有画。余亦云：画中有诗。俾观者展卷，而人情物理，城市山林，胜败穷通，皇畿野店，无不一览而尽。其间仿景必真，传神必肖，可称写照妙手，奚徒铅椠为工。①

对于喜欢阅读插图的读者，他们不仅希望从插图中一窥世态炎凉，更希望从"诗中有画""画中有诗"的图文转换中将人情物理一览无余。"阅读"已经不再局限于过去阅读文本后的空洞想象，而是利用书籍插图的"仿景必真，传神必肖"帮助理解文本，完成阅读。不仅文学书籍注重图文并茂的形式，以此达到读文赏图的娱乐消遣目的；在农桑、科技、日用类书中插图亦成为主体，文本内容简洁，甚至口语化。如《便民图纂》"提农务女红图"所言：

> 宋楼璹旧制耕织图，大抵与吴俗少异，其为诗又非愚夫愚妇之所易晓。因更易数事，系以吴歌其事，既易知其言，亦易入用劝于民，则从厥攸好。②

简洁的语言、直观的图像在阅读方面的确做到了"便民"。《便民图纂》图文并茂的形式代表了晚明时期书籍编辑的基本思路，也是符合民众阅读需求的新形式、新情趣、新口味。高彦颐认为，阅

---

① 丁锡根编著：《中国历代小说序跋集》，人民文学出版社1996年版，第1532页。
② （明）邝璠：《便民图纂》，农业出版社1959年版，第1页。

读有图像的书籍使女性读者需求凸显出来。① 晚明书籍从内容到形式的变化，表面上是情趣、口味的变化；本质上是迎合大众需求。大众需求以实用为主，图文并茂的志怪、传奇、言情读本与日用类书都有着明确的需求指向和实用价值。因此，晚明书籍最核心的情趣与口味是基于大众需求的实用性。

三　文本插图制作群体

从明中期开始，书籍采用图文并茂的形式属于常例。在戏曲唱本中图文并茂的形式是为了唱与图合，爽人心意。② 甚至，出现唱本因无图造成滞销的情况。③《水东日记》载："今书坊相传射利之徒伪为小说杂书……农工商贩，钞写绘画，家畜而人有之。"④ 晚明时期不仅戏曲、小说图文并茂，农、兵、医、科技、日用类书、学术书籍亦刊载插图。面对"无书不插图"的需求，逐渐形成一群绘制、镌刻插图的制作者。

《刻书积德图》（图1-1）展示了中国古代书籍刊印的基本风貌，图中描绘了宋人程一德在家中刊印书籍的情景。五位制作者各有所专，誊写、刻板、刷印、装订，每一道工序环环相扣，繁忙而有序。张秀民认为，明清时期的雕版印刷分写、刻、印、装四道工序。⑤ 明嘉靖三十五年（1556）顾氏"奇字斋"影摹刊刻宋刻本《类笺唐王右丞诗集》，延请陈延鹤、黄姬水等19人校勘，吴应龙、陈延相等3人写板，李焕、王浩等24人刊刻，刘欢、杨金等3人装帧，而顾

---

① [美]高彦颐：《闺塾师——明末清初江南的才女文化》，李志生译，江苏人民出版社2006年版，第53页。
② 明弘治十一年，北京金台岳家《新刊大字魁本参增奇妙注释西厢记》牌记。首都图书馆编：《古本戏曲版画图录》第1册，学苑出版社1997年版，第78页。
③ 戴健：《明代后期吴越城市娱乐文化与市民文学》，社会科学文献出版社2012年版，第83页。
④ （明）叶盛：《小说戏文》，《水东日记》卷21，中华书局1980年版，第213—214页。
⑤ 张秀民：《明清写工刻工印工及其事略》，载宋原放《中国出版史料（古代部分）》第2卷，湖北教育出版社、山东教育出版社2004年版，第203—211页。

·46·

第一章　晚明知识下移

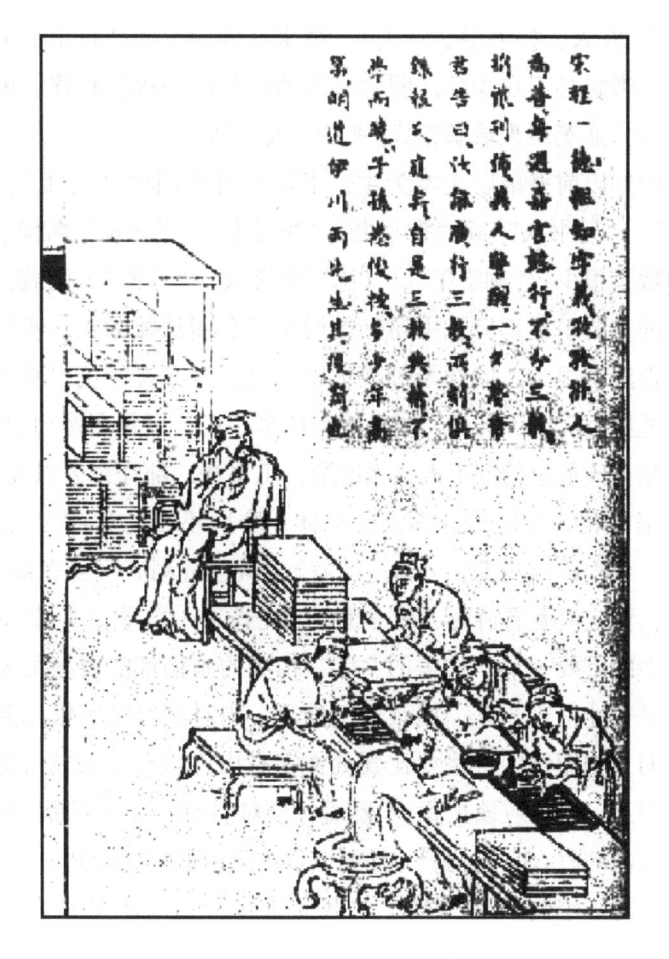

图1-1　刻书积德图

来源：[美] 钱存训：《中国纸和印刷文化史》，广西师范大学出版社2004年版，第395页。

氏兄弟二人负责组织和编辑。全书历时5个多月，虽用人较多，但分工明确、有条不紊，并新增"校勘"工序，另聘"校勘者"。①另据史料记载：晚明江南著名的私人刻书作坊毛氏"汲古阁"鼎盛

---

① 叶树声、余敏辉：《明清江南私人刻书史略》，安徽大学出版社2002年版，第23页。

时有刻工20人,抄书手200人①。虽未见刷印工和装订工的人数记载,但二者想必不在少数。明清时期的雕版印刷规范程序,可从清乾隆《钦定武英殿聚珍版程式》②中一窥全貌。

明中期以前书籍以文本为主,书坊配有专门的"写工",又称"写字人""写书人"或"誊录吏""誊写吏"。书坊也请名儒手书誊录,但数量很少。"刻字工",又称"剞劂氏""梓匠"。随着插图成为书籍的重要组成部分,书坊又新增画工和图像雕刻工。明代刻工中能写善刻者很少,能画善刻者更不常见。但亦有特例,明万历时期徽州虬村黄氏刻工。他们既是优秀的刻字工,更是图像刊刻高手。黄文敬是黄氏最早的刻书人,懂医道,工书法,郡守彭公以礼重之;黄铖善书而精于草、篆、六义、八体,靡所不工;黄鏻为人正直,善书法,刻程氏《墨苑》《养正图解》;黄应济刻有《女范编》,能写文章;黄应澄著有诗集,工书善画,尤长于人物写真。③镌刻是雕版印刷中的重要一环,秀美的文字、精美的画稿都需要精细地镌刻后才能完美地呈现出来。据张秀民推算,当时刻每百字银二到四分不等。而刊刻图像的价格要比刊刻文字高出许多,如果成为优秀的图像刊刻工,收入应该更高。④随着社会对插图的需求不断增强,以及相对高额的收入,造就了一批如徽州黄氏的优秀图像刻工。

史料对于绘制插图的画工记载非常少,目前所见来自周绍明著作:

---

① 叶树声、余敏辉:《明清江南私人刻书史略》,安徽大学出版社2002年版,第33页。

② 金简:《钦定武英殿聚珍版程式》,载宋原放《中国出版史料(古代部分)》第2卷,湖北教育出版社、山东教育出版社2004年版,第8—40页。

③ 张秀民:《明清写工刻工印工及其事略》,载宋原放《中国出版史料(古代部分)》第2卷,湖北教育出版社、山东教育出版社2004年版,第203—208页。

④ 周绍明认为这些人当中有超过30人成了插图(徽州)刊刻家。他相信,这个专门称谓和类别最早在晚明被赋予雕版插图刻工,是对于他们独特技艺的承认。因此他认为这些人的名声与较高收入来源于他们出众的技艺。参见[美]周绍明《书籍的社会史——中华帝国晚期的书籍与士人文化》,何朝晖译,北京大学出版社2009年版,第33页。

到1531年，在礼部登记的仅从事出版的工匠数量就翻出了一番多，达到将近1300名，其中，有48名制笔匠，62名造纸匠，77名插图工（或画工），77名制墨工，80名切削匠，134名刷印工，189名折纸匠，293名装订工，以及最大的群体——315名刻工。①

晚明书坊应该没有设置专门的画工，一般由刻工兼任。特别是农桑、技术、日用类书中的插图，明显没有使用画稿是直接镌刻而成。而戏曲唱本、小说、画谱中的插图基本采用画稿进行镌刻。这些插图画稿一部分出自优秀刻工之手，如金陵名刻工刘次泉就曾为黄凤池辑录的《唐诗画谱》自画自刻插图②；另一部分出自画家创作稿，如陈洪绶曾与杭州名刻工项南州合作《北西厢》插图。以上属于画家独立进行一整套插图画稿的创作。同时，他们还集体参与一整套插图画稿的创作，如唐寅、钱穀为、汪樵、丁云鹏、张梦征、钱贡、顾仲方、陈洪绶、汪耕等就出现在同一套插图署名中。此外，还有间接提供插图画稿的画家。这些画家虽然没有以个人或集体形式参与插图画稿的创作，但是他们的画作被第三方临摹后辗转到书坊刊刻出版。如沈周、仇英、文徵明的作品都有类似情况。同时，李贽、王世贞等文人也参与过插图的创作活动。③画家、名人、名士参与插图创作，无疑提升了晚明书籍插图的艺术水平。但他们主要参与戏曲小说等文学类书籍的插图创作。目前，保存较好、较多、较精美的晚明文本插图主要是戏曲、小说类插图，因此容易造成晚明文本插图画稿多出自画家之手的错觉。而晚明时期出现"无书不插图"的盛况，主要有赖于书坊中身兼画工之职的优

---

① ［美］周绍明：《书籍的社会史——中华帝国晚期的书籍与士人文化》，何朝晖译，北京大学出版社2009年版，第30页。
② 叶树声、余敏辉：《明清江南私人刻书史略》，安徽大学出版社2002年版，第50—52页。
③ 徐小蛮、王福康：《中国古代插图史》，上海古籍出版社2007年版，第140—149页。

秀刻工们。从现存 46 种明代日用类书插图中，即可窥一斑而见全豹。

关于"印工"的记载，据周绍明研究，礼部 1531 年登记数据中有 134 名刷印工。另《中国札记》曾载，当时一个熟练印工一天可印刷 1500 张。① 文献资料对刷印工的记载较少，但他们的人数应该不少。

晚明插图书籍是由画工、刻工、刷印工以及装订工共同努力生产制作的。而印刷物料作为书籍刊印中的一个环节，同样不容忽视。汲古阁对于刊印用的纸张、墨汁都精挑细选，甚至不惜高价从外地定制。据《常昭合志稿》记载："毛氏所用纸，岁从江西特造之，厚者曰：毛边，薄者曰：毛太，至今犹名不绝。"② 由此可见，围绕书籍、插图形成了一个生产、制作、供应的群体，囊括了名人、名士、画家、画工、刻工、刷印工、装订工，以及印刷物料生产、供应者，他们通过互相协作，共同创造了晚明时期"无书不插图"的盛况。

第三节 大众文化的活跃

晚明繁荣的城镇催生了市民群体。市民的出现不仅是晚明社会人员结构上的变化，也催生了属于市民的文化，即大众文化。随着晚明城镇如雨后春笋般出现，市民群体成为晚明社会大众的主体。市民指"居住在城市或城镇、过着普通人生活、能与城市中的其他人员自由交往并能自由出入城市的居民"，包括无业游民、力夫、杂役、服务业者、艺术从业者、城市知识分子、商人、手工业者及其雇主、房屋出租者、乡绅、奴仆、官吏、差役、赋闲贵族与闲居官

---

① [意] 利玛窦、[比] 金尼阁：《利玛窦中国札记》第 1 卷，何高济、王遵仲、李申译，广西师范大学出版社 2001 年版，第 17 页。

② 叶树声、余敏辉：《明清江南私人刻书史略》，安徽大学出版社 2002 年版，第 33 页。

员等，以及他们的家属。① 张岱的《虎丘中秋夜》较具体地描述了晚明城镇居民包括哪些：

> 虎邱八月半，土著流寓、士夫眷属、女乐声伎、曲中名妓戏婆、民间少妇好女、崽子娈童及游冶恶少、清客帮闲、傒僮走空之辈，无不鳞集。②

此外，他在《扬州清明》中生动地描述了扬州城居民清明祭扫、出游、踏青的情形。文中，扬州城的市民，三教九流皆囊括其中。③《扬州清明》记录了扬州市民清明时节自发组织的一场文化娱乐盛宴。这场盛宴不仅反映出晚明的扬州城士商杂处、百业交融、商业繁荣，也反映出扬州市民的文化娱乐生活丰富而多彩。这些形形色色的娱乐形式，既是扬州市民的创造也娱乐着扬州市民。晚明时期节庆种类繁多，不同的庆典仪式逐渐衍生出各种有趣的娱乐形式，极大地丰富了晚明社会的文化生活。随着出版业的繁荣，阅读图文并茂的书籍逐渐成为大众娱乐消遣的新选项。富足安乐的城镇生活，丰富多彩的娱乐消遣，共同构成了晚明时期的大众文化。张岱笔下的《扬州清明》形象具体地呈现了晚明大众文化的样貌，充分地展现了晚明大众文化的丰富与鲜活。

一 市民的娱乐

明代的娱乐活动主要表现为节庆仪式和社团组织的"会"，节庆仪式、社团活动既是劳作之余的休闲娱乐，也是民间社交活动的主要方式。④ 明代的节庆较多，有元旦、迎春、元宵、寒食、清明、

---

① 方志远：《明代城市与市民文学》，中华书局2004年版，第12—13页。
② （明）张岱：《虎邱中秋夜》，《陶庵梦忆》卷5，中华书局2007年版，第64—65页。
③ （明）张岱：《扬州清明》，《陶庵梦忆》卷5，中华书局2007年版，第64—66页。
④ 陈宝良：《明代社会生活史》，中国社会科学出版社2004年版，第535—555页。

浴佛、端午、七夕、中元、中秋、重阳、冬至、腊八、交年，此外还有各种形式的"会"。明代的节庆和"会"的活动多在户外举行，属于公共性质的活动，一般没有固定场地。但节庆场地往往形成临时市集，在市集上消费亦是晚明大众娱乐消遣活动之一。张岱记述的端午节香市就是当时大众购物的天堂。① 张岱描述的《扬州清明》基本囊括了晚明时期的户外娱乐活动。除此，观看戏曲表演也是晚明时期大众热衷的娱乐活动之一，更是晚明大众文化的重要组成部分。

晚明时期的演剧活动包括戏班表演和民众自导自演的社戏。如张岱《陶庵梦忆》中所记述的城隍庙、关公庙、严助庙的演剧就属于戏班表演；而枫桥杨神庙的九月迎台阁的社戏则属于民众自导自演的形式。演剧活动的地点基本选择寺庙门口，但不固定。晚明时期在庙口演剧，基本属于公共性质的户外娱乐活动。除此，演剧活动还有一种在室内进行，室内演剧分为两种场域，一个是女肆，另一个是私宅。

在女肆、教坊听曲、观剧、游宴，在明初已出现，"国初，市之楼有十六，盖所以处官妓也"②。到晚明时期已无官办女肆、教坊，多为私设，地点相对集中。③ 这些女肆、教坊属于公共场所。私宅演剧则属于个人性质，一般不对外营业，仅限亲朋好友受邀观赏，主要在士绅商贾的私人宅邸表演。他们往往借节庆、寿诞等重大事件，在私宅内演剧、唱曲以供消遣。私人宅邸演剧，一种是聘请戏班子表演；另一种是自家戏班子表演，即自蓄声伎以供自娱。④ 此形式在晚明文人士大夫阶层较为流行。

---

① （明）张岱：《西湖香市》，《陶庵梦忆》卷7，中华书局2004年版，第82页。
② （明）顾起元：《十四楼》，《客座赘语》卷6，《明代笔记小说大观》，上海古籍出版社2005年版，第1351页。
③ （明）顾起元：《女肆》，《客座赘语》卷7，《明代笔记小说大观》，上海古籍出版社2005年版，第1375页。
④ （明）张岱：《张氏声伎》，《陶庵梦忆》卷4，中华书局2007年版，第54页。

南都万历以前，公侯与缙绅及富家，凡有宴会，小集多用散乐，或三四人，或多人唱大套北曲，乐器用筝、䈶、琵琶、三弦子、拍板。若大席，则用教坊打院本，乃北曲大四套者，中间错以撮垫圈、舞观音，或百丈旗，或跳对子。后乃变而尽用南唱歌者，只用一小板，或以扇子代之，间有用鼓板者。①

晚明的戏曲表演，一方面可以为观者带来娱乐感；另一方面对于部分观者而言，他们不仅喜欢观看表演，更喜欢亲自上台表演以达到娱人娱己的目的。因此，在晚明的私宅表演中，时常出现"观看者"与"表演者"角色互换的情况。如《髯仙秋碧联句》："徐子仁、陈大声二位上客，席间即兴联句索弦。"② 可以看到，在这场活动中观赏者与表演者进行了角色互换，徐子仁、陈大声本是主人请来的上宾，即观赏者；而他们席间即兴创作、表演又使自己成为表演者。另外，张岱亦时常与友人客串演剧、唱曲。③ "观与演"的互换往往发生在文人士大夫身上，他们创造了戏曲这种艺术形式，推动了戏曲艺术的流行。他们编写剧本，排演剧目，甚至上台演绎。戏曲艺术正是在文人士大夫的积极推动下，成为晚明大众娱乐的主要形式。

明中期以来新思想的活跃，促使文人士大夫阶层的个体思想和行为发生诸多改变。他们关注下层生活，带动知识下移。戏曲艺术从室内私人空间走向了户外公共空间，从小众消遣走向大众娱乐，演剧空间的变化引发了观赏者的变化，特别是大众观赏者的加入导致戏曲表演内容和功能随之发生改变。首先，内容上出

---

① （明）顾起元：《戏剧》，《客座赘语》卷9，《明代笔记小说大观》，上海古籍出版社2005年版，第1431页。
② （明）顾起元：《髯仙秋碧联句》，《客座赘语》卷6，《明代笔记小说大观》，上海古籍出版社2005年版，第1332页。
③ 张岱在《金山夜戏》，《不系园》中均写到自己以及朋友演剧唱曲的行为。参见（明）张岱《陶庵梦忆》卷1、卷4，中华书局2007年版，第15、45页。

现贴近日常生活、符合大众口味的戏曲故事。其次，功能上不单是娱乐消遣，而是将娱乐与教化相融合，宣扬除恶扬善、精忠报国、仁爱孝悌的思想。晚明的庙口、市集既是演剧的场域，也是晚明大众的社交场所，更是精英文化与大众文化对话、交流的地带。在这个地带，不同的文化、知识通过对话、沟通、交流实现转移。①

晚明时期，娱乐消遣成为城镇生活的重要组成部分。戏曲艺术不断流行，成为当时大众娱乐的主要形式之一，并推动了戏曲唱本的流行。同时，应该看到，阅读图像成为晚明时期一个较主流的娱乐消遣形式，如人们通过阅读图文并茂的戏曲唱本自娱，人们对于无法抵达的地区往往选择读图卧游。②"读图""观剧"都属于愉悦视觉的娱乐形式。不同的是，"读图"欣赏的是静止的图像，"观剧"欣赏的是流动的画面。可以说，晚明时期图像式的娱乐消遣是最活跃的大众文化之一。

二 出游的兴盛

明代以南北二京为中心构筑起辐射全国的水陆交通网，并建立起完善的驿路和驿站系统。交通的发达，巩固了中央政府对于地方政权的控制，同时，对于经贸往来和大众出游起到积极的推动作用。

明初定都南京即设会同馆，边腹郡邑、城镇交汇处设水马驿，形成以南京为中心并辐射全国的驿路网。朱棣迁都北京后再设会同馆，由此形成明代驿路的南北二京双中心体系。南京与北京、

---

① 一般认为知识转移是自上而下的，但亦应该存在由下向上的影响，如唐寅《元宵》《桃花庵歌》中的诗句多是通俗易懂的大白话。因此，晚明的知识转移是一个相互影响的过程，也是不断转移的过程。

② "卧游"是指对于无法亲自游览的风景名胜，通过观赏风景画作或书籍插图达到游览目的。参见（明）谢肇淛《地部》1，《五杂俎》卷3，《明代笔记小说大观》，上海古籍出版社2005年版，第1535页。

两京与十三布政司、各布政司与所属州府之间均开通了驿路。此外，北京至开平卫、大宁卫、辽东都司、奴儿干都司、交趾地区以及九边沿线等皆通驿路。驿路平坦近直，途中设驿站，供给运输工具。驿路作为全国水陆交通主动脉，与各种干线、支线、间道、便道组成一个遍及全国的交通网。①《明会典》载，南京、南直隶、浙江三地有"马驿""水驿""道驿"以及"水马驿"等驿站共计104处。《环宇通衢》载，从南京到苏州府的水驿共有7个驿站，相距590里；从南京到浙江布政司杭州武林驿共有13个驿站，相距948里；从南京到松江府共有10个驿站，相距800里。大明王朝的万水千山对于为利奔走的商贾可谓一马平川，也令喜好出行者游兴勃发。

要想在复杂的交通网络中自如出行，路引——"道路里程图"则成为出行必备。路引详细记录了由甲地到乙地的距离和路况，所经城镇的食宿、盗匪等民情商情，以及气候时令变化等。《一统路程图记》《商程一览》《天下路程图引》属于单册"路引"。此外，《士商类要》《三台万用正宗》等日用类书的"商旅门"中亦较详细地辑录了商路里程、商业信息。② 发达的交通网络、良好的路况，加上路引的指南，为晚明时期出游的兴盛提供了重要前提。

晚明尚游之风，首先在文人士大夫中兴起。晚明游记小品文的盛行③，足以证明文人士大夫之好游。由于文人士大夫与大众阶层交

---

① 杨正泰：《综述》，《明代驿站考》（增订本），上海古籍出版社2006年版，第2、4、5页。

② 杨正泰：《前言》，《明代驿站考》（增订本），上海古籍出版社2006年版，第12—13页。

③ 吴承学认为山水记是晚明文人抒发性灵、表现审美情趣的一种主要文体，绝大多数的作家写过这类作品。参见吴承学《晚明小品研究》，江苏古籍出版社1999年版，第244页。另，陈建勤也曾提到旅游与游记作品的关系，并指出明清两代，游记作品汗牛充栋，难以计数。参见陈建勤《明清旅游活动研究——以长江三角洲为中心》，中国社会科学出版社2008年版，第152页。

往日趋频繁,他们对于尚游之风起到积极的推动作用。同时,相对稳定的社会环境,富庶的生活,以及自然风光、名胜古迹等丰富的旅游资源,共同促进了旅游业的兴盛。

明人的游历分为三类。一是因仕途升迁而四处奔波。如张瀚最初出仕"南京工部都水司主事",后"守庐阳",又"守大名",最终官至"两广总督""吏部尚书"。① 随着职位变迁,他几乎游历了大明王朝的东西南北。二是游谒之旅。"游谒"重在干谒公卿。《列朝诗集小传》载,秀才宋珏,莆田人"年三十,负笈入太学,游金陵,走吴越,遍交其贤士大夫";秀才周天球,长洲人,从文待诏游,"隆庆中,游长安,燕集唱酬之作,一时词客皆为让座";孙良器,休宁人,"早游吴兴,即有名缙绅间"。② 下层文人的游历属于为了仕途前程的"游历"。三是因个人爱好而寄情于山水的"士游"。③ 如李贽回复丘长孺的信中说:"兄欲往朝鲜属国观海邦之胜况,此男儿胜事。"④ 袁宏道也曾在信中问丘长孺:"近日游兴发不?"⑤ 可见,丘长孺极好游历,他的游历属于寄情山水的"士游"。此外,陈继儒亦是一个好游历之人,他自称喜游于方内,潜若蜯龙,俛若拱鼠矣,而徜徉于山水之间,微露本真性情。⑥ 文人士大夫热衷的实地之旅掀起了晚明出游的热潮。文人士大夫的好游之风亦波及民众。虽然民众不能实现长途、长时的远游,但每到年节、

---

① (明)张瀚:《宦游纪》,《松窗梦语》卷1,中华书局1985年版。
② (清)钱谦益:《列朝诗集小传》(丁集·下),上海古籍出版社1983年版,第486、491、588页。
③ 巫仁恕认为,晚明时期上层士大夫的"宦游"与中下层文人的"士游"都非常兴盛。而举人是提倡士大夫旅游的主力之一。参见巫仁恕《品味奢华:晚明的消费社会与士大夫》,中华书局2008年版,第174—175页。"宦游"与"士游",主要从观光主体身份上区别。参见陈建勤《明清旅游活动研究——以长江三角洲为中心》,中国社会科学出版社2008年版,第15页。
④ (明)李贽:《复丘长孺》,《续焚书》卷1,中华书局1959年版,第12页。
⑤ (明)袁宏道:《丘长孺》,《袁中郎随笔》尺牍卷,作家出版社1996年版,第75页。
⑥ 巫仁恕:《品味奢华:晚明的消费社会与士大夫》,中华书局2008年版,第175页。

第一章 晚明知识下移

庙会、宗教活动时，他们的短途游历非常频繁。据《陶庵梦忆》记载的"扬州清明节""虎丘八月十五""绍兴元宵灯会""杭州香市"中，市民倾城而出，四处游历。张瀚笔下的杭州清明同样游人如织。① 四处游览不仅是普通人的娱乐消遣，甚至成为排忧解难的一种方式。如《型世言》："你若不快，待咱陪着你，或是东岳庙、城隍庙去烧香，就去看做市儿消遣。正是这两日灯市里极盛，咱和你去一去来！"②

除实地之旅外，文人士大夫还热衷"卧游"。文人士大夫的卧游之风，促使《新镌海内奇观》《五岳胜览序》等介绍风景名胜的书籍流行。这类旅游书籍基本采用图文并茂的形式，满足阅读者识文赏图之需。《新镌海内奇观》有风景名胜插图130余幅；《三才图会》地理卷刊载了大明王朝各地的名山大川、名胜古迹，用图219幅。图像中描绘的秀美山川直观而鲜活，直击阅读者渴望游历的神经，进一步激发了他们出游的热情。而更多人是通过识文赏图的卧游，弥补平生无法到达绝景佳处的遗憾。随着介绍风景名胜的旅游书籍的增多，足不出户的"卧游"成为又一种游历方式。

晚明时人通过阅读风景图像完成了一次又一次名山大川、名胜古迹的虚拟之旅，这也是晚明游历风尚的延伸。从实地之旅到"卧游"，再到痴迷于修造园林，是文人士大夫"游"性的不断迁移。何良俊曾言，美文描绘的风景"极力形容，处处精到，然于语言文字之间，使人想象，终不得其面目，不若图之缣素，则其山水之幽深，烟云之吞吐，一举目皆在，而吾得以神游其间，顾不胜于文章万万耶"③！由此可见，他认为图像的直观性能令人迅速身临其境。

---

① （明）张瀚：《时序纪》，《松窗梦语》卷7，中华书局1985年版，第137页。
② （明）陆人龙：《型世言》第十二回"宝钗归仕女 奇药起忠臣"，上海古籍出版社2001年版，第153页。
③ （明）何良俊：《画》1，《四友斋丛说》卷28，《明代笔记小说大观》，上海古籍出版社2005年版，第1098页。

如果说图像较之文本更容易令观者产生身临其境的神游之感，那么园林营造的空间、景色、质感则无须去和文本描述或图像描绘相比较。因为，它就是完全真实的景物。谢肇淛曾言："假山之戏，当在北方无山之所，装点一二以当卧游。"① 他的言语充分表达了他心目中修造园林的目的，一是营造一个景色优美的宅院，二是反映对"游"的向往和喜好。晚明的文人士大夫们借山水游记表达对"游"的喜好与关注，借助手中画笔描绘出"游"的雅致与欢愉，以及"穷极土木，广侈华丽"的冶园都是游兴的迁移与延伸。

晚明时期不同阶层、不同目的、不同形式的游历、游览，促使每个个体在"游"的过程中收获了欢愉。游历、游览成为晚明时人娱乐生活的选项，进一步丰富和活跃了晚明时期的大众文化生活。

三 日用类书的流行

随着城镇生活的兴起，新生事物、问题接踵而来。于是，应对新生事物和满足城乡大众日常生活之需的日用类书应运而生。② 同时，在实学思想影响下，生产技术得到进一步发展。印刷中的雕版技术创新出横轻直重、易于施刀的"宋体"字形，新字形的出现提高了刻写速度与便利性。③ 此外，纸墨质量与产量均有较大的提升。④ 新技术、大产量促使印刷成本不断下降。大众日常生活的需要，生产成本的降低，是晚明日用类书出现与流行的重要前提。

---

① （明）谢肇淛：《地部》1，《五杂俎》卷3，《明代笔记小说大观》，上海古籍出版社2005年版，第1535页。

② 巫仁恕：《明清城市民变研究——传统中国城市群众集体行为之分析》，博士学位论文，台湾大学，1996年，第25—44页。

③ 张秀民认为，宋版书中没有这种呆板不灵的方块字，应称为"明体字"或"明朝字"。参见张秀民《中国印刷史》（上卷），浙江古籍出版社2006年版，第365页。

④ 参见（明）谢肇淛《物部》4，《五杂俎》卷12，《明代笔记小说大观》，上海古籍出版社2005年版，第1744—1747页。

第一章 晚明知识下移

除此之外，日常知识成为精英阶层关注、研究的对象则是晚明日用类书流行的另一个重要因素。

晚明日用类书辑录的内容，包括技艺技能和各种日常经验。随着实学思想的深入，技艺技能、日常经验不再是知识的末流，而是可达天德，功于世道，不在六经四子书下的学问。《居家必用事类叙》载：

> 人生日用间，大则惇伦莅政之节，训育交际之规，养生送死之礼。小则器什食用之制，阴阳占候之术，农圃技艺之方，无一事之可缺，无一事之可苟也。……宜无足取者殊不知，洒扫应对可达天德，而四世元老亦必克勤小物，则是籍也。固士君子之所以不可无也。①

另《聚宝万卷星罗序》：

> 是编最为生人之要览，其有功于世道，不在六经四子书下，有神识者盖知宝焉。毋曰：杂出之言，□明星而非日月之当天者比，则无愿已。②

王正华认为，在晚明社会的集体认知中，日常生活内容作为知识，虽有别于传统学术知识，但也属于整个知识体系中的一种。③

日用类书汇集的各门类知识，既有解答现实之疑难的，也有解

---

① 中国社会科学院历史研究所文化室编：《居家必用事类叙》，《明代通俗日用类书集刊》卷4，东方出版社2011年版，第3页。
② 中国社会科学院历史研究所文化室编：《聚宝万卷星罗序》，《明代通俗日用类书集刊》卷7，东方出版社2011年版，第3页。
③ 王正华：《生活、知识与文化商品——晚明福建版"日用类书"与其书画门》，载胡晓真、王鸿泰编《日常生活的论述与实践》，允晨文化实业股份有限公司2011年版，第288—289页。

决日常之所需的。如《居家必用事类全集》"酒醴总叙":"酒可以供祭祀,可以奉宾客皆礼之所以不废者……至于养生伐病,世或资之,则日用饮食之间亦不容阙。"[1] 在现实生活中,酒可供祭祀、奉宾客,还是日常饮用之物。因此,酿酒售卖成为城镇居民的谋生技能之一。过去这些家传秘方、酿法基本采取口传心授的传承方式,现在则录入门类知识书籍,成为共享资源,广泛传播。如苏东坡"月用米一斛,得救六斗"的自酿法;叶少蕴"旧得酿法,极简易,三日辄成"[2] 的三日成酒法都被记录在案。原本不入流的各类末技,均被一一冠以"知识"之名,刊印成书,广为流传。

日用类书,除了将不入流的各类末技纳入日常知识体系,还将文人士大夫阶层的雅趣爱好书法、画谱、琴学、音乐一并纳入大众日常知识范畴。如《三台万用正宗》"书法门",上文刊刻书写须知、字体范例;下图刊载楷书笔画图(图1-2)。"书法门"除刊载书写基本法则之外,还辑录各种古奇字体,如"鸟雀篆""飞帛字""暖江锦鳞聚""金错两制也"等(图1-3)。"书画门"传授梅花瓣、梅花枝的画法,版式与"书法门"相同,上为"铁线圈诀""作梅先作丁,然后三点平,周围大意转,这梅作的成";"梅之骨格"诀"老杆书成女,弓稍鹿角枝,行如蛙警步,去似鹤惊飞";下为梅花瓣、梅花枝图谱(图1-4)。"书法门""书画门"除辑录"写竹诀歌""写山水诀""梅之骨格"等技法歌诀,还辑录了"评说时画""画山水论赋""识画诀法""观画诀法"等画论、画作鉴赏文,甚至还有"背书画糊法"的传授。[3]

---

[1] 中国社会科学院历史研究所文化室编:《明代通俗日用类书集刊》卷4,东方出版社2011年版,第236页。

[2] (明)何良俊:《娱老》,《四友斋丛说》卷33,《明代笔记小说大观》,上海古籍出版社2005年版,第1135、1137页。

[3] 中国社会科学院历史研究所文化室编:《三台万用正宗》,《明代通俗日用类书集刊》卷6,东方出版社2011年版,第314—337页。

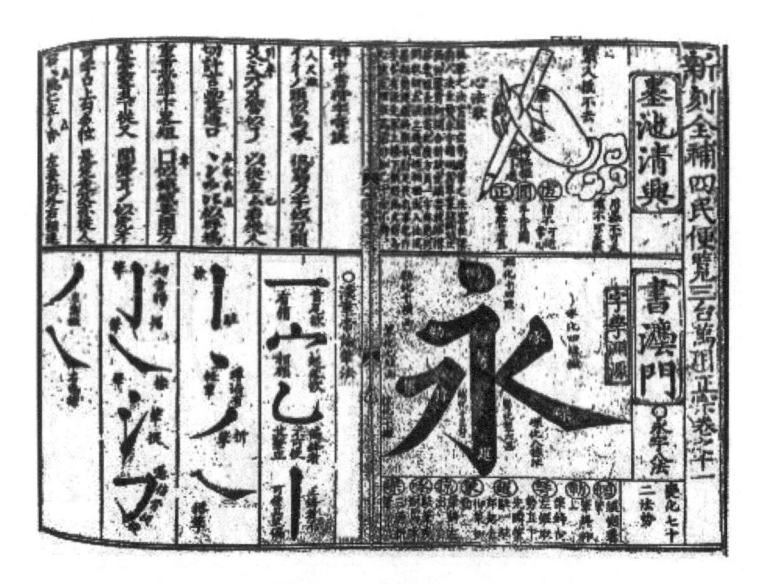

图1-2 书法门（1）

来源：中国社会科学院历史研究所文化室编：《明代通俗日用类书集刊》卷6，东方出版社2011年版，第314页。

图1-3 书法门（2）

来源：中国社会科学院历史研究所文化室编：《明代通俗日用类书集刊》卷6，东方出版社2011年版，第322页。

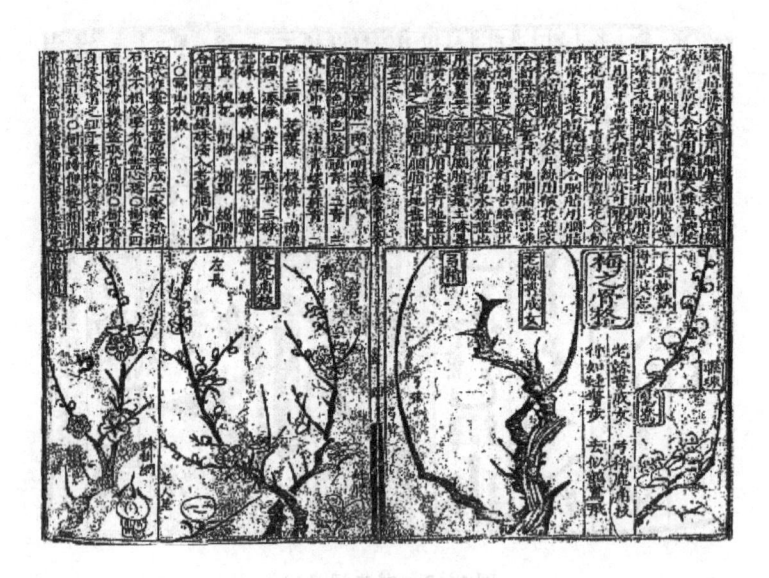

图1-4 画谱门

来源：中国社会科学院历史研究所文化室编：《明代通俗日用类书集刊》卷6，东方出版社2011年版，第332页。

随着日用类书中书画知识的传播，晚明大众的书画鉴赏水平亦逐步提高。同时，购画赏字行为日渐成为大众生活的一部分。《四友斋丛说》："世人家多资力，加以好事，闻好古之家，亦曾畜画，遂买数十幅于家。客至，悬之中堂，夸以为观美。"① 另《型世言》："前日苏州朋友送得小弟一柄粗扇在此，转送足下。袖中取来，却是唐伯虎画，祝枝山写，一柄金面棕竹扇。"② 小说中唐伯虎的画、祝枝山的字，随着竹扇的转赠已然成为大众化的艺术消费品。晚明时期书法绘画成为大众化的艺术消费品，其途径和形式是多样的。而日用类书中对于各门类艺术简洁而形象的介绍，对于艺术在晚明大众间的传播、普及起到了积极作用。

---

① （明）何良俊：《画》1，《四友斋丛说》卷28，《明代笔记小说大观》，上海古籍出版社2005年版，第1098页。
② （明）陆人龙：《型世言》第二十三回"白镪动心交谊绝 双猪入梦死冤明"，上海古籍出版社2001年版，第279页。

晚明日用类书的编辑者意图非常明确，日用类书各艺术门类辑录的内容，不是以培养画家、书法家、琴师等专业人才为目的，而是将绘画的诀法、画论短文、背书画糊法等艺术内容作为日常生活技能的一部分向阅读者传播，旨在普及文化艺术常识。日用类书从大众需求出发，通过图文并茂的形式向大众传播相关知识。"书法门"通过介绍书写的基本方法，进一步宣传各种古字奇字[①]，以达到传播书法艺术的目的。大众通过阅读了解、熟悉后，将书写方法、古字奇字作为"知识"加以储备，从而提升自己的文化品位。日用类书不仅向大众传播常用知识和生活经验，更是一部大众日常行为指南。

随着社会的变化，晚明大众的道德观念、行为准则亟待引导，日用类书以日常生活知识、高雅文化常识、商旅规范等内容构成一部包罗万象的社会生活百科全书，旨在构建一套指导大众日常行为和满足大众生活需求的知识体系。因此，日用类书是晚明时期真正意义上的大众读本，而日用类书刊载的日常知识、技能亦是晚明时期最生动、活跃的大众文化之一。

[①] 晚明时期奇异字体的流行是非常独特而有趣的现象，也是明人尚奇之风在书法上的具体呈现。参见王正华《生活、知识与文化商品——晚明福建版"日用类书"与其书画门》，载胡晓真、王鸿泰编《日常生活的论述与实践》，允晨文化实业股份有限公司2011年版，第316页。

第二章 明代文本插图

有文献记载,最早的印刷文本与图像出现在隋代。如《河汾燕闲录》载:"隋开皇十三年十二月八日敕,废像遗经,悉令雕撰。此印书之始,又在冯瀛王先矣。"但向达认为此不可信。① 目前,已知最早的印刷实物是唐咸通九年(868)敦煌《金刚经》,其书末刊有年月一行,辞曰:"咸通九年四月十五日王玠为二亲敬造普施。"② 印刷术的出现,对于书籍的制作起到了革命性的作用。在此之前,书籍的文本和图像完全依靠手工抄。因此,中国古代的书籍主要藏于历代皇家书库,而寺院的藏经阁是皇家之外最大的藏书地。③ 寺院不仅收藏佛教经卷和书籍,同时还承担经卷、书籍以及佛像的印制工作。

明初官方推广佛教,印制佛教经卷、佛像成为这一时期最主要的内容。明洪武二十四年(1391)刊刻《七佛所说神咒经》(图2-1),永乐元年(1403)郑和刻《佛说摩利支天经》(图2-2),永乐十五年(1417)内府刻《诸佛如来菩萨名称歌曲》(图2-3),等等。明

---

① 向达:《唐代刊书考》,《唐代长安与西域文明》,商务印书馆2015年版,第132—139页。
② 向达《唐代刊书考》,《唐代长安与西域文明》,商务印书馆2015年版,第146—147页。
③ 从唐代到明代早期,最大的藏书阁在皇家;到宋元时期书院等开创公共藏书,但一般没有佛寺藏经阁的设施完善;而私人藏书在明中后期才出现。参见[加]卜正民《明代的社会与国家》,陈时龙译,时代出版传媒股份有限公司、黄山书社2009年版,第149—168页。

初有关图像的印刷除佛像之外，还兼有人物"肖像画"。明初国子监负责全国的书籍刊印，印量较少且种类单一，以经史类书籍为主，基本无任何插图，或仅有一幅作者"肖像画"。如洪武时期刊刻的《道学源流》仅一幅作者肖像图。从明初到明中期①，除佛教类插图相对丰富之外，其他书籍插图的印制在数量、种类上均乏善可陈。

明中期以后，书籍出版业发生较大变化。除已有的官方出版机构（官刻）之外，又出现私人出版机构（私刻）和商业性出版机构（坊刻）。出版机构的多样，丰富了书籍的种类，也增加了书籍的出版数量；同时，书籍插图逐渐增多，到明万历时期插图成为书籍中不可或缺的"图像产品"。一方面，"阅读者"从农桑、科技、生活类插图中获取实用知识；另一方面，小说、戏曲类插图提供的视觉感官刺激，帮助阅读者理解文本并进行想象，逐渐形成图文共赏的阅读方式。

图 2-1　《七佛所说神咒经》插图

来源：郑振铎编著：《中国古代木刻画史略》，上海书店出版社 2006 年版，第 29 页。

---

① 郑振铎在《中国古代木刻画史略》中，将洪武至隆庆定义为"明初"。他认为应该有"明初"与"明中期"，因这两个时期木刻画的历史比较简单，其作品也不多，故而合之。参见郑振铎编著《中国古代木刻画史略》，上海书店出版社 2006 年版，第 29 页。本书对于明代的插图时间分段，"明早期"指洪武至宣德年间，"明中期"指明正统至嘉靖年间，明隆庆之后定义为"明晚期"。书中对时间的划分，借鉴了《中国古代木刻画史略》以及明人陆容《菽园杂记》、顾起元《客座赘语》等笔记杂谈中对明中期以后世风变化以及书籍印刷兴盛变化的记述。

图 2-2 《佛说摩利支天经》插图

来源：赵前：《明代版刻图典》，文物出版社 2008 年版，第 181 页。

图 2-3 《诸佛如来菩萨名称歌曲》插图

来源：徐小蛮、王福康：《中国古代插图史》，上海古籍出版社 2007 年版，第 36 页。

第一节 明代插图的类别

书籍"插图"一般单独成页，或图文混排一页，它们与文本之间都有着呼应解释关系。同时，插图在书中也起到拾遗补阙的作用。明代书籍以文本为主，即使添加插图也属于文本类书籍。如果插图与文本各占一半，则属于图文混合类书籍；也有插图超过一半，甚至以插图为主的书籍，这类称为图谱。书籍插图发展到今天，发生了巨大的变化，主要是表现手法与过去不同。现代插图并不拘泥于绘画等传统方式，而是大量采用影像技术和先进印刷技术，创造出更加真实、细腻的图像。但古今对于插图的理解与使用并没有相去甚远。

"插图"是今人对书中图像的称谓，而明代对于书籍中的"图像"有着不同的称呼，如"全像（相）""偏像（相）""出像（相）""绣像（相）"。称呼不同，表明书中的"文本"与"插图"的关系不尽相同。

一 明代插图认知

明代小说、戏曲封面上的"全像（相）""偏像（相）""出像（相）""绣像（相）"称呼对应书中插图的数量和版式。

全像（相）是指一页一图，一般采用上图下文的形式，少数采用上文下图的形式。并且，图文内容相互印证。全像（相）插图并非明代书坊独创，元代刊刻的平话中已经广泛运用。如元代建安李氏书堂刊刻的《至元新刊全相三分事略》，建安虞氏刊刻的《新刊全相平话武王伐纣书》等。明刊建阳版小说承袭了元版的全像（相）形式，成为明刊建阳版小说的主要特征。另外，北京、金陵等地书坊也刊刻全像（相）小说，如明成化年间北京永顺堂刊刻的《花关索传》，包括前集《新编全相说唱足本花关索出身传》、后集《新编全相说唱足本花关索认父传》、续集《新编足本花关索下西川传》、别集《新编全相说唱足本花关索贬云南传》4种；明万历十五年（1587）金陵富春堂刊刻的《新镌增补全像平林古今列女传》；明万历年间金陵世德堂刊刻的《重校元本大板释义全像音释琵琶记》；明万历年间金陵文林阁刊刻的《新刻全像古城记》《全像注释金印记》《新刊校正全像音释青袍记》等均采用全像（相）。① 全像（相）的形式，除上图下文的"一页一图"排版之外，还有一种一页文本配一页图像的"一页一图"。如《新刊全相唐薛仁贵跨海征辽故事》全本30页，整页插图共计14幅。现存的这类全像（相）书籍，多数并没有真正实现一页一图。

"偏像（相）"是指书籍附有插图，其数量不定。明建阳双峰堂版《京本增补校正全像忠义水浒传评林》卷首《水浒辨》："《水浒》一书，坊间梓者纷纷，偏像者十余幅，全像者只一家。"② 对于一部小说而言，做到一页一图的全像（相）并非易事。所以，偏像（相）亦是小说中较常见的形式。

关于"出像（相）"和"绣像（相）"的称谓，鲁迅曾言："宋元小说，有的是每页上图下文说，却至今还有存留，就是所谓'出相'；明清以来，有卷头只画书中人物的，称为'绣像'。"③ 程国赋认为鲁迅对于出像（相）的认知有误，出像（相）在明代并非指全像（相），而是泛指书籍中包含插图。④ 绣像（相）形式在明末清初较为流行，一般在全书开篇集中呈现。所谓"绣"是指绣梓，"像"则指人物肖像。但绣像（相）中的人物肖像与明代学术书籍中的士人"肖像画"又有差别。士人"肖像画"基本以头像或胸像为主。另外，"肖像画"一般遵照人像画法则，采用一定模式绘制⑤，容易

---

① 周芜：《金古陵版画》，江苏美术出版社1993年版，第58、73、106、108、112页。
② 余象斗双峰堂万历二十二年（1594）刊本影印《京本增补校正全像忠义水浒传评林》卷首，载程国赋《明代书坊与小说研究》，中华书局2008年版，第157页。
③ 鲁迅：《鲁迅全集》第6卷，人民文学出版社1981年版，第27页。
④ 程国赋：《明代书坊与小说研究》，中华书局2008年版，第157—158页。
⑤ 如清乾隆刻本《传真心领》是一本指导如何绘制人物肖像的专书，书中分有"心法论""鼻准论""两颧论""地阁论""目""眉""耳""唇""须论""发法""染法分门"等。参见石谷风编著《徽州容像艺术》，安徽美术出版社2001年版，第97—130页。

造成一定的相似性。换言之,"肖像画"与实际人物之间存在形象差异,但符合上层社会对于士人形象的认知和想象。而绣像(相)主要突出小说中的人物神态、举止,强调拟真传神。同时,小说主角单人为一页,次角以双人或三人组合成一页。明代插图的称谓,除上述几种主要的之外,还有"图像(相)""绘像(相)""合像(相)"等称呼,它们与"出像(相)"近似,均泛指书籍中包含插图,但并不多见。

根据现代书籍版式设计理论,可将明版书籍插图的编排分为三类。

一是整页形式,图像居左,或居右。如《三才图会》卷之十"滕王阁图",即为左文右图(图2-4);《唐诗画谱》左图右文(图2-5)。另外,还有一种"月光图"。图像内容呈现在正圆形中,画风简约而明快,如明崇祯年间刊刻的《新刻绣像评点玄雪谱》(图2-6)、《一笠庵新编一捧雪传奇》等。

图2-4 滕王阁图

来源:(明)王圻、王思义:《三才图会》(上),上海古籍出版社1988年版,第338页。

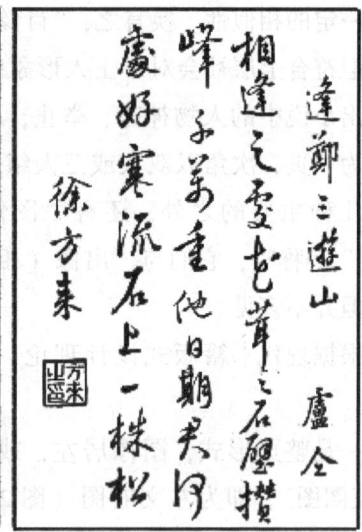

图 2-5 《唐诗画谱》插图

来源：（明）黄凤池：《唐诗画谱》，上海古籍出版社 1982 年版，第 140—141 页。

图 2-6 《新刻绣像评点玄雪谱》插图

来源：首都图书馆编：《古本戏曲版画图录》第 5 册，学苑出版社 1997 年版，第 73 页。

二是跨页形式。"跨页"指插图占满左右两页。明万历时期比较流行跨页式插图。如金陵继志斋所刊刻的《重校十无端巧合红蕖记》《重校红拂记》（图2-7）、《北西厢记》等。明末跨页形式略有变化，如《张深之正北西厢记秘本》插图"窥简"（图2-8）。虽沿用跨页形式，但画面背景趋于简化，意在突出人物的神态和心理活动。

图 2-7 《重校红拂记》插图

来源：周芜编：《金陵古版画》，江苏美术出版社1993年版，第164—165页。

三是上图下文形式。这类形式多见于明成化至嘉靖时期建阳版小说、戏曲中，如《新刊大字魁本参增奇妙注释西厢记》（图2-9）、《新刊皇明诸司廉明奇判公案》《新镌京板图像音释金璧故事大成》等，到明万历时期则少见。但晚明日用类书中保留了这种形式，如《三台万用正宗》《便民图纂》（图2-10）等。

图 2-8 窥简

来源：首都图书馆编：《古本戏曲版画图录》第 4 册，学苑出版社 1997 年版，第 296—297 页。

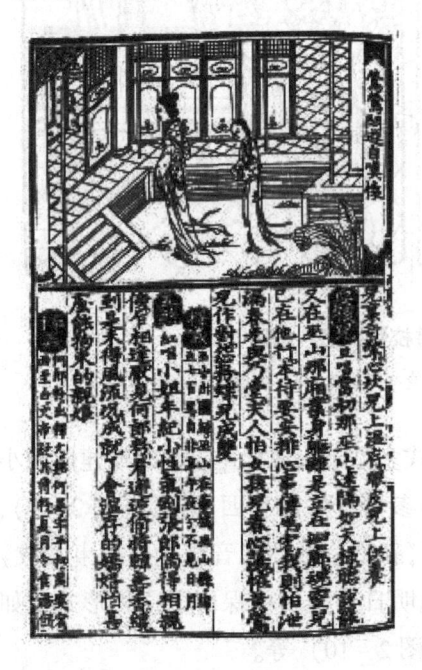

图 2-9 《新刊大字魁本参增奇妙注释西厢记》插图

来源：首都图书馆编：《古本戏曲版画图录》第 1 册，学苑出版社 1997 年版，第 69 页。

第二章 明代文本插图

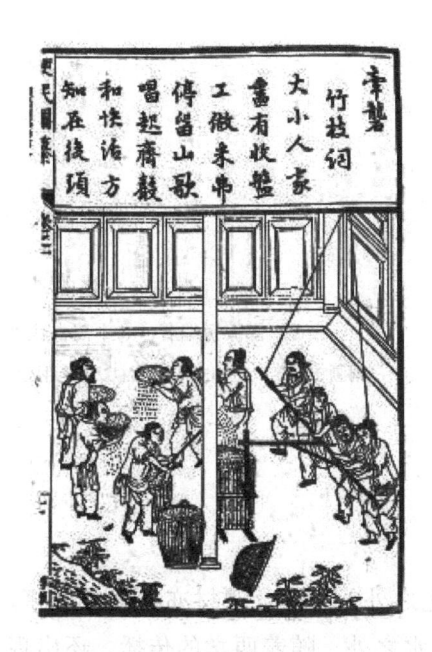

图 2-10 《便民图纂》插图

来源：（明）邝璠：《便民图纂》，农业出版社 1959 年版，第 13 页。

除了上述三种形式，还有其他形式，但并不常见。如上下两层均是插图，如《欢喜冤家》（图 2-11）；以及一幅页面中插图居左，文字居右，如《鲁班经》（图 2-12）。

图 2-11 《欢喜冤家》插图

来源：徐小蛮、王福康：《中国古代插图史》，上海古籍出版社 2007 年版，第 335 页。

· 73 ·

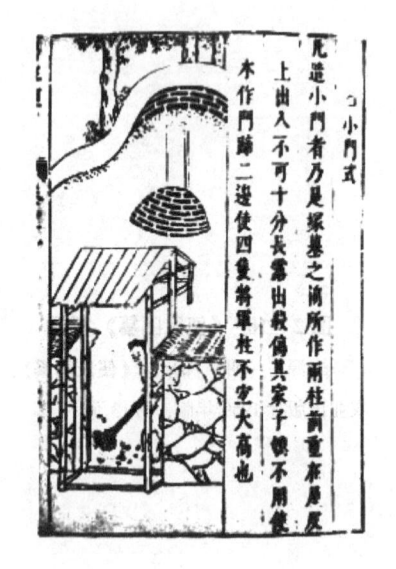

图 2-12 《鲁班经》插图

来源：郑振铎编著：《中国古代木刻画史略》，上海书店出版社 2006 年版，第 144 页。

明代插图除编排形式的变化之外，内容、题材亦丰富了许多。到晚明时期，除人物、花鸟、山水之外，随着西学的传播，还出现了反映西方宗教、技术的插图。如《远西奇器图说录最》中介绍西方生产技术、工具的插图（图 2-13），甚至在墨谱类书籍《程氏墨苑》中出现了西方宗教题材插图（图 2-14）。

图 2-13 《远西奇器图说录最》插图

来源：周芜编：《金陵古版画》，江苏美术出版社 1993 年版，第 385 页。

图 2-14 《程氏墨苑》中的圣母子

来源：郑振铎编著：《中国古代木刻画史略》，上海书店出版社 2006 年版，第 105 页。

技法上，已经出现借鉴西式技法的趋势，到清代初期已熟练运用。清初的"月光式"插图已经不再运用单线勾边，而是借鉴繁复的巴洛克或洛可可风格，绘制出装饰性边框，勾勒整个画面（图 2-15）。

图 2-15 清初西式装饰边框

来源：首都图书馆编：《古本戏曲版画图录》第 5 册，学苑出版社 1997 年版，第 160 页。

如果说明代插图在中国美术史上占有一席之地，那么明代的雕版、刷印技术则起到了重要的作用。明初到明中后期，书籍主要采用单色或双色刷印。到晚明时期出现多色（三色以上）套印的"饾版"印刷技术，即现代意义上的彩色印刷。饾版印刷是根据画面颜色的深浅和各种线条、皴法分解成一套套的版稿，经雕刻后，再依次印成与原画基本一致的复制品。色彩复杂的画幅须分解成七八块乃至几十块或是上百块印版，犹如饾饤并陈，故称为"饾版"。① 饾版印刷技术具有一定的难度，但是在明末颇受出版者的青睐。如明天启六年（1626）吴发祥号"萝轩"的《萝轩变古笺谱》②、明天启七年（1627）胡正言的《十竹斋书画谱》、明崇祯十七年（1644）胡正言的《十竹斋笺谱》，以及现存于德国科隆东方艺术博物馆的明崇祯十三年（1640）吴兴闵齐伋（寓五本）《西厢记》插图21幅，均为彩色套印。③ 在《萝轩变古笺谱》《十竹斋笺谱》印制过程中，除采用饾版印刷之外，还运用了"拱花"技术。拱花技术是一种不在雕刻好的版面上掸色，只是通过砑印，使画面出现微凸的线条或花纹的方法。④ 印刷技术的不断推陈出新进一步丰富了明代文本插图的制作手段，亦创造出中国美术史上精美绝伦的插图艺术。

二　佛教类插图

郑振铎认为"明初与明中叶的木刻画历史比较简单，其作品也不很多"⑤，主要是佛教题材的插图。此观点得到《中国古代插图史》作者认同。明初插图以佛教题材为主的原因有两个。第一，明初国家管控下的出版机构必须出版符合国家利益的书籍。此类书籍

---

① 冯鹏生：《中国木版水印概说》，北京大学出版社1999年版，第50页。
② 冯鹏生：《中国木版水印概说》，北京大学出版社1999年版，第58页。
③ 徐小蛮、王福康：《中国古代插图史》，上海古籍出版社2007年版，第176页。
④ 冯鹏生：《中国木版水印概说》，北京大学出版社1999年版，第51页。
⑤ 郑振铎编著：《中国古代木刻画史略》，上海书店出版社2006年版，第29页。

几乎不涉及任何插图。第二，明初佛教在国家治理中起着稳定人心的作用，因此佛教类的经卷、书籍刊印较多，其中就涉及各种佛造像、佛教故事图像的印制。

明太祖朱元璋年轻时的经历，令他清楚地知道如何利用"佛教"控制民心。同时，他也深知宗教势力一旦介入国家管理又会造成何种后果。因此，一方面，他将佛教视为可以利用的治理工具，王朝初建即提出"中国乃文明礼乐之邦，人心慈善，易为教化，若僧善达祖风者，演大乘以觉听，谈因缘以化愚"[1]；另一方面，他又忌惮佛教对民众的影响力，担心威胁新兴的王朝，故而对于佛教采取既适度利用又控制打压的策略。

明成祖朱棣基本延承了太祖朱元璋的做法，一方面利用佛教辅助治国，另一方面有意识地限制其发展。他一边从赋役角度提出"僧多则滥，坐食于民，无益国家"，对僧道人数加以限制；一边又大兴佛寺与道观，热衷于宗教活动，甚至亲自撰写"御制经序十三篇；佛菩萨赞跋十二篇；圣朝佛菩萨名称佛曲五十卷；佛名经三十卷；神僧传九卷"[2]。朱棣如此矛盾的行为，一是有减轻国家负担，避免皇权受到威胁的考量；二是需要借助"佛教"消解自己因武力夺位而产生的不安心理；三是希望利用藏传佛教的影响力化解蒙古残余势力对北方边疆的觊觎。元朝灭亡后，蒙古分裂成瓦剌、鞑靼和兀良哈三大势力。兀良哈对于明王朝相对友好，而瓦剌、鞑靼则成为明王朝的主要边患。为了防止蒙藏联合内侵，保持北部边疆与藏地的稳定，朱棣必须给予藏传佛教及其高僧必要的尊重。因此太监郑和获朝廷或皇室赞助[3]主持印造大藏经十一藏，[4]"崇佛印经"也成为明永乐时期官方主要的宗教活动。明永乐朝之后鲜有官方组织大规模印经活动，佛教也逐渐从明王朝的

---

[1] （明）葛寅亮：《金陵梵刹志》卷2，天津人民出版社2007年版，第24页。
[2] 周齐：《明代佛教与政治文化》，人民出版社2005年版，第40页。
[3] 陈玉女：《明代的佛教与社会》，北京大学出版社2011年版，第52页。
[4] 邓之诚：《骨董三记》卷6，《骨董琐记全编》，人民出版社2012年版，第672页。

主流政治中退出。从明初的积极到明中期以后的渐趋消极，佛教逐渐淡出大明王朝的主流政治生活，不仅大规模的印经活动减少，在佛像的表现上亦出现较明显变化。

现存明永乐版《释氏源流》插图（图2-16）、明成化版《释氏源流》插图（图2-17）、明万历版《程氏墨苑》中的《维摩说法》（图2-18），分别为明代早、中、晚三个时期的佛教插图。从三者之中，不难看出明代佛教政策影响下的佛教图像变化。

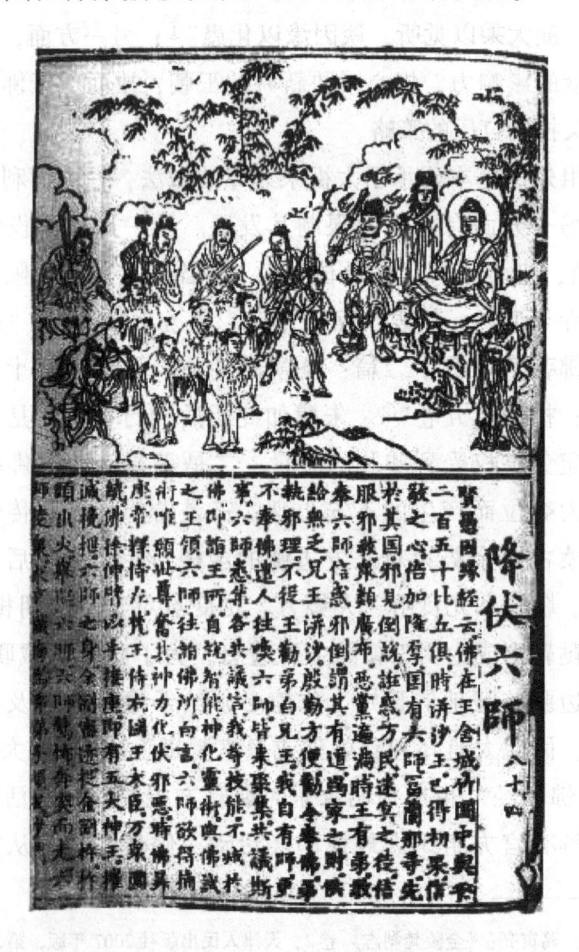

图2-16 明永乐版《释氏源流》插图

来源：郑振铎编著：《中国古代木刻画史略》，上海书店出版社2006年版，第32页。

**图 2-17 明成化版
《释氏源流》插图**

来源：徐小蛮、王福康：《中国古代插图史》，上海古籍出版社 2007 年版，第 48 页。

**图 2-18 明万历版《程氏墨苑》
中的《维摩说法》**

来源：徐小蛮、王福康：《中国古代插图史》，上海古籍出版社 2007 年版，第 113 页。

在插图形式上，明永乐版采用早期流行的上图下文编排形式；明成化版和明万历版选择了单面整幅，属中晚期流行风格。

在雕版与印刷技术上，早中期的技术差异不明显，而明万历版的技术优势明显，符合郑振铎对于明万历时期插图的评价。

在图像内容上，通过比较，可以清晰地看到三个时期对于佛教的不同态度。明永乐版插图呈现出一个法度森严的神佛世界，更是明初社会的投射。明初倡导皇权至上，并借佛教进一步强化了这种思想。因此，明永乐版插图虽然描绘的是人对神佛的膜拜，实则体现的是人对皇权的敬畏与臣服。到明成化版插图，神佛世界似乎出现了"人"与"佛"的幻化，插图创作者敏锐地发现神佛膜拜消退、国家管控逐渐松弛等一系列社会变化，并将这种变化流露于笔端。明中期开始，社会出现诸多变化，特别是新思想的兴起与活跃，唤醒了人们对于人本身的关注。插图中亦佛亦人的幻化，既是对人的关注，也是逐渐背离"神"与"权"的现实写照。

再到明万历版插图《维摩说法》时，佛法的宣讲如同一场乡间社戏或大众节日。"维摩说法"属于佛教中俗讲开讲《维摩经》①，俗讲虽然辞意浅显，见讥于大雅，但开讲时必有庄严仪式。② 但是，明万历版中的《维摩说法》却完全没有庄严的仪式感。居中而坐的僧侣们，既不庄严肃穆也似乎没有传经说法，他们更像是一群正在表演的伶人。而蜂拥而来的乡民们已没有明永乐版中的膜拜与聆听之色，取而代之的是欢愉嬉笑。明万历版《维摩说法》是创作者的刻意而为还是无意之举尚需讨论。但是，"俗讲"呈现出大众节日般的风貌，实则预示了晚明时期佛教逐渐淡出国家视野，沦为民众的

---

① 向达考证，元和末有以俗讲著称之僧人，则其兴不始于元和可知。参见向达《唐代俗讲考》，《唐代长安与西域文明》，商务印书馆2015年版，第303页。

② 向达：《唐代俗讲考》，《唐代长安与西域文明》，商务印书馆2015年版，第310页。

一般活动①，佛教已经不再代表国家，作为宣谕、教化民众的公器，而变成普通的民间信仰。于是，这场本该神圣、庄严的说法，却演变成一种近似大众节日的嬉戏。在晚明的现实生活中，类似的"僭礼越制"几乎成为一种常态。《维摩说法》形象地再现了一个集体失序、个体放纵欢愉的时代。

明初的佛教插图除受到政治、社会的影响之外，其造型语言亦融合了藏传佛教图像和道教壁画元素。元末明初，上层社会普遍信奉藏传佛教。同时，朝廷更希望借藏传佛教达到对藏地及边疆地区的控制与管理。因此，明初佛教图像普遍受藏传佛教图像的影响。如《佛说摩利支天经》（图2-2）、《诸佛如来菩萨名称歌曲》（图2-3），其造像、莲花宝座等均表现出藏传佛教艺术的特点。此外，明初朱元璋撰写的《三教论》，对于明初佛教图像吸收道教艺术形式也产生了一定影响。如佛陀群像、祥云等形式明显受到道教壁画艺术的影响。构图上，明初佛教图像多采取平行、均匀、秩序的构图法。平行构图旨在表达"佛"的崇高，同时又使信众对宗教教义和内容一目了然。②虽然平行构图略显呆板，但如果将"佛教图像"看作"图像性经文"而非图像艺术，或许能更好地理解明初佛教插图包含的意义。

从"佛教图像"中，能察觉到明代不同时期"佛教"地位的变化。那么，明代社会的变化在"图像"中是否也有所显现？答案是肯定的。图像的意义，在于使观察者通过对时代、社会、人

---

① ［加］卜正民：《明代的社会与国家》，陈时龙译，时代出版传媒股份有限公司、黄山书社2009年版，第228—231页。

② 贡布里希在《艺术发展史》"罗马和拜占庭，五至十三世纪"章节，谈到西方基督教中曾出现过关于图像在宗教中用途的激烈争论。公元6世纪末，格雷戈里大教皇采纳了"绘画有用"一派的说辞，并提出许多基督徒不识字，为了教化他们，宗教图像之于他们如同连环画之于孩童那样有用。他认为："文章对识字的人能起什么作用，绘画对文盲就能起什么作用。"同时，他对于宗教性图像或绘画亦有明晰看法与要求，他提出图像必须把故事讲得尽可能简明，凡是有可能分散对这一神圣主旨注意力的内容都应该省略。参见［英］贡布里希《艺术发展史》，范景中、林夕译，天津人民美术出版社1992年版，第73—74页。

的解读，去厘清"图像"的艺术形式、线条、色彩、技巧所包含的社会信息。插图的创作者既是艺术家也是"社会人"，他们在创作中或许会将社会给予他们的一切转化为他们对构图形式、线条粗细、色彩浓淡的判断和选择。也许这种转化在图像中表现得非常细微，甚至看不到，如彼得·伯克所言"可见中的不可见性"①。虽然图像中残存的社会、个体等诸多痕迹，难以察觉抑或不可见；但是谁也无法否认图像中存在被转化的痕迹。因此，插图的"可见中的不可见性"，或许是打开"文本插图"与"晚明社会"之间的大门的一把钥匙。

三 实用、消遣类插图

晚明时期文本插图主要分为实用类和娱乐消遣类。实用类以科技、农桑、日用类书插图为代表，娱乐消遣类以传奇小说、戏曲唱本为代表。除此之外还有言情插图，多出现在娱乐消遣类书籍之中。言情插图的流行与晚明时期言情纵欲的生活密切相关，亦是晚明文本插图中特殊的一类。

明中期官方主导刊刻的书籍逐渐减少，坊刻和私刻书籍日渐增多。到晚明时期，商业性书坊成为书籍出版的主要机构。因商业性书坊主要是为获利而刊刻书籍，故常遭到时人诟病。陆容说："今所在书版，日增月益，天下古文之众，愈隆于前已。但今士之习浮靡，能刻正大古书以惠后学者少，所刻皆无益，令人可厌。"② 他认为应该效仿元朝的体制，书籍由朝廷审核后方可付梓。"尝爱元人刻书，必经中书省看过下有司，乃许刻印。"③ 晚明出版业的快速发展，导致书籍质量良莠不齐，内容千差万别。这既是晚明出版业较突出的问题，也是被学者诟病的主要方面。出版业的兴盛，一方面得益于

---

① [英] 彼得·伯克：《图像证史》，杨豫译，北京大学出版社2008年版，第4页。
② （明）陆容：《菽园杂记》卷3，上海古籍出版社2012年版，第20页。
③ （明）陆容：《菽园杂记》卷10，上海古籍出版社2012年版，第85页。

明中后期经济、技术的发展，政府管控的松弛；另一方面在于大众识字率的提升，插图在书籍中的运用促使大众读本出现并流行。明初基础教育在乡村里社得到普及，明中期以后科场失意的文人滞留民间进一步促使城乡识字人口增长。同时，市民群体对文化的渴求又进一步刺激了出版市场。而上层交往互赠书帕本[1]导致刊刻著作成为官商群体的一种风尚。可以说，实际需求和功能拓展共同推动了晚明出版业的兴盛。

随着社会的变化，传奇小说、戏曲唱本、日用类书等符合大众口味、情趣的书籍逐渐成为主流。为了迎合大众阅读需求，书籍内容逐渐从纯文字转向图文并茂的形式。虽然大众识字率有所提升，但仍然存在大量文盲和半文盲。而插图具有直观性。因此，对于文盲和半文盲而言，阅读有图像的书籍是他们获取知识和娱乐的手段之一，正如格雷戈大教皇所言："文章对识字的人能起什么作用，绘画对文盲就能起什么作用。"[2] 因此，大众通过插图获取知识是晚明文本插图大量出现的因素之一。

在实用技术的讲解、传播中，对于技术要领和工具的呈现，图像相较文本描述更为直观、准确。同时，图像又能进一步解释文本内容。明崇祯十年（1637）版《天工开物》"造竹纸"篇800字，插图5幅，分别为"斩竹漂塘"（图2-19）、"煮楻足火"（图2-20）、"荡料入帘"（图2-21）、"覆帘压纸"（图2-22）、"透火焙干"（图2-23）。5幅插图以连环画的形式，描绘出造竹纸的五道工序。插图艺术性不高，但对生产要领、工具、器物绘制清晰，充分展示了造纸工艺的整个流程。

---

[1] 清人叶德辉："明时官吏奉使出差，回京必刻一书，以一书一帕相馈赠，世即谓之书帕本。"参见（清）叶德辉《书林清话》，国家图书馆出版社2009年版，第123页。另，陆容所言"上官多以馈送往来，动辄印至百部"亦是指书帕本。参见（明）陆容《菽园杂记》卷10，《明代笔记小说大观》，上海古籍出版社2005年版，第475页。

[2] ［英］贡布里希：《艺术发展史》，范景中、林夕译，天津人民美术出版社1992年版，第73页。

图 2-19 斩竹漂塘

来源：[美] 钱存训：《中国纸和印刷文化史》，广西师范大学出版社 2004 年版，第 67 页。

图 2-20 煮楻足火

来源：[美] 钱存训：《中国纸和印刷文化史》，广西师范大学出版社 2004 年版，第 67 页。

图 2-21 荡料入帘

来源：[美] 钱存训：《中国纸和印刷文化史》，广西师范大学出版社 2004年版，第 67 页。

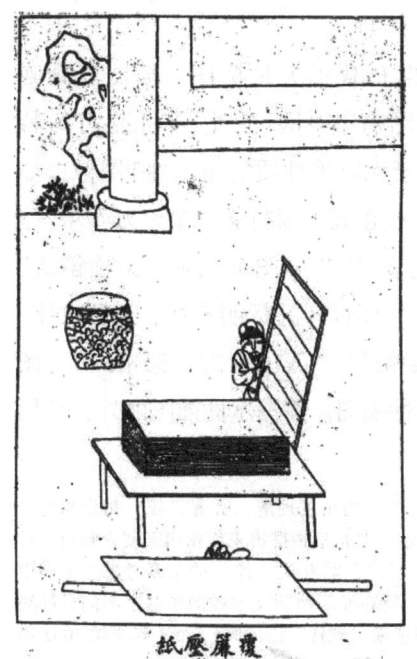

图 2-22 覆帘压纸

来源：[美] 钱存训：《中国纸和印刷文化史》，广西师范大学出版社 2004年版，第 67 页。

图 2-23 透火焙干

来源：[美] 钱存训：《中国纸和印刷文化史》，广西师范大学出版社 2004 年版，第 67 页。

除科技书籍之外，日用类书也刊载了大量插图。插图成为晚明类书的重要特征之一，并且插图有着明显的指示和说明的特征。可以说，晚明日用类书插图属于无审美性质的图示性①图像。如明万历二十八年（1600）《新锲燕台校正天下通行文林聚宝万卷星罗》"八谱门"之"箫笛谱式"中，"九节箫式"（图 2-24）、"横笛式"（图 2-25），分别绘制了"箫""笛"图样，并标明音律，注释文字。另，"茔宅门"中，"五架屋拖后架格式""正五架拖二架格式"（图 2-26）亦属于指导建造房屋的图示性插图。除图示性插图之外，日用

---

① 图示属于图像的一种。图像主要从"像"的角度理解，所谓"像"指形象，具有很强的审美特征。而图示以"示"为主，"示"是把事物摆出来或指出来使人知道。日用类书的辑录者基于实用考虑，注重插图的"示"，鲜有从"像"的角度考虑。本书中"图像""图示"均是指文本插图。区别运用，旨在厘清晚明文本插图中基于不同目的插图。参见中国社会科学院语言研究所词典编辑室编《现代汉语词典》，商务印书馆 2002 年版，第 1150、1275 页。

类书中还出现了"图表"插图。如《新锲燕台校正天下通行文林聚宝万卷星罗》"文翰门""因分称呼"(图2-27),将人的复杂亲缘关系、称呼,用图表清晰地展现出来。在其他日用类书中亦采用图表表现这类关系(图2-28)。文字表格相对于纯文字,不仅视觉新颖而且便于阅读查找。日用类书中的图示、图表既准确直观地表达出内容,又缓解了阅读的疲劳,更丰富了版面形式。可以说,图示、图表是晚明知识下移的一项创举。晚明日用类书将复杂文字表述转换成图示、图表,是因为形象思维更符合大众认知的需求。王正华认为,类书注重版式设计有着成本考量,也反映出晚明是一个重视视觉性思考的时代。在这样一个时代,书坊若不以图像、版式增强书籍吸引力,则很难生存。[①] 本书认为图示、图表的出现,不排除晚明时人在尚奇之风的熏染下,为了获利而在版面设计上别出心裁的因素。

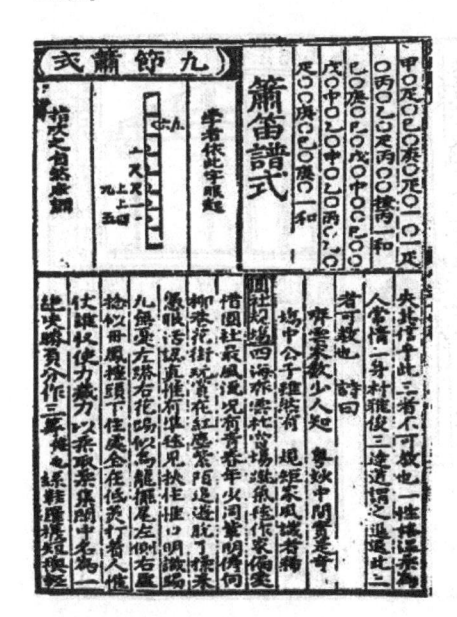

图2-24 九节箫式
来源:中国社会科学院历史研究所文化室编:《明代通俗日用类书集刊》卷7,东方出版社2011年版,第141页。

---

① 王正华:《生活、知识与文化商品——晚明福建版"日用类书"与其书画门》,载胡晓真、王鸿泰编《日常生活的论述与实践》,允晨文化实业股份有限公司2011年版,第300—301页。

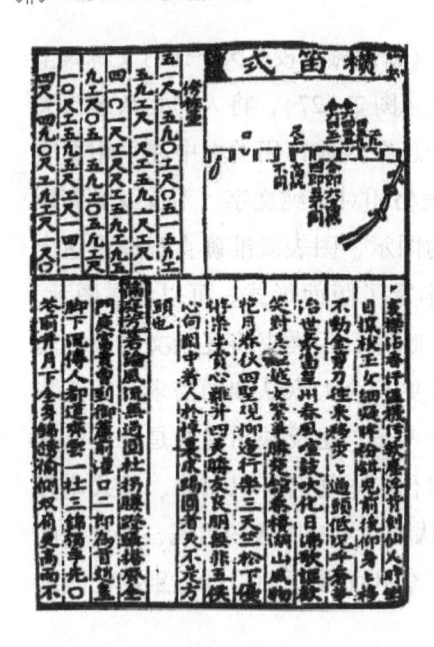

图 2-25 横笛式

来源：中国社会科学院历史研究所文化室编：《明代通俗日用类书集刊》卷 7，东方出版社 2011 年版，第 141 页。

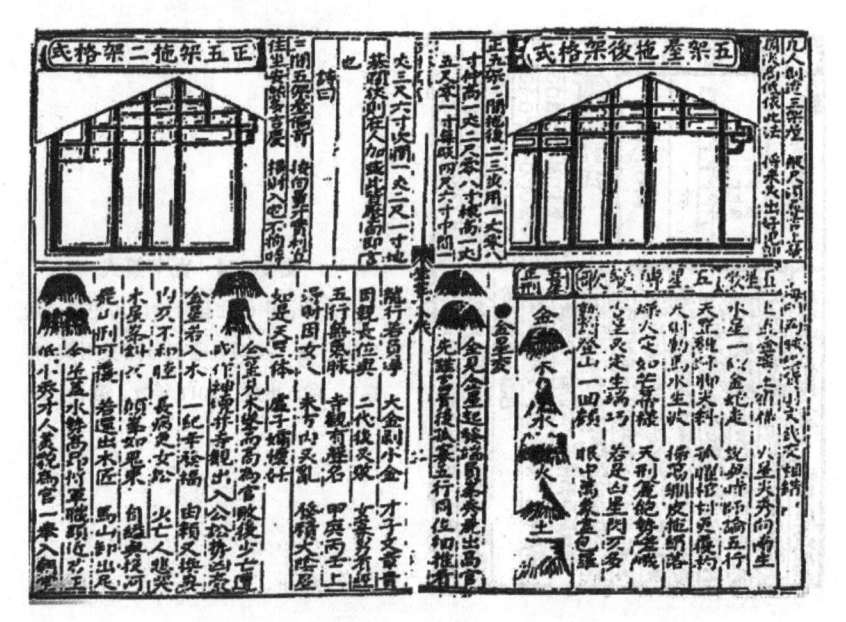

图 2-26 五架屋拖后架格式、正五架拖二架格式

来源：中国社会科学院历史研究所文化室编：《明代通俗日用类书集刊》卷 7，东方出版社 2011 年版，第 145 页。

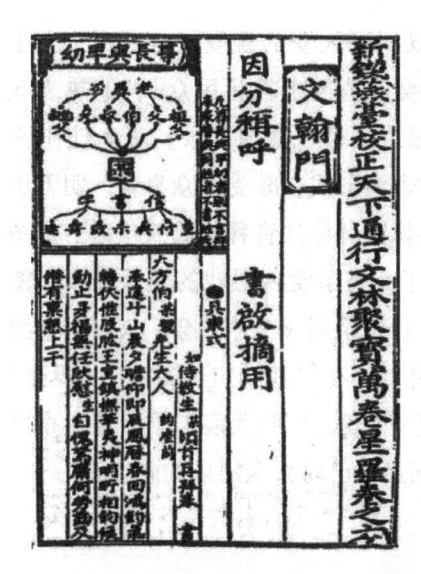

图 2-27 因分称呼

来源：中国社会科学院历史研究所文化室编：《明代通俗日用类书集刊》卷7，东方出版社2011年版，第54页。

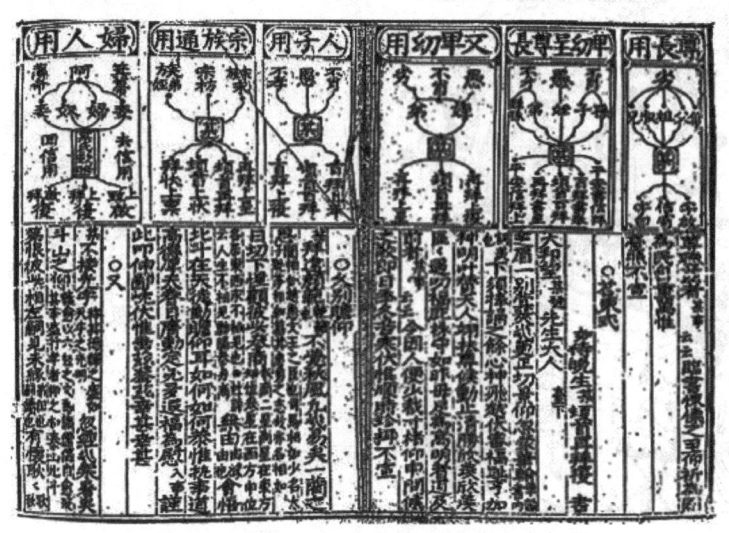

图 2-28 亲缘关系称呼

来源：中国社会科学院历史研究所文化室编：《明代通俗日用类书集刊》卷15，东方出版社2011年版，第54页。

科技书籍、日用类书利用各种形式的插图传播知识。与此同时，传奇小说和戏曲唱本插图则带给人们享乐，充分显现出图像的娱乐消遣功能。

晚明大众的各种娱乐生活，既得到大众的喜爱，也受到文人士大夫的肯定。王阳明就主张通过娱乐消遣来教化民众①，他热衷戏曲，特别喜欢傀儡戏。其《咏傀儡诗》被《蓬窗日录》奉为佳作。②"傀儡戏"是晚明戏曲艺术的一种表演形式，颇受大众喜欢。明万历时期金陵世德堂刊本《新刻重订出像附释标注音释赵氏孤儿记》插图"庆赏元宵"，描绘了官员携夫人于元宵节赏傀儡戏的娱乐场景（图2-29）。此外，王圻也将《傀儡图》辑录到《三才图会》人事十卷游戏娱乐类（图2-30）。除观剧之外，还有"双陆""掷钱""投壶""藏钩""围棋""象棋"等各种博弈娱乐。③ 明武宗朱厚照甚至直接将世俗生活场景搬到深宫内院，满足自己对大众娱乐的向往。④

图2-29 庆赏元宵

来源：周芜编：《金陵古版画》，江苏美术出版社1993年版，第70页。

---

① 王阳明："今要民俗反朴还淳，取今之戏子，将妖淫调词俱去了，只取忠臣、孝子故事，使愚俗百姓人人易晓，无意中感激他良知起来，却与风化有益。"参见（明）王阳明《传习录》（卷下），花城出版社1998年版，第473页。
② （明）陈全之：《蓬窗日录》卷7，上海书店出版社2009年版，第347页。
③ （明）谢肇淛：《人部》2，《五杂俎》卷6，《明代笔记小说大观》，上海古籍出版社2005年版，第1606—1609页。
④ 王天有主编：《明朝十六帝》，紫禁城出版社2010年版，第250页。

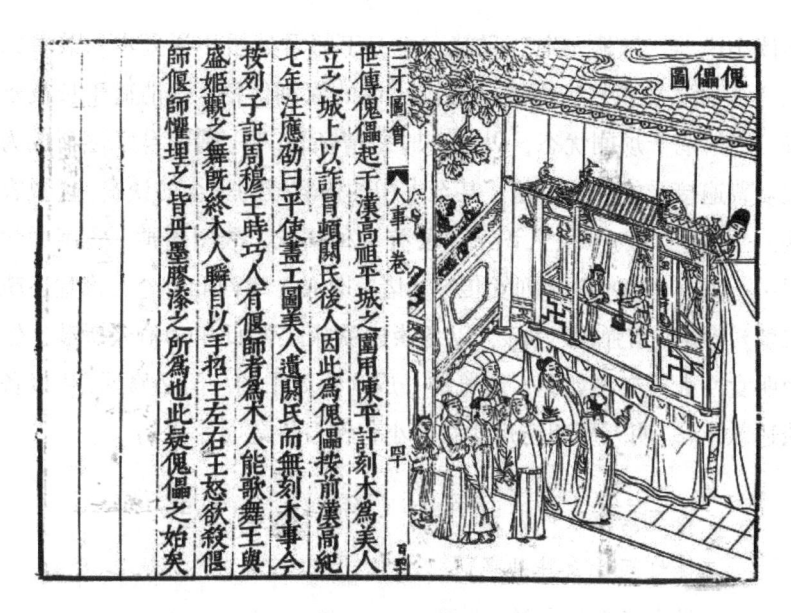

图 2-30　傀儡图

来源：（明）王圻、王思义：《三才图会》，上海古籍出版社 1988 年版，第 1792 页。

晚明时期，出版业的兴盛促使阅读成为一种新的娱乐消遣方式。《菽园杂记》载："钱思公坐则读经史，卧则读小说，上厕则阅小词，未尝顷刻释卷。"[1] 钱思公因个人嗜书而手不释卷，但入厕阅读显然是为了消遣。吴承恩亦曾言："余幼年即好奇闻，在童子社学时，每偷市野言稗史，惧为父师诃夺，私求隐处读之。"[2] 相较于经史子集，传奇小说更激发了幼年吴承恩的阅读欲，也让他从中获得了一份愉悦和享受。因此，他不惜冒"父师诃夺"之险，也要"求隐处读之"。金圣叹对于《水浒传》的阅读更是达到"无晨无夜不在怀抱者，吾于《水浒传》可谓无间然矣"[3] 的地步。徐渭也喜欢

---

[1] （明）陆容：《菽园杂记》卷 13，《明代笔记小说大观》，上海古籍出版社 2002 年版，第 501 页。

[2] （明）吴承恩：《禹鼎志序》，载丁锡根编著《中国历代小说序跋集》，人民文学出版社 1996 年版，第 611 页。

[3] （明）金圣叹：《第五才子书水浒传》，载丁锡根编著《中国历代小说序跋集》，人民文学出版社 1996 年版，第 1484 页。

阅读小说,"与萧先生"尺牍:"旧于郎君处假小说九本,兼奉归之。"① 而一位佚名者更道出阅读小说的深刻体悟:"消遣于长夜永昼,或解闷于烦剧忧态,以豁一时之情怀耳。"② 阅读自娱逐渐成为大众普遍接受的娱乐消遣,甚至书中的内容成为聚会的谈资。《悦容编》"博古"载:"女人识字,便有一种儒风。故阅书画,是闺中学识……如《宫闱传》《列女传》《诸家外传》《西厢》《玉茗堂还魂二梦》《雕虫馆弹词六种》,以备谈述歌咏。"③ 此虽为清人所载,但晚明女性大概亦是如此,阅览群书成为闺阁中的一门必修课,"以备谈述歌咏"。明万历朝扬州才女冯小青作自怜诗《小青》:

> 冷雨幽窗不可听,
> 挑灯闲看《牡丹亭》。
> 世上亦有痴于我,
> 岂独伤心是小青。④

诗句中,一个"闲看"勾勒出孤寂的小青随手翻看《牡丹亭》的身影。她借阅读《牡丹亭》打发着悠闲却也寂寞的时光,也实现了一个人的自娱。晚明时期借阅读自娱打发时间的人应该不在少数。他们通过读文产生联想,通过看图深化对文本的认知。图文并茂的书籍可以帮助阅读者更好地理解文本、产生联想,由此给阅读者爽人心意的娱乐消遣感。《新刊大字魁本全相参增奇妙注释西厢记》牌记:"唱与图和,一览始终,歌唱了然,爽人心意。"⑤ 可以说,阅读图文并茂的书籍成为晚明娱乐生活的重要组成部分。

---

① (明)徐渭:《与萧先生》,《徐渭集》,中华书局1983年版,第1128页。
② (明)佚名:《新刻续编三国志引》,载丁锡根编著《中国历代小说序跋集》,人民文学出版社1996年版,第935页。
③ (清)虫天子:《香艳丛书》,人民文学出版社1992年版,第71页。
④ (明)冯梦龙:《情仇类·小青》,《情史》卷14,春风文艺出版社1986年版,第425页。
⑤ 北京图书馆:《中国版刻图录》第5册,文物出版社1961年版,图版383。

晚明时期的文本插图，从功能上分为实用和娱乐消遣两大类。但是，从文本插图产生的目的看，实学思想对于插图使用有着较深的影响。明天启武林刊《牡丹亭还魂记》"凡例"载："戏曲无图，便滞不行。"① 此言在晚明出版业颇具代表性，出版者往往是为了销量而添加插图。因此，文本插图无论是基于实用目的还是起到娱乐消遣的作用，都是出版者增加销量、获取利益的有效手段之一。因此，晚明文本插图的出现与流行，本质上是晚明出版者对实学思想的一种践行。晚明大众通过阅读文本与插图获得娱乐和知识，既满足了他们的实际需求，也体现了他们对实学思想的认同与接受。

第二节 言情插图流行

明中期社会的变化引发了人们对于人欲的重新思考。明初人们将"存天理，灭人欲"奉为圭臬。其后，阳明心学在此基础上提出了"去人欲，存天理"。两者对人欲的态度基本相同，但阳明心学重自我、重个性的因子，又为"人有没有情欲""情欲的自然存在"等问题留出解释的可能和模糊处置的空间。② 阳明心学留出的解释空间，为晚明时期言情纵欲的生活奠定了思想基础。晚明社会亦在思想与经济的双重变化下走向奢靡与享乐，修齐治平的人生理想逐渐瓦解，代之以张扬个性与自我。他们弃绝仕途上进，纵情于山水，沉醉于享乐，借诗酒声色体现生命的价值。可以说，重自我、纵情欲成为晚明社会较普遍的现象。晚明的纵情欲是从人欲的合理性出发，肯定人对情感、情欲的需求的合理性。因此，李贽的"童心论"提出"姻缊化物，天下亦只有一个情"；汤显祖

---

① 戴健：《明代后期吴越城市娱乐文化与市民文学》，社会科学文献出版社2012年版，第83页。

② 罗宗强：《明代后期士人心态研究》，南开大学出版社2006年版，第265—266页。

借《牡丹亭》表达为情可生可死方为圣洁真情；而冯梦龙认为以情可感悟教化时人。对情欲观的持续讨论与发酵助长了晚明社会言情纵欲的风尚。

晚明文本插图中的言情插图是对纵欲生活的写照与指导。这些图像既保留了真情流露的美好与圣洁，也有情欲驱使下的放纵与宣泄。它们反映的是对情欲放纵的认同与焦虑，更有人性的自觉与自省。诚如袁小修所言："不绝欲亦不纵欲，不去利亦不贪利，不逃名亦不贪名，人情内做出天理。"① 或许，这才是晚明社会言情纵欲表象下最真实的面目。

一 言情生活

晚明致仕的士大夫和失意文人一般选择两种生活，一种是栖居于乡野山林，另一种则是迈向城镇。他们栖居山野，山林亦朝市；他们步入城镇，朝市亦山林。② 这两种生活实则是文人士大夫为躲避政治纷扰而做出的选择。文人士大夫中的一部分人来到城镇后，有的仍然实践着小隐隐于市的生活，而更多的则完全融入世俗的生活。文人士大夫的融入，一方面促进了市民群体的形成，另一方面他们亦成为各种娱乐风尚的引领者。明中期以后戏曲艺术成为城乡大众喜好的娱乐消遣之一。普通民众往往只能在节庆时观剧消遣，而大户人家则流行自蓄声伎，或供养家乐班子以自娱。何良俊言："余家小鬟记五十余曲，而散套不过四五段。"③ 张岱亦曾言："我家声伎，前世无之，自大父于万历年间与范长白、邹愚公、黄贞父、包涵所诸先生讲究此道，遂破天荒为之。"④ 日渐流行

---

① （明）袁中道：《寄同学》，《珂雪斋集》（下），卷23，上海古籍出版社2019年版，第1036页。
② （明）陈献章：《春日醉中书怀》，《陈献章集》卷4，中华书局1987年版，第364页。
③ （明）何良俊：《词曲》，《四友斋丛说》卷37，《明代笔记小说大观》，上海古籍出版社2005年版，第1171页。
④ （明）张岱：《张氏声伎》，《陶庵梦忆》卷4，中华书局2007年版，第54页。

的观剧听曲之娱乐消遣,导致江南诸地"皆有习为倡优者,名曰'戏文子弟'"①。

明代对于"唱曲演剧者"称谓复杂而多变。明初称为"乐户",包括宫妓、官妓、营妓、家妓、市妓,由礼部下属教坊司统一管理,职业上分为歌、乐、舞、优。而时人何良俊的划分是戏子、女妓、女僮歌者三类。"戏子"指戏文弟子,为男性;"女妓"类似教坊司乐妓;"女僮歌者"属于由私家婢女调教而成的歌妓,又统称"倡优"。这些背负各种称呼的男男女女、或官或私的"倡优",以自身技艺混迹于晚明时人的游宴、聚会、庆典之中。他们或弹琴唱曲,或同桌畅饮,或诙谐逗趣。他们虽然不是游宴聚会的主体,却是晚明娱乐生活中不可缺少的人群。穿梭于晚明各种宴会的倡优们,一方面通过才艺博得看客的喝彩,另一方面与看客之间产生情感的互动。客与妓的情感互动被明人称为"相狎",故"狎妓"成为晚明时人娱乐消遣之一,亦是他们言情生活的一部分。

明初律令禁止官员狎妓,但到晚明时游宴成风,而每"游宴"必有乐妓相陪。如《风月争奇》插图"青楼风月"(图2-31);《新刻出像音注释义王商节癸灵庙玉玦记》插图"王商嫖院遇妓李娟奴"(图2-32),皆表现出一边听曲一边宴饮的场景。晚明时期的"妓"泛指女性歌者、舞者,她们多以自身技艺才情与客人交往相狎。除此,亦有出卖美色的"妓",谢肇淛称她们为"土妓"或"私窠子",即张岱眼中的"歪妓"。名妓与歪妓有天壤之别,名妓以个人才艺周旋于各种场域和狎客,而歪妓只会卖笑献身。晚明的狎妓者并非为纵欲而来,主要是仰慕其才情,但不排除狎其美色的行为。

---

① (明)陆容:《菽园杂记》卷10,《明代笔记小说大观》,上海古籍出版社2005年版,第471页。

图2-31 青楼风月

来源：首都图书馆编：《古本戏曲版画图录》第4册，学苑出版社1997年版，第18页。

图2-32 王商嫖院遇妓李娟奴

来源：首都图书馆编：《古本戏曲版画图录》第1册，学苑出版社1997年版，第287页。

晚明狎妓者没有视美色为"狎"的主体，"妓"也不以美色作为自己最重要的资本。她们以才情和智慧为资本与男性进行情感互动，周旋于男性的世界。张岱眼中的王月生"面色如建兰初开，楚楚文弱，纤趾一牙，如出水红菱；善楷书，画兰竹水仙，亦解吴歌，且好茶"[①]，若要与之相狎，需先一日送上书帕。在晚明文人士大夫的心中，"狎妓"，特别是与名妓相狎，绝非一般的娱乐消遣，而是带有文化属性的言情生活。他们之间既有翰墨交融之趣，也有琴瑟和鸣之欢，更有着怜爱与仰慕之情。可以说，晚明的言情生活既放荡不羁又不乏雅致脱俗。卜正民认为，晚明这种在婚姻、姬妾制度

---

① （明）张岱：《王月生》，《陶庵梦忆》卷8，中华书局2007年版，第95页。

之外与有教养的女子进行情感互动的行为，是将纯粹的性关系重新塑造成一种文化关系。此言不差，但他的另一种说法更准确：晚明士人的狎妓行为，更多的应该是在追寻，寻找他们在所谓的门第婚姻、金钱婚姻中所无法找到的、浪漫的才子佳人式爱情中的红颜知己。① 如果说晚明男性在新思想的鼓舞下，希望借言情生活找到自己的红颜知己，那么，晚明女性同样希望在这个充满情欲的世界中获得情感的释放。

晚明女性同样有着情欲的萌动和渴望，如张岱《龙山放灯》中那个装扮成美少年"不知其地、其人，或是妖狐所化"的年轻女性。晚明才女冯小青或许是因无法排解孤寂与幽怨而早亡，但由《牡丹亭》挑逗起，却又必须压抑而不能释放的情欲，或许才是她过早香消玉殒的真正原因。《型世言》中谢芳卿直抒胸臆地表达爱慕之情，她为了爱，甚至要一搏文君、相如般的千古美谈。一个为情所困、为爱痴狂的晚明女子活灵活现地跃于眼前。② 当然，谢芳卿并非现实中的人物，只是陆人龙虚构的一个勇敢追求爱情的晚明女性，但是她却仍然被定义为"淫女"。陆人龙如此矛盾的表达，既是晚明社会情欲观的矛盾，也是作者内心的矛盾。陆人龙内心应该是支持和同情谢芳卿对自我情感的掌控与追求，而现实社会又无法接受为爱主动的女性。因此，他既要展现出为爱勇敢追求的晚明女性形象，又要表现出否定的态度。可以说，陆人龙的矛盾恰恰反映出在晚明的言情生活中女性不再是被动的附庸，而成为日渐积极主动的参与者。

二 言情插图

晚明文本插图中的言情插图包括"爱情"和"情色"两大类。"爱情类"主要出现在小说、戏曲唱本中；而"情色类"主要指册

---

① ［加］卜正民：《纵乐的困惑——明代的商业与文化》，方骏、王秀丽、罗天佑译，生活·读书·新知三联书店2004年版，第266页。
② （明）陆人龙：《型世言》第十一回"毁新诗少年矢志 诉旧恨淫女还乡"，上海古籍出版社2001年版，第140—143页。

页或卷轴的春画,但在晚明时期的书籍插图和其他载体上也有呈现。①

在爱情类插图中,"床帏"或"卧室"是表达情爱与相思的重要道具和场景。晚明文人笔下的"床帏"具有爱情或情欲的象征。沈德符认为,所谓"才子佳人式爱情"无非重复郎才女貌或"房帏窠臼",郎才女貌的才子佳人除了海誓山盟之外,更有房帏之内的云雨之欢。如罗兰·巴特所言,要求"我爱你"三个字面对面地、以肉身和嘴唇结合的方式一字不差地说出来,然后咬住。② 现实生活中的情爱欢愉,一方面通过文人墨客对各种"床帏"的描写呈现给读者,另一方面插图绘制者在文学家的创作基础上艺术地加工出各种不同的"床帏之图"。"床帏之图"既可以满足读者对爱情的直观感受,更能够引发他们丰富的联想。这既是插图绘制者的匠心独运,又是他们对于情欲之欢的想象与编织。

明万历版《赛征歌集》中的《玉簪记》绘有插图"词媾鸾凤"(图2-33)。《玉簪记》描写了女尼陈妙常与书生潘必正之间的才子佳人式爱情。插图围绕"词媾鸾凤"之意创作。女尼陈妙常创作了一首对书生潘必正表达爱慕的诗词,是陈潘二人爱情故事的开始。因此,"诗词"应该是插图表现的主体。虽然插图创作者也将象征"诗词"的"笺纸"绘制在男主人公的手里,但是"笺纸"几乎偏出画面之外。而插图中大半个床帏几乎占据了整个画面,从半开的帐幔中清晰地看到床帏的基本结构,丰润而恬静的陈妙常侧卧床榻小憩;旁侧的潘必正手持笺纸,蹑手蹑脚,偷眼窥探又似乎在眉目传情。这一刻,"媾"隐喻的内容显而易见,亦是男女主人公爱情的必然结局。因此"媾"只是用来提示这段爱情的最终归宿,使读者

---

① 沈德符:"幼时曾于二三豪贵家,见隆庆窑酒杯茗碗,俱绘男女私亵之状,盖穆宗好内,以故传奉命造此种。"另载:"余曾得一笺,面上写两人野合,有奋白刃驰往,又一挽臂阻之者,情状如生。"参见(明)沈德符《瓷器》《春画》,《万历野获编》卷26,《明代笔记小说大观》,上海古籍出版社2005年版,第2586、2592页。

② 江弱水:《风流经史:读梁鼓角横吹曲〈地驱乐歌〉》,《读书》2010年第7期。

在阅读文本、图像之后产生想象。同时，现实亦不容许对于"媾"过多描绘，但是"媾"所隐喻的又是能够引人遐思的内容。于是，插图创作者将"媾"的内涵通过"床帏"呈现出来，给阅读者留下想象的空间。

图 2-33 词媾鸾凤

来源：首都图书馆编：《古本戏曲版画图录》第 1 册，学苑出版社 1997 年版，第 156 页。

此外，明万历版《新刊音注出像齐世子灌园记》中，"床榻"同样成为插图"园中幽会"的（图 2-34）重要道具。《灌园记》讲述了齐国世子田法章与莒州隐士太史敫之女的爱情故事，《灌园记》中的"园中幽会"一节描述的是男女主人公在齐国世子田法章劳作的菜园幽会。但是，插图表现的场景更像是书房而非菜园。如此处理，一方面或许是插图创作者受到舞台表演的影响，另一方面应该是创作者对"幽会"进行了自我解读。创作者将两人的幽会绘制成榻具上的相拥而坐。不仅如此，他们身旁还增添了一个圆筒枕头。从画面构图上看，枕头基本属于可有可无的安排。但枕头的出现，或许是为了提示床的存在。这是创作者的细心，还是别有用心？不可否认，枕头的出现令阅读者对于幽会的想象更加丰富。更耐人寻味的是，男主人公的一只脚已经放在床榻之上。或许，插图创作者想告诉阅读者，这对青年男女的"园中幽会"不仅有绵绵情话，更有着对情欲放纵的渴望。《灌园记》中的这场"园中幽会"只是一场普通的约会。但是插图"园中幽会"，却因床榻造型的出现，令阅读者产生许多想象。

图2－34 园中幽会

来源：首都图书馆编：《古本戏曲版画图录》第1册，学苑出版社1997年版，第253页。

在插图中，床帏造型既隐喻男女幽会的情欲之欢，也是传达孤寂与思念的重要道具。明天启版《南音三籁》插图"烛烬香消入绣帏"（图2－35）孤女一人倚栏而坐，背后的床榻、绣幔轻脱，衬托出一幅"日高倦梳头"的倦怠与孤寂之景。而刊刻于同时期的《绣襦记》插图（图2－36），"床帏"又成为承载李亚仙对情郎思念的道具。透过闺阁打开的花窗，李亚仙盘腿拂面地坐在绣榻之上，凄婉孤寂中似乎泪流满面地诉说着对郎君郑元和的思念。由此可见，插图中的"床帏"有着多重的隐喻和借代。当然，在部分插图中，

"床帏"也成为承载床笫之欢的"床"。如明天启版《南音三籁》中的"枕边掉下金钗响"（图2－37），男欢女爱恣情亵意跃然纸上。如明天启版《邯郸梦记》中的"美人带笑吹银蜡"（图2－38），床榻前的竹帘高卷，卢生已宽衣解带，半卧床榻，翘首企盼；而崔氏虽面带几分羞涩，却也衣带松弛，滑向枕边。《邯郸梦记》中的床帏之事，虽没有《南音三籁》中表现得那么直接，但在这两幅插图中，"床帏"显然不是隐喻的表达，而是被看作承载男欢女爱的道具。插图中的床帏造型，由象征性向实用性转变，反映出插图内容由爱情类向情色类转换。如《金瓶梅》第五十一回"打猫儿金莲品玉，斗叶子敬济输金"的插图中"床帏"显然只具有实用性，没有任何象征意涵。此外，在《花营锦阵》的春宫图册中，"床榻"亦只具有实用性。

图2－35 烛烬香消入绣帏
来源：首都图书馆编：《古本戏曲版画图录》第4册，学苑出版社1997年版，第108页。

图2－36 《绣襦记》插图
来源：首都图书馆编：《古本戏曲版画图录》第4册，学苑出版社1997年版，第137页。

晚明文本插图研究

图2-37 枕边掉下金钗响
来源：首都图书馆编：《古本戏曲版画图录》第4册，学苑出版社1997年版，第117页。

图2-38 美人带笑吹银蜡
来源：首都图书馆编：《古本戏曲版画图录》第4册，学苑出版社1997年版，第173页。

随着晚明爱情小说的流行，爱情类插图中开始出现直接呈现男女情色的内容。但这类插图与春宫秘戏图还是有所不同的。情色插图基本还是依据文本情节创作，而春宫秘戏类"情色图像"基本从两性交欢的体位入画，更像是技术图解。据《中国古代房内考》"译者前言"载，情色类图像主要流行于明末的江南地区，时间约八十年左右。其中春宫版画在中国版画史上达到了登峰造极的地步。[1]春宫秘戏图古已有之，晚明时期研习房中之术盛行，成为情色图像流行的原因之一。沈德符载："陶仲文以仓官召见，献房中秘方，得

---

[1] 李零：《译者前言》，载［荷］高罗佩《中国古代房内考》，李零、郭晓惠、李晓晨、张世京译，上海人民出版社1990年版，第10页。

·102·

幸世宗。"① 一时间，探讨房中秘术不仅流行于上层社会，亦流传到下层社会，其中部分日用类书的"风月门"就辑录有春药秘方。对于房中之术的热衷，导致春宫秘戏图的绘制与观赏成为风尚。《私情四句·春画》载：

  姐儿房里眼摩挲，偶然看着子介本春画了满身酥。个样出套风流家数侪有来奴肚里，那得我郎来依样做介个活春图。②

另，《美人诗》之《阅秘戏图》：

  惯见襄王时暮暮，不愁神女自朝朝。
  个中别有销魂处，只怕丹青未解描。

又：

  流苏帐底许多春，谁令丹青传入神。
  洛浦赋中写作画，巫山影里逼为真。③

《肉蒲团》《金瓶梅》等小说中均描写了男女主人公同观春宫图自娱的情景。到晚明时期，观春宫秘戏图成为大众娱乐需求之一，因此造成晚明"情色图像"的泛滥。

晚明的春宫秘戏图，有的出自唐寅、仇英等名家之手，也有的来自日本。时人李诩曾载：

  世俗春画，鄙亵之甚，有贾人携倭国春画求售，其图男女，

---

① （明）沈德符：《秘方见幸》，《万历野获编》卷21，《明代笔记小说大观》，上海古籍出版社2005年版，第2471页。
② （明）冯梦龙：《私情四句·春画》，《山歌》卷2，《冯梦龙民歌集三种注解》（下册），中华书局2005年版，第373页。
③ （明）闵正中、曾汝鲁：《阅秘戏图》，《风流题咏美人诗》，中央书店1935年版，第23页。

惟远相注眺，近却以扇掩面，略偷眼觑，有浴者亦在帏中，仅露一肘，殊有雅致。其绢极细，点染亦精工，因价高，还之。①

李诩所言，一方面反映出春宫秘戏图在晚明江南地区的流行，另一方面反映出他对于春画的态度耐人寻味。李诩认为春画"鄙亵之甚"，故偷眼观之。这显然充满了矛盾，既然是鄙亵之物，又何必去看？偷眼也罢，略观也罢，毕竟是看了，并且看得很仔细。绢的材质好坏，画工的细致与否，均让他看出些门道。更为耐人寻味的是"因价高，还之"，如果价格很低或是别人白送，他又是否会购买或接受呢？李诩的矛盾，在晚明文人士大夫身上具有一定的代表性。他们一方面是言情纵欲生活的引领者，另一方面又对此横加指责。他们如此矛盾的心理，实则是晚明复杂而多变的社会状况的缩影。

柯律格认为，政府中的官员对于淫秽色情图像严厉批评，是由于他们认为这些图像内容破坏了社会与文化秩序，并要求人们唾弃这些图片，甚至要求加以销毁。并且他认为这一现象与具象艺术、性别及其他社会等级秩序之间有联系。② 他的这一判断基本还停留在《长物志研究：近代早期中国的物质文化与社会地位》的结论中，即传统士大夫对等级秩序的焦虑。事实上，晚明士大夫心中"圣"与"人"的纠结值得关注。他们在面对晚明社会的种种诱惑时，往往在是像"圣人"一般修行还是活成"凡人"的矛盾中不断挣扎。《倭国春画》准确地反映了李诩内心的矛盾，也反映出晚明士大夫群体内心的矛盾。在"圣人"看来，春画是鄙亵之物；但从"凡人"的角度，对于情欲之欢的渴求又有何罪？李诩嘴上说这是鄙亵之物，这是他"圣人"的一面；但他还是偷眼略观了，如果不是价格太高，或许还要买回家。由此可见，他终究还是一个凡人。

---

① （明）李诩：《倭国春画》，《戒庵堂老人漫笔》卷1，中华书局1982年版，第39页。
② ［英］柯律格：《明代的图像与视觉性》，黄晓鹃译，北京大学出版社2011年版，第175—202页。

晚明的情欲放纵，其本质是人的自省与自觉。① 那么，柯律格看到的官员对淫秽色情图像的批评与销毁，是否存在对于个体的自省与自觉的禁止呢？如果有，基于政治因素的考量又是否存在呢？人的自省与自觉绝不仅仅表现在情欲上，对于政治上的渴求同样强烈。因此，针对"色情图像"的不同声音，应该是受到晚明政治、文化、思想多重因素影响而产生的。而这些不同的声音，何尝不是晚明时人崇尚奇谈、追求个性张扬解放的又一种表现？

三 女性阅读者

李诩对待倭国春画的矛盾心理实属正常，但总体上他还是持批判态度的。晚明时期如他一般持批判态度的人不在少数，但更多的人还是对春宫秘戏图表现出很高的兴致。一方面，晚明的道德观对于听淫词艳曲、看观春宫秘戏图的行为提出各种责难；另一方面，类似有违道德的行为又似乎被看作晚明男性特有的权利而受到默许。凌濛初就曾指责晚明男性在生活中的种种有违道德的行为，以此表达对晚明女性的同情。与此同时，他又感慨，"无所不为"的晚明男性，读读淫词艳曲，看看春宫秘戏图又算得上什么呢？当更多晚明男性加入读淫词艳曲、观春宫秘戏图的队伍时，另一个新的阅读群体正在悄然出现。

中国古代识文断字基本属于男性专利，而到晚明时期更多女性开始识文断字，并通过阅读图文书籍实现自娱。随着女性识字者的日渐增多，她们逐渐形成一个女性的阅读群体，有的女性读者甚至兼具作家身份。② 晚明才女冯小青挑灯闲读《牡丹亭》，算得上是晚

---

① 罗宗强认为，重自我、重情，甚至纵欲，向为研究晚明文学者所重视，亦常被当成个性张扬、自我觉醒之产物而加以肯定。参见罗宗强《明代后期士人心态研究》，南开大学出版社2006年版，第440页。

② 16世纪后期的中国，有着相当数量的女性在有生之年出版了自己的书籍。晚明繁荣的出版业不但推动了女性读者兼作者的诞生，更导致了一个读者群体的出现。高彦颐还认为女性读者兼作者的出现，是晚明城市文化最显著的特征之一。参见[美]高彦颐《闺塾师——明末清初江南的才女文化》，李志生译，江苏人民出版社2005年版，第31页。

明女性研读戏曲唱本的代表。汤显祖载:"娄江女子俞二娘秀慧能文词,未有所适。酷嗜《牡丹亭》传奇,蝇头细字。批注其侧。"① 而明末清初的吴人在《三妇评牡丹亭杂记》中,叙述自己前后三位夫人为评点《牡丹亭》,不惜四处求刊本的事迹。② 另,吴江邹枢《十美词纪》载,十四岁女子如意,红朱评点《西厢记》,朱笔批阅《花间集》。③ 新思想出现、识字率提升等不断出现的变化,促进了晚明女性阅读群体的形成。此外,图文书籍的流行是形成晚明女性阅读群体的另一个因素。传统观念中女子无才便是德,女性待字闺中多以"女红"打发时间,鲜有识文断字者。但鲜有识文断字者并不代表传统社会中女性缺少基本教育。在传统女性基本教育中,识字教育往往采取"图绘"的方式。因此,女性对于图像有着天然的亲近感。随着图文书籍的流行,书中插图带给女性阅读者天然的亲切感,客观上进一步扩大了晚明的女性阅读群体。

晚明女性热衷阅读这一现象,不仅出现在文本记录中;在晚明文本插图中,书籍往往与女性相伴相随。书籍成为插图创作者表现闺阁的重要道具,它们或出现在闺阁的书案上,或出现在床帏中。明万历金陵继志斋版《重校荆钗记》插图,书籍出现在女性绣帏中(图2-39)。明万历版《重校元本大板释义全像音释琵琶记》中,书籍出现在两女相谈的案几上(图2-40)。明崇祯版《西厢记真本》中,闺房中满棚书籍与卷轴(图2-41);而另一幅插图中,翻开的书籍赫然几案(图2-42),莺莺凝神回眸,是书中的情境令她凝神回眸,还是什么人令她无心读书呢?一个为情所困的莺莺形象跃然纸上。

---

① (明)汤显祖:《哭娄江女子二首有序》,《汤显祖全集》,北京古籍出版社1999年版,第710页。

② (清)吴人:《三妇评牡丹亭杂记》,载(明)汤显祖《吴吴山三妇合评牡丹亭》,浙江古籍出版社2016年版,第1—4页。

③ (清)虫天子:《香艳丛书》,人民文学出版社1992年版,第67—68页。

图 2-39 《重校荆钗记》插图

来源：周芜编：《金陵古版画》，江苏美术出版社1993年版，第182—183页。

图 2-40 《重校元本大板释义全像音释琵琶记》插图

来源：首都图书馆编：《古本戏曲版画图录》第3册，学苑出版社1997年版，第52—53页。

图 2-41　《西厢记真本》插图

来源：首都图书馆编：《古本戏曲版画图录》第 4 册，学苑出版社 1997 年版，第 364—365 页。

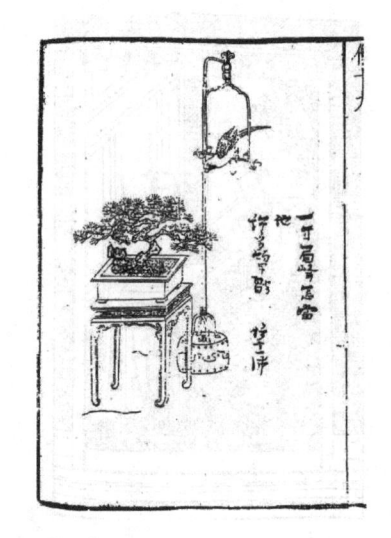

图 2-42　《西厢记真本》插图

来源：首都图书馆编：《古本戏曲版画图录》第 4 册，学苑出版社 1997 年版，第 372—373 页。

晚明女性与书籍相伴的插图，一方面客观记录了晚明女性与书籍之间的密切关系；另一方面反映出阅读既是闺阁中的女性获取知识和信息的方式，也是她们打发时光的娱乐消遣活动，更表明晚明社会对于女性阅读行为的认可。通过插图传播的方式，阅读书籍自娱也成为更多晚明女性效仿的行为。

晚明时期读书自娱日渐成为女性的一种生活常态。她们不仅读书，对于产生共鸣的文本，更是提出批评。清人吴人的三位夫人正是如此，她们对于《牡丹亭》的痴迷，甚至达到疯狂的地步。吴氏夫人们的"痴迷"，在高彦颐看来表现为一种情迷。[①] 女性在阅读中，文本提供的想象与图像表现的直观情境会直接拨动女性内心特有的虚幻心弦，使她们出现情欲的转换。而"图像"在转换中对"幻"与"真"所进行的引导不容忽视。因此，言情题材的文学作品往往更容易在女性阅读群体中引发共鸣，成为女性痴迷、热捧的对象。高彦颐将晚明女性阅读群体看作新文化的消费者与创造者，并且认为她们在逐渐突破男权帷幕，从与世隔绝的深闺中显露出来，并在文学领域占据了一个清晰的位置，而这个位置从前是男性文人所独占的。[②] 晚明时期，从文学领域到绘画领域均能看到女性笔耕的身影，她们或表现爱情的美好，或表达对情欲之欢的向往。这所反映的应该不只是她们希望在文学、艺术领域占据一个清晰的位置，而是希望在男性世界中占据一个清晰而应有的位置。女性意识的抬头，或许才是男性主宰者们将"图像禁毁"的真正原因。

第三节 类书插图

晚明文本插图不仅包括绘制精美、镌刻精细的戏曲小说

[①] ［美］高彦颐：《闺塾师——明末清初江南的才女文化》，李志生译，江苏人民出版社2005年版，第54页。
[②] ［美］高彦颐：《闺塾师——明末清初江南的才女文化》，李志生译，江苏人民出版社2005年版，第32页。

插图，还包括相对粗糙、简陋的类书插图。郑振铎曾评价明万历是一个光芒万丈的插图时代，类书插图正是其中一缕独特的霞光。

晚明时期的"图"以各种样貌出现在社会生活的各个角落。有娱乐欣赏性的小说戏曲插图，有志书中的舆地、建筑图，有商贸往来中使用的路引图，还有征收田赋的鱼鳞图册。① 虽然这些"图"有着不同的功能，但它们却实现了共同的目标——实用。而类书插图正是在实用主义原则指导下产生的，以图文互证的方式对日用常行进行指导的"图"。因此，类书中的插图主要以"图示式图像"呈现各种事物形态，以"图表式图像"将文本表述转换成图像表述。这些不拘于艺术形式的类书插图客观地反映了晚明社会的日用常行。

"图像"作为历史研究的文献材料之一，已是学界的共识。晚明时期各种绘制精美、镌刻精细的图像，它们有一个社会共同追求、认同的审美标准。于是这类插图的创作者们就会按照这一标准进行创作、修改，完成一幅精美的插图。因此，这类插图会留下部分社会影响下的痕迹，但是也会抹去许多创作者个人的想法。而类书插图的创作者们，思考的始终是如何直观地呈现真实而实用的插图，他们甚至不会思考审美原则和标准。没有了审美标准的羁绊，他们自由的创作、镌刻会保留下更真实的内容。

一 类书插图分类

《明代通俗日用类书集刊》（全16卷）辑录的绝大多数是晚明时期的通俗日用类书。明代通俗日用类书分为三种："日用类书""道德故事类书""娱乐性通俗类书"。②

---

① 明代征收田赋的图册上绘制有征收田赋土地的轮廓，层层叠叠宛如鱼鳞，故亦称鱼鳞图册。

② 刘振天：《明代通俗类书研究》，齐鲁书社2006年版，第2页。

"日用类书"是将日用常行的相关知识集合成册，即"凡人世所有日用所需靡不搜罗而包括之"①。晚明时期日用类书的版本较多，如：明万历三十五年（1607），阳龙子编《鼎锓崇文阁彙纂士民万用正宗不求人全编》；明万历四十年（1612），刘子明辑《新板全补天下便用文林妙锦万宝全书》；明万历年间，徐会瀛编《新锲燕台校正天下通行文林聚宝万卷星罗》；明万历二十七年（1599），余象斗编《新刻天下四民便览三台万用正宗》；等等。

"道德故事类书"是指具备道德教化作用并且通俗易懂的书籍，如杨乔编《新刻太仓藏板全补合像注释大字日记故事》，明万历三十六年（1608）屠隆辑《新刻类辑故事通考旁训》，等等。②

"娱乐性通俗类书"是将小说、诗词进行汇集辑录。③ 如明万历二十五年（1597）吴敬辑《新刻京台公馀胜览国色天香》④，冯梦龙编《增补批点图像燕居笔记》，等等。⑤

上述三种类书中，"道德故事类书"刊载插图最多，"日用类书"与"娱乐性通俗类书"刊载插图分别次之。

第一，日用类书。以《新刻天下四民便览三台万用正宗》为例，全书共计四十三卷，除去卷四、卷八、卷十七、卷十八、卷二十五、卷三十一、卷四十三无插图，卷二有两幅地图，卷十九仅有酒骰子图，卷二十为文字组合图，卷二十一、卷二十四、卷二十六仅卷首有插图，卷三十三有符咒图，卷三十六卷首有插图以及文字组合图，

---

① 中国社会科学院历史研究所文化室编：《明代通俗日用类书集刊》卷6，东方出版社2011年版，第211页。
② 中国社会科学院历史研究所文化室编：《明代通俗日用类书集刊》卷14，东方出版社2011年版，第321页。
③ 刘振天：《明代通俗类书研究》，齐鲁书社2006年版，第261页。
④ 中国社会科学院历史研究所文化室编：《明代通俗日用类书集刊》卷6，东方出版社2011年版，第3页。
⑤ 中国社会科学院历史研究所文化室编：《明代通俗日用类书集刊》1—16卷，东方出版社2011年版。

卷三十九卷首有插图，其他卷均有数量较多的插图，另外全书封面、封底各有插图一幅。① 一般日用类书的全书卷数较多，因此基本未采用成本较大的"全像"，而多采用"偏像"。但是，在部分"门类"中又采用了"全像"。如《新刻人瑞堂订补全书备考》"农桑撮要"门（图2-43），《新刻燕莹校正天下同行文林聚宝》"农桑撮要"门（图2-44），《学海不求人》"耕织便宜"门，《三台万用正宗》"农桑便览"门，《万卷星罗》"农桑本务"门，等等。② 日用类书插图普遍不追求艺术性，主要突出真实、直观。因此，图像之间存在一定的相似性。

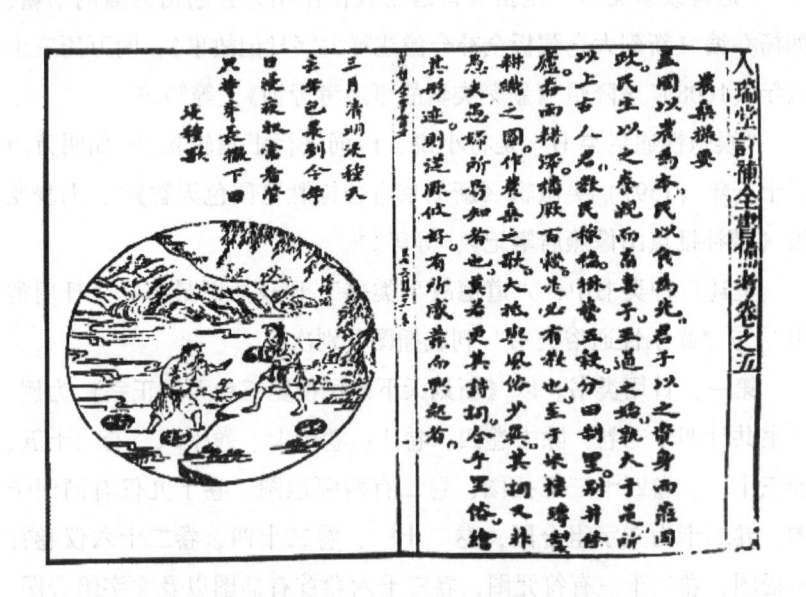

图2-43 《新刻人瑞堂订补全书备考》农桑撮要
来源：中国社会科学院历史研究所文化室编：《明代通俗日用类书集刊》卷15，东方出版社2011年版，第43页。

---

① 中国社会科学院历史研究所文化室编：《明代通俗日用类书集刊》卷6，东方出版社2011年版，第211—631页。
② 以上所涉类书相关内容，参见中国社会科学院历史研究所文化室编《明代通俗日用类书集刊》1—16卷，东方出版社2011年版。

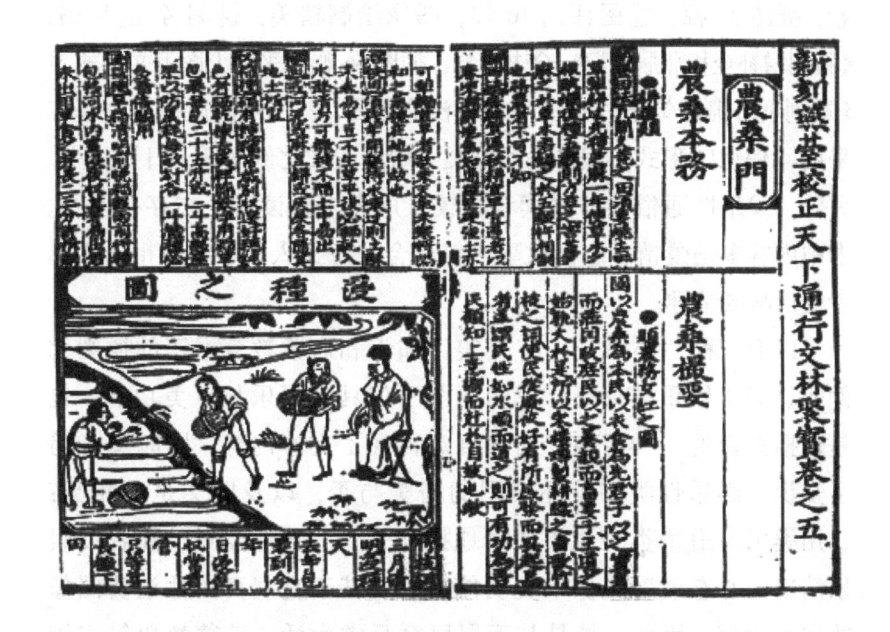

图2-44 《新刻燕莹校正天下同行文林聚宝》农桑撮要

来源：中国社会科学院历史研究所文化室编：《明代通俗日用类书集刊》卷7，东方出版社2011年版，第45页。

第二，道德故事类书。《新刻太仓藏板全补合像注释大字日记故事》全书四卷，每页均有插图。首卷为上图下文形式，卷二到卷四插图分别安排于页面左上角或右上角。[①] 另，《新锲重订补遗音释大字日记故事大成》全书八卷，一页一图，全部为上图下文形式。[②] 道德故事类书主要用于大众教化和蒙童教育，书中基本采用简洁明了的插图，文本多采用民间歌谣。道德故事类书基本采用上图下文的"全像"形式。

第三，娱乐性通俗类书。《增补批点图像燕居笔记》全书二十二

[①] 中国社会科学院历史研究所文化室编：《明代通俗日用类书集刊》卷14，东方出版社2011年版，第321—351页。

[②] 中国社会科学院历史研究所文化室编：《明代通俗日用类书集刊》卷13，东方出版社2011年版，第383—408页。

卷，插图38幅，题图评论16幅，图像绘制精美，镌刻考究。① 另，《新刻增补全相燕居笔记》全书十卷，插图56幅，采用上图下文形式。② 《重刻增补燕居笔记》全书十卷，没有插图。③ 娱乐性通俗类书基本采用"偏像"形式。娱乐性通俗类书中的图文比例远低于日用类书。另外，娱乐性通俗类书的读者相较日用类书的读者，亦存在差别。书中内容多是爱情、志怪故事，较适合失意文人、学子、粗通文墨者的口味与情趣。

以上三种"类书"中有关实用知识和启蒙教育书籍的插图比例明显高于娱乐类书籍，说明插图不仅具有娱乐与审美功能，也是传播知识的一种手段。插图直观再现了文本内容，同时又传播了知识。娱乐性类书关注插图的精美与否，以及图文是否相契；日用类书与道德类书注重清晰地描绘知识、技能要点。前者以娱乐消遣的心态消费图像审美功能，后者基于直观真实性消费图像的实用价值。因此，越是与下层民众日常生活、道德教化等实用相关联的通俗类书，其插图数量越多。《增补易知杂字全书》采用一字一图的形式，是学习识字最有效的方法（图2-45、图2-46），另外，类书插图的数量、质量与书籍的销售对象及成本有关。如涉及蒙童教育或下层民众日常知识传播的内容，插图数量明显偏多，在娱乐性通俗类书中插图明显偏少。但是，娱乐性类书的插图质量明显优于其他两种类书插图。出现上述情况的原因，一是与受众群体相关，识字率较低的群体更容易接受图像的阅读；二是插图数量的多寡应该与成本投入总额有关，插图数量少则精，数量多则滥。

---

① 中国社会科学院历史研究所文化室编：《明代通俗日用类书集刊》卷15，东方出版社2011年版，第275—288页。

② 中国社会科学院历史研究所文化室编：《明代通俗日用类书集刊》卷12，东方出版社2011年版，第3—184页。

③ 中国社会科学院历史研究所文化室编：《明代通俗日用类书集刊》卷14，东方出版社2011年版，第355—555页。

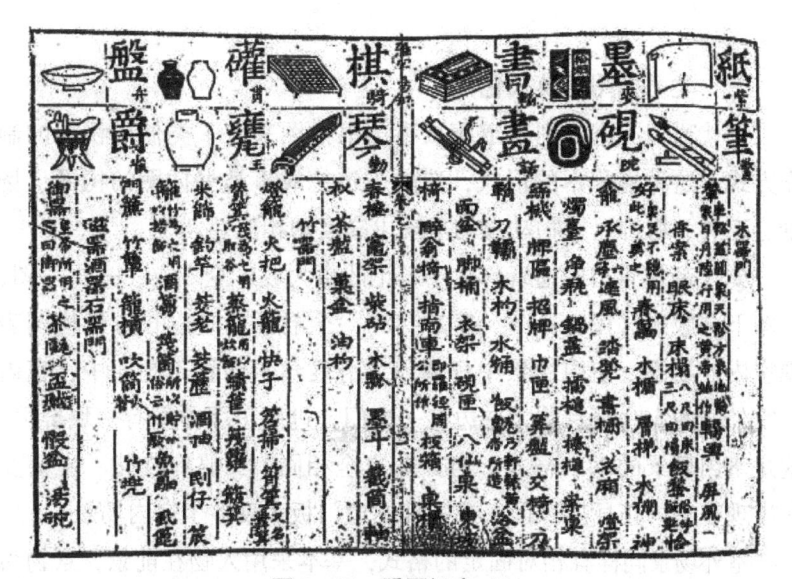

图 2-45 看图识字 (1)

来源：中国社会科学院历史研究所文化室编：《明代通俗日用类书集刊》卷 16，东方出版社 2011 年版，第 463 页。

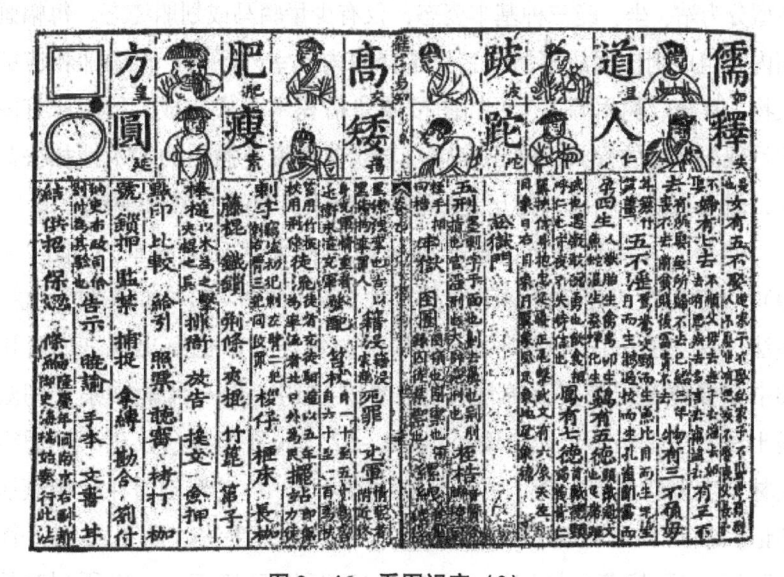

图 2-46 看图识字 (2)

来源：中国社会科学院历史研究所文化室编：《明代通俗日用类书集刊》卷 16，东方出版社 2011 年版，第 467 页。

二 类书插图的模式化

明代通俗类书特别是道德故事类书插图采取了类似搭积木的制作方式。这种搭积木的形式，造成了道德故事类书插图的构图、场景、道具、服饰、人物动态均呈现出高度的相似性。

如《新锲重订补遗音释大字日记故事大成》全八卷，一页一图，上图下文版式（图2-47、图2-48）。全卷插图是以长方形构图表现室内外场景。室内场景中房屋以十五度角斜向置于画面中，室内与室外之间有一级台阶，左边有一扇门，进门正厅中间有一块屏风，这是室内场景的基本格式。但并非完全相同，又略有变化。主要变化出现在室内正厅屏风前，或去掉左边门板表现整个室内场景。

室外场景同样有相对固定的格式，基本采用人物在前景，景物为背景的构图法。全卷插图按此分为室内和室外两种基本的场景，而室内外所需的桌椅、床榻、案几、树木、人物造型基本相似。其中，人物造型分为站、坐、跪三种基本姿态，仅有少量骑马或划船姿态。每幅画面内容组成则依据故事情节，先选择室内或室外场景，再添加相应的人物、桌椅、树木等。全卷插图按照"搭积木"式完成。虽然所有图像呈现出固定的模式，缺乏美感，与戏曲小说类插图的艺术性相去甚远，但人物动作明确、相互关系清晰，属于典型的"图示性图像"。

此外，《新刻太仓藏板全补合像注释大字日记故事》（图2-49）、《新刻联对便蒙图像七宝故事大全》（图2-50）亦采用了这一手法。这一手法在日用类书、娱乐性通俗类书中也有出现。如日用类书《新刻芸窗汇爽万锦情林》（图2-51），以及《鼎锓崇文阁汇纂士民万用正宗不求人全编》（图2-52）、《新锲燕台校正天下通行文林聚宝万卷星罗》等。在娱乐性通俗类书中，《新刻增补全相燕居笔记》插图也是采用这种"搭积木"式的表现手法（图2-53）。而《增补批点图像燕居笔记》（图2-54）插图显然不同，它所刊载的插图艺术价值较高。可以看出，此插图从图样绘制到雕版镌刻均属上乘之作，但类似的佳作在道德类书插图中并未发现。

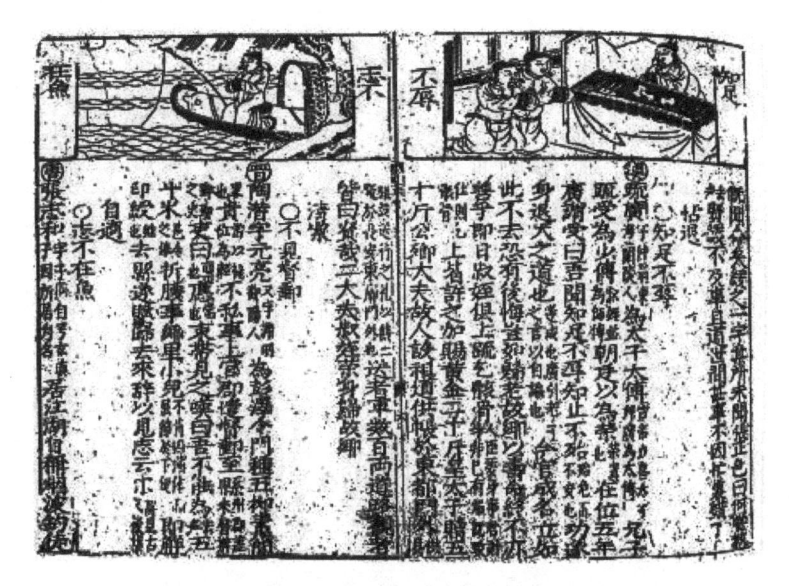

图 2-47 《新锲重订补遗音释大字日记故事大成》插图一

来源：中国社会科学院历史研究所文化室编：《明代通俗日用类书集刊》卷13，东方出版社 2011 年版，第 385 页。

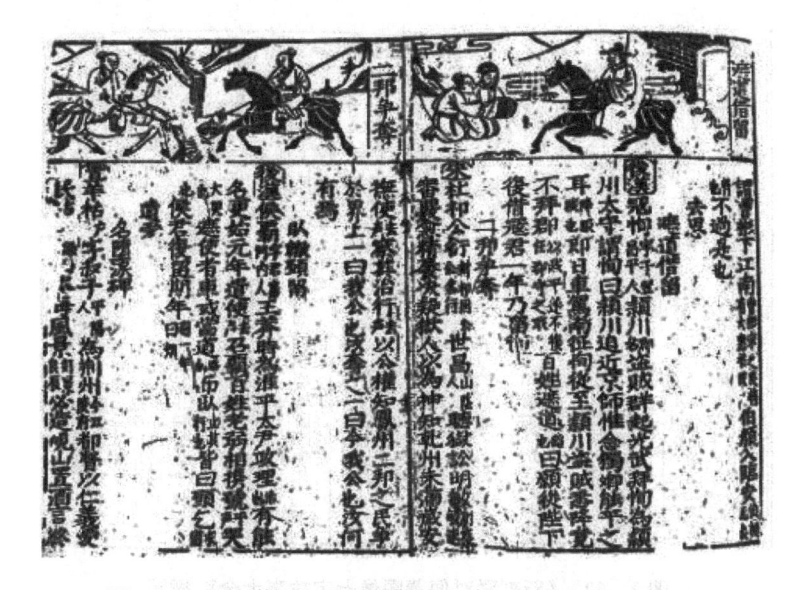

图 2-48 《新锲重订补遗音释大字日记故事大成》插图二

来源：中国社会科学院历史研究所文化室编：《明代通俗日用类书集刊》卷13，东方出版社 2011 年版，第 407 页。

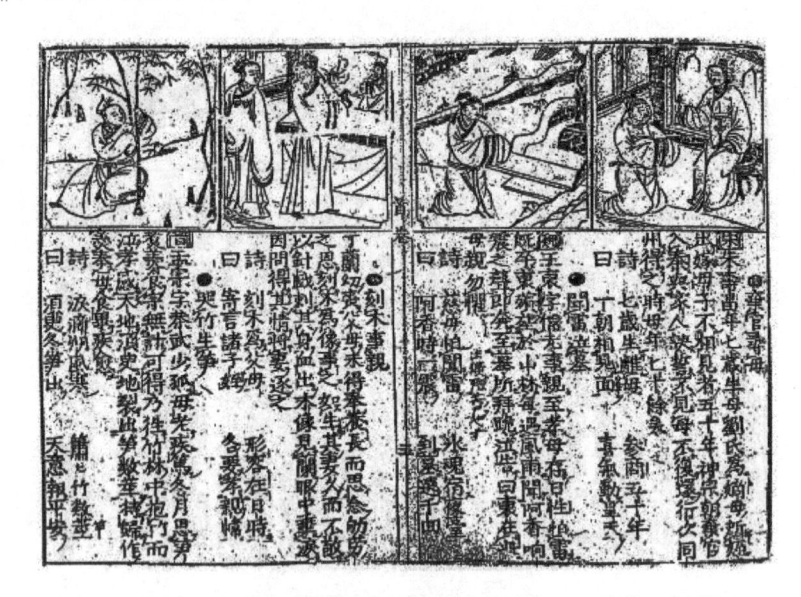

图 2-49 《新刻太仓藏板全补合像注释大字日记故事》插图

来源：中国社会科学院历史研究所文化室编：《明代通俗日用类书集刊》卷 14，东方出版社 2011 年版，第 323 页。

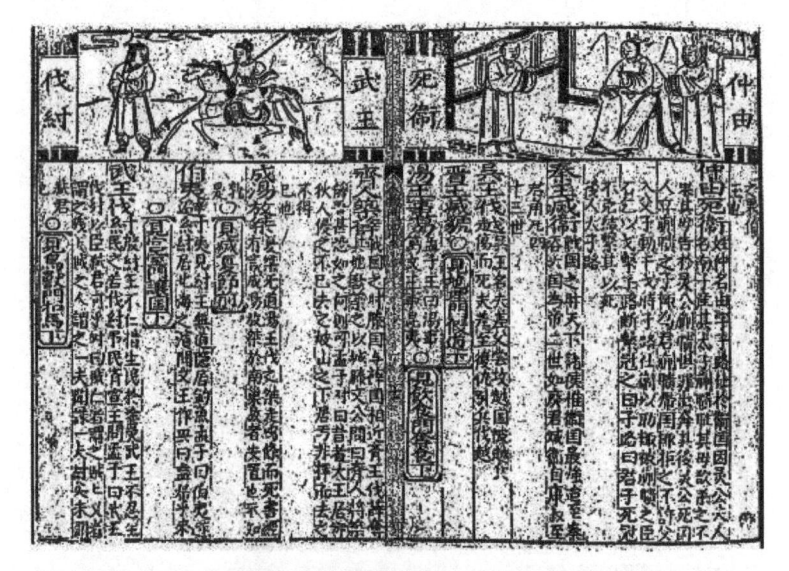

图 2-50 《新刻联对便蒙图像七宝故事大全》插图

来源：中国社会科学院历史研究所文化室编：《明代通俗日用类书集刊》卷 8，东方出版社 2011 年版，第 169 页。

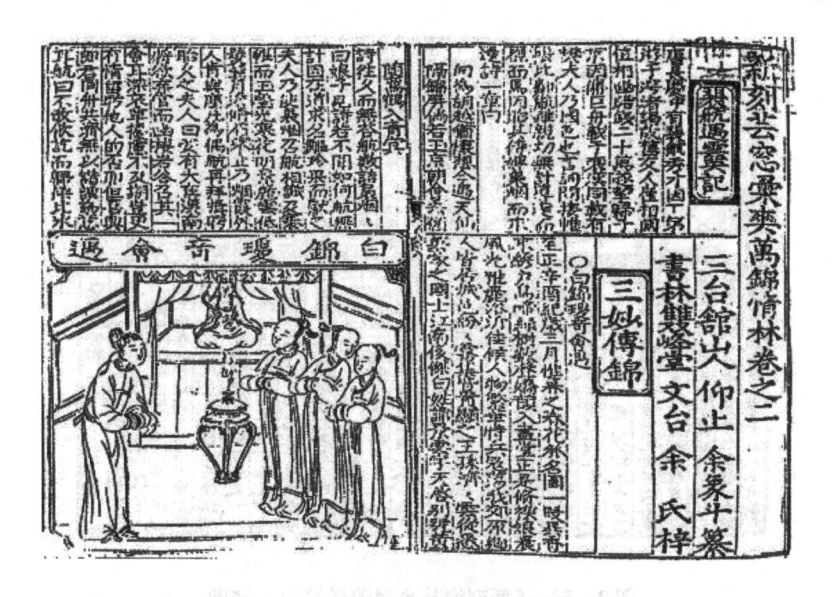

图 2-51 《新刻芸窗彙爽万锦情林》插图

来源：中国社会科学院历史研究所文化室编：《明代通俗日用类书集刊》卷12，东方出版社2011年版，第449页。

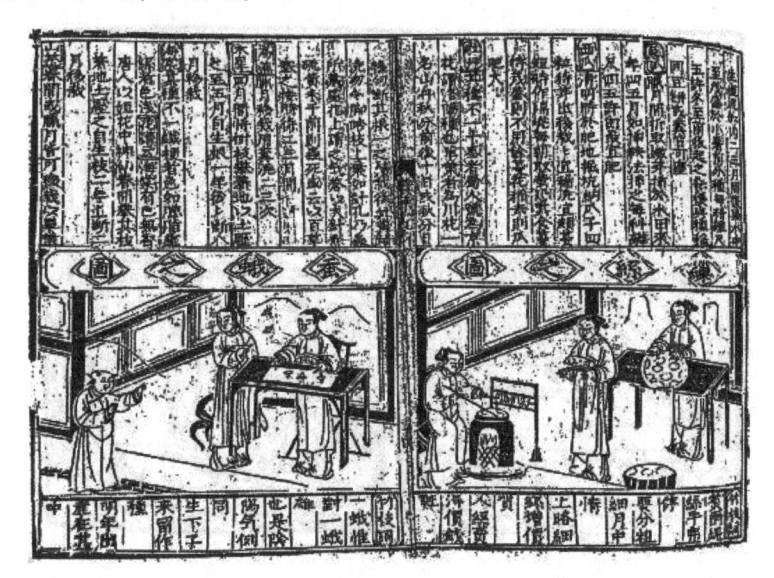

图 2-52 《鼎锓崇文阁彙纂士民万用正宗不求人全编》插图

来源：中国社会科学院历史研究所文化室编：《明代通俗日用类书集刊》卷9，东方出版社2011年版，第295页。

图 2-53 《新刻增补全相燕居笔记》插图

来源：中国社会科学院历史研究所文化室编：《明代通俗日用类书集刊》卷12，东方出版社2011年版，第57页。

图 2-54 《增补批点图像燕居笔记》插图

来源：中国社会科学院历史研究所文化室编：《明代通俗日用类书集刊》卷15，东方出版社2011年版，第281页。

第二章 明代文本插图

晚明通俗类书中采用"搭积木"式的插图制作方法，类似于近现代的流水线生产，即采用分工序的生产流程。周绍明认为，明清时期书坊刻工在刻字时，一般会先雕刻板子上所有字的同一笔画，再雕刻其他笔画。同时，一块书版至多由4名工人来刊刻。① 周绍明发现书坊开始出现的分工序的生产流程在晚明御用瓷器生产中已经应用成熟。基于此，晚明通俗类书中的插图制作应该也采用了分工序的制作流程。凡室内场景图像，均由一个刻工完成；人物则交由另一个刻工完成；而家具、物件等再交由下一个刻工雕刻。分工序的制作方法显然能提高刊刻的效率。晚明类书价格普遍低廉，一是因为纸墨的数量种类充盈、价格低廉，二是因为刊刻效率的提升进一步降低了出版成本。宋人叶少蕴载："凡书市之中，无刻本则钞本价十倍，刻本一出则钞本咸废不售矣。"② 显然，"刻本"比"钞本"便宜的原因是"刻本"的生产效率远远高于"钞本"。因而"刻本"成为物美价廉的畅销品。晚明通俗类书中插图"搭积木"式的制作方法，亦反映出晚明书坊为了利益不断提升效率的商业属性。

晚明时期的通俗日用类书主要出自福建建阳，胡应麟认为闽版书籍质量最差。③ 晚明精英阶层对于"闽版"书籍质量的诟病，一方面是"闽版"书籍的确存在为了获利而选用较差的承印材料④以及翻刻他版的不良行为；⑤ 另一方面反映出晚明书籍消费已经出现分层。文人士大夫所购之书，要内容好、纸张好、印刷好。显然，

---

① [美]周绍明：《书籍的社会史——中华帝国晚期的书籍与士人文化》，何朝晖译，北京大学出版社2009年版，第2527页。
② （明）胡应麟：《经籍会通》4，《少室山房笔丛》卷4，上海书店出版社2001年版，第44页。
③ （明）胡应麟：《经籍会通》4，《少室山房笔丛》卷4，上海书店出版社2001年版，第43页。
④ （明）谢肇淛：《事部》1，《五杂俎》卷13，上海古籍出版社2005年版，第1776页。
⑤ 参见（明）郎瑛《事物类·书册》，《七修类稿》卷45，中华书局1959年版，第665页。

"闽版"书籍的销售对象不是他们,而是普罗大众。特别是日用类书,作为民间日用的"兔园册子,随生随灭"。虽然目前没有发现较明显的翻刻行为,但刊刻质量普遍较粗糙。这显然有降低成本为大众提供廉价读本的考量。可以说,粗糙而廉价的"闽版"书籍是为满足较低层次的消费需求而出版的,它代表着晚明书籍消费的分层。

晚明"闽版"通俗日用类书属于晚明大众读物中最具代表性的读本,插图的大量运用是通俗日用类书的基本特征。而书中的插图从艺术作品转变为模式化的图像产品,这是晚明通俗日用类书刊刻出版的创举。

三 《三才图会》

明代类书种类繁多,以图文并茂的《三才图会》为代表。柯律格曾言:"在明代的话语系统中,几乎没有任何构建方式有天地人三才那样的容纳能力,明代最伟大的百科全书之一的《三才图会》便因此得。"[①] "类书"并非始于明代,唐宋时期已进行类书编纂且成书量巨大。[②] 明代官修类书始于《永乐大典》,它涵盖内容广博,史称最大的一部类书集成。[③] 胡应麟认为类书专属子部似乎不妥,提出将类书知识在经史子集之外另设一类。[④] 今人胡道静认为,"我国古代类书是'百科知识'和'资料汇编'的综合体",以门类来区分不同知识形式,是类书一个非常重要的特征。[⑤] 因此,类书属于集百家之书,

---

① 柯律格认为该书出版的时间是 1607 年,此时间是依据王圻在《三才图会》"序"中最后的款识"万历丁未仲春洪州王圻撰"。参见 [英] 柯律格《明代的图像与视觉性》,黄晓鹃译,北京大学出版社 2011 年版,第 84 页。

② (明) 胡应麟:《九流绪论》(下),《少室山房笔丛》卷 29,上海书店出版社 2001 年版,第 286 页。

③ (明) 陈建:《皇明通纪》(上),中华书局 2008 年版,第 434 页。

④ (明) 胡应麟:《九流绪论》(下),《少室山房笔丛》卷 29,上海书店出版社 2001 年版,第 286—287 页。

⑤ 胡道静:《中国古代的类书》,中华书局 1982 年版,第 5 页。

是通天文地志、阴阳医卜、僧道技艺之说的综合性百科知识全书。

明中期以前类书以官修为主，胡应麟对于官修类书提出了一个值得关注的问题：

> 太宗以五代文人失职，虑生意外，故厚其廪禄，俾编集诸类书，文皇命高士廉等当亦此意。①

宋太宗因"虑生意外"编集类书，而唐代似乎也出于相同原因。那么，是什么意外令历代帝王不惜"厚其廪禄"也要编纂类书？明初解缙奉上谕编纂《永乐大典》，明成祖朱棣希望通过《永乐大典》构建出一种广泛而丰富的知识体系，并在伦理、权威等方面树立正统观念，在规范公共行为、制定法律时给予指导。当《永乐大典》被奉旨编纂时，朱棣俨然成为一位圣君，一位人民导师，一位学识庇护人，其政治实惠不言而喻。② 因此，历代官修类书旨在构建供传播、检阅且符合统治需求的知识体系。有了全民共享的知识和思想体系，既可避免政治意外的发生，又可进一步巩固皇权，这些政治实惠应该是官修类书的主要原因。而构建一个相对完善的全科知识体系是官修民编类书的共同目的。

从明中后期开始，民间编纂的"日用类书"成为"类书"主流，其中以晚明刊本为主，总计百余种。③ 明代日用类书汇集了庶民日用方便、广泛易解的知识。有学者认为，晚明"日常生活"成为被认可的知识内容，甚至是知识系统的核心，属于晚明社会文化的重要特色。④ "类

---

① （明）胡应麟：《九流绪论》（下），《少室山房笔丛》卷29，上海书店出版社2001年版，第287页。
② ［美］牟复礼、［英］崔瑞德编：《剑桥中国明代史（1368—1644年）》（上卷），张书生等译，中国社会科学出版社1992年版，第219—220页。
③ 《序言》，载中国社会科学院历史研究所文化室编《明代通俗日用类书集刊》，东方出版社2011年版。
④ 王正华：《生活、知识与文化商品——晚明福建版"日用类书"与其书画门》，载胡晓真、王鸿泰编《日常生活的论述与实践》，允晨文化实业股份有限公司2011年版，第288页。

"书"的内容虽各不相同，但实质是将已有知识进行系统归纳、汇集。

《三才图会》是一部明代私人辑录，汇集各学科门类知识的百科型"类书"。辑录者王圻、王思义父子，该书刊刻于万历三十七年（1609年）前后。[①] 王圻，字元翰，嘉靖四十四年（1565）进士。历任福建按察佥事、开州知州、陕西布政参议等职，乞养归，筑室淞江之滨，以著书为事，所撰续文献通考诸书行世。[②]《三才图会》是王圻晚年的巨制。编著一部图文并茂的百科型类书并非他一时兴起，而是他年轻时的理想。[③] 他在《三才图会引》中称自己有一个从"艳慕图史之学"到"诸象绘靡不兼收"的转变。而这种转变为他晚年编著《三才图会》打下了基础。他认为"图"不仅能穷人理，更能尽天地之事。虽然六合之外可以存而不论，但六合之内的事必须讲清楚。该如何讲？他提出"图绘以勒之于先，论说以缀之于后，图与书相为印证"[④]，即图文并茂地讲清楚。

图谱之学源远流长，早在汉晋、南北朝及唐宋时期图像与文字就具有同等重要的意义。图像具有传情达意、佐证文字、直观愉悦的三大功能。[⑤] 宋人郑樵《通志》总序："古之学者，左图右书，不可偏废。"客观上，《三才图会》延续着前人的传统，亦达到了中国古代图谱之学的新高峰。周孔教或许发自肺腑，或许出于恭维，说："方今人事梨枣富可汗牛，而未有如此书之创见者。"[⑥] 如果说因为运用了图像而被称为创举，似乎有些夸大。但是《三才图会》中所有门类知识都有图为证，则不失为创举。顾秉谦则是从图像的直观

[①] 上海古籍出版社在《三才图会》出版说明中认为该书在万历三十七年（1609）前后出版。

[②]《明史》卷174《王圻传》，中华书局1974年版，第7358页。

[③]（明）王圻：《三才图会引》，载（明）王圻、王思义《三才图会》（上），上海古籍出版社1988年版，第10页。

[④]（明）王圻：《三才图会引》，载（明）王圻、王思义《三才图会》（上），上海古籍出版社1988年版，第10页。

[⑤] 蓝勇：《中国图像史学》，科学出版社2015年版，第4页。

[⑥]（明）周孔教：《三才图会序》，载（明）王圻、王思义《三才图会》（上），上海古籍出版社1988年版，第1—2页。

性赞许《三才图会》的功绩。他认为"书"与"言"所不能尽的内容，唯有借助图像才能清楚表达，甚至借"禹铸九鼎，百物而为之，备使民知神奸"①加以赞许。此外，陈继儒亦对《三才图会》中的插图大加赞赏，声称"如明医之洞见五脏……，余尝疑史书或无是事及观此图"②。时人的各种言论，虽有吹捧之嫌，但全面肯定了《三才图会》图文并茂的编辑方式具有开创性。

《三才图会》属于类书的一种，又与通俗日用类书不同。它属于学术型的图文百科知识全书，因此，王圻希望通过《三才图会》构建一套学科门类完善、图像丰富细致的图文互证的百科知识全书。虽然辑录图谱之书是他的宏愿，但"图与书相为印证"才是宏愿最核心的内容。他希望借助图像的直观性实现"欲测微穷变其道"③，即"插图"必须真实而直观地呈现文本描述的内容。如果说晚明戏曲小说类插图属于审美性图像，那么《三才图会》插图则属于日用类书中的"图示性图像"。只不过《三才图会》的"图示性图像"，从图稿绘制到镌刻都远远优于日用类书中的"图示性图像"。另外，《三才图会》实现了完全的图文互证，而当时的其他日用类书并没能达这种水平。郑振铎所说的"无书不插图"，主要针对戏曲、小说类书籍，而晚明学术类书籍并非如此。因此，《三才图会》是晚明学术类书籍图文并茂的典范，其图文并茂的形式亦属学术类书籍编辑上的创举。

《三才图会》注重图文并茂，强调图像的图示性，导致柯律格对于《三才图会》中的"景观画"与"舆地图"（图2-55）很难区分。④ 柯

---

① （明）顾秉谦：《三才图会序》，载（明）王圻、王思义《三才图会》（上），上海古籍出版社1988年版，第5页。
② （明）陈继儒：《三才图会序》，载（明）王圻、王思义《三才图会》（上），上海古籍出版社1988年版，第9页。
③ （明）王圻：《三才图会引》，载（明）王圻、王思义《三才图会》（上），上海古籍出版社1988年版，第10页。
④ ［英］柯律格：《明代的图像与视觉性》，黄晓鹃译，北京大学出版社2011年版，第89页。

氏所言的"景观画"类似《三才图会》中的《西湖图》（图 2-56）。《西湖图》描绘了整个西湖的景色，同时明确标注出西湖全部的景点名称及方位。按照西方透视学原理是无法在方寸之间表现西湖全景的，而《西湖图》中的西湖全景却体现了中国山水画特有的视觉观，这也是造成柯氏混淆的因素之一。另外，在中国山水画与中国古代舆地图中表现"山"的手法、形态近似。中国山水画对于"山"的描绘有一套固定的笔法。另外，中国画通过线条表现物象。如《西湖图》中的山势随着线条疏密变化产生一定纵深感；而中国传统的"舆地图"在"山"的表现上，基本沿用中国山水画中"山"的表现手法。此外，山水画和舆地图中的"山"又普遍采用了"山"的"正立面"[①] 形态，因此进一步增加了相似性。

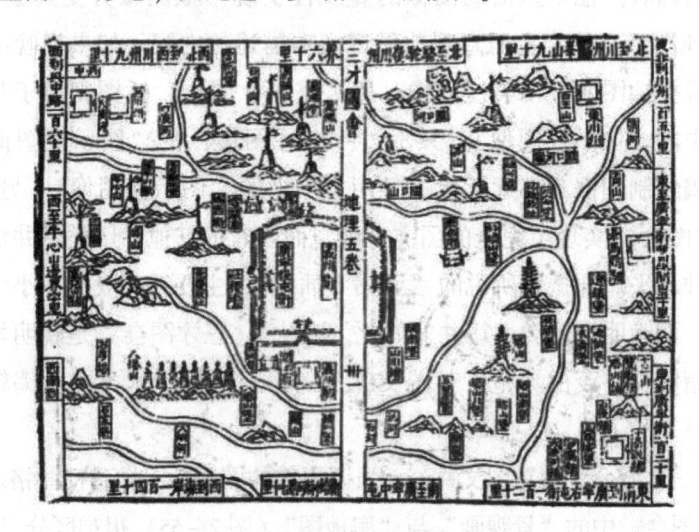

图 2-55　舆地图

来源：（明）王圻、王思义：《三才图会》（上），上海古籍出版社1988年版，第215页。

[①] 建筑工程图纸一般分为平面图、立面图、剖面图三大类。其中，立面图指在与建筑物立面平行的铅垂投影图上所做的投影。反映主要出入口或比较显著地反映出建筑外貌特征的那一面图，称为正立面图。在中国古代绘画中，受观察方式、表现手法等多种因素影响，画面呈现出的人物或景物都较缺乏真实的立体感。因此，在一些物象表达上，几乎类似于今天建筑工程图中的"立面图"。参见肖明和、张营主编《建筑工程制图》（第2版），北京大学出版社2012年版，第186—194页。

图2-56 西湖图

来源：(明)王圻、王思义：《三才图会》(上)，上海古籍出版社1988年版，第316页。

在《三才图会》插图中采用正立面形态展现物象，不仅有"山"，还有其他。如"人事四卷""像法十一等"，图中呈现了11种不同角度的头像形态。"像法十一等"为绘制人物肖像提供了参照模式和确立规范（图2-57、图2-58）。在《三才图会》"人物一卷"到"人物又八卷"中（图2-59），所有人物肖像基本采用了"八到十分像"的三种正面或接近正面像；此外，《历代古人像赞》（弘治十一年，1498年）中的人物肖像基本也是正面像（图2-60）；明清时期徽州人家供奉的先祖容像，全部以正面端坐姿态呈现；清代绘画《鞍马游猎图》人物的主次贵贱，亦可从他们分属于"几分像"进行判断。

明清时期采用正面像表现人或物，包含较丰富的意义。绘制人物肖像画具有纪念的目的，绘制者希望通过绘制将人物的精神面貌和气质真实完整地呈现出来。如何表现真？流传于民间的、讲授绘制人像方法的《传真心领》明确表达出明清时期人们对于"真"的理解，即从正面描绘人物的脸型五官，可以表达人物的"真"。① 因此，"正"即为"真"是明清时期较普遍的认知。而《三才图会》中大量运用正面图像，也应该出于相同理解。② 将人物、建筑、物件等一切想要表现的内容，通过正面呈现，既是最真实也最清晰的表达。

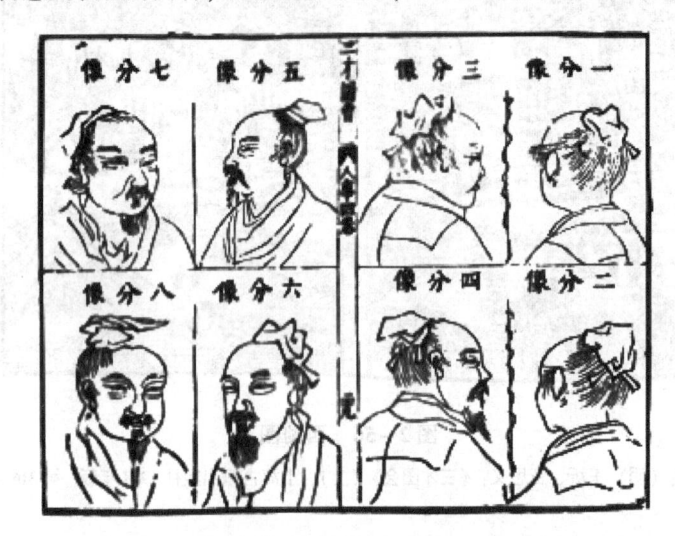

图2-57　像法十一等（1）

来源：（明）王圻、王思义：《三才图会》（中），上海古籍出版社1988年版，第1639页。

---

① 石谷风编著：《徽州容像艺术》，安徽美术出版社2001年版，第101—104页。
② 在同时期的西方社会亦有相似观念，认为正面姿态最有利于表现人物形象、气质。尼德兰画家伦勃朗1632年绘制的《杜普教授的解剖课》确立了他的艺术声誉，也被视为杰作高悬于医生行会解剖厅的墙壁上。而他创作于1642年的《夜巡》（城市自卫队在班宁·科克大尉的率领下出发巡逻），却引来了阿姆斯特丹全城的嘲笑，画中的队员们甚至责难道："每个人掏一二百盾，难道只为了让画家画他们的后脑勺，或者画他们的两只脚、一只手，或只画一个肩膀？掏一二百盾，难道就为了'荣幸'地做个朦胧的、难辨认的画中人，挤在黑黑的大门深处的许多面目模糊、难以辨认的人物中间？"这些出钱邀请伦勃朗画像的队员，最初的想法是请他画一幅类似《杜普教授的解剖课》那样的群像，他们绕席而坐，桌上摆着两个装着牡蛎的锡盘和许多酒瓶，每个人看起来都勇敢、骄傲。但伦勃朗却选择了表现队员们离开武器库，前去执行任务时极为混乱的场景。虽然整个画面营造出活泼、富有生气的动人场面，但是这与他们想要表现的勇敢、骄傲之态相去甚远。每位队员都付了相同酬金，却无法像《杜普教授的解剖课》中那样，以正面姿态具体而清晰地呈现在观众面前。对此他们表现出强烈不满，要求修改此画，但遭到伦勃朗的拒绝。队员们为此不惜将他告上法庭。伦勃朗在处理两幅订制画时，一幅把众多人物并列起来作为肖像画来画，另一幅则采用了具有戏剧性的场景。他却因此收获了"喜爱"与"反对"两种截然不同的态度。由此可见，17世纪的阿姆斯特丹居民更愿意接受具有正面姿态的人物画像。参见［英］房龙《伦勃朗全传》，王逸梅等译，东方出版社1999年版。

图 2-58　像法十一等（2）

来源：（明）王圻、王思义：《三才图会》（中），上海古籍出版社 1988 年版，第 1640 页。

图 2-59　"人物又八卷"中的唐太宗像、则天皇后像

来源：（明）王圻、王思义：《三才图会》（上），上海古籍出版社 1988 年版，第 565 页。

图2-60 《历代古人像赞》中的唐太宗像

来源：郑振铎编：《中国古代版画丛刊·历代古人像赞》，古典文学出版社1958年版，第57页。

　　《三才图会》中除正面呈现人物、建筑、景物的插图之外，还存在多视点并存的现象。如："地理十六卷"中的《浚渠图》（图2-61）、《阴沟图》（图2-62）、《架田图》（图2-63）、《水闸图》（图2-64）等。中国传统绘画中没有透视学的概念，而是追求视觉的合理与和谐。如《便民图纂》中的《耕田抄田图》（图2-65）、《收割打稻图》（图2-66）就是如此。但是，在《浚渠图》中由多种自然景物组合而成的画面里，稻田和沟渠明显是从高处俯视的状态；而右上方的小土堆和荒草却呈现出正常站立者平行视线所观察到的画面；沿着沟渠生长的柳树也是如此，只是方向转了九十度。同样，《阴沟图》中的小山、房屋、树木均采用平行视线观察的方式；而水面和砖石垒砌的堤岸却是俯视所见的样貌。在《架田图》中处于画面上半部的堤岸和树木也属于平行视线观察的景观，而稻田和水面则是俯视所见的图像。而《水闸图》中上半部的拦水墙、水闸口以及水闸上方的流水呈现出正立面的形态，而下方稻田和流水又属于俯视所见。整个画面既显得混乱又缺少合理性。此外，"宫室卷一"中的《闾里图》（图2-67）、《学》（图2-68）同样如此。

图 2-61　浚渠图

来源：(明) 王圻、王思义:《三才图会》(上), 上海古籍出版社 1988 年版, 第 506 页。

图 2-62　阴沟图

来源：(明) 王圻、王思义:《三才图会》(上), 上海古籍出版社 1988 年版, 第 506 页。

晚明文本插图研究

图 2-63　架田图

来源：（明）王圻、王思义：《三才图会》（上），上海古籍出版社1988年版，第508页。

图 2-64　水闸图

来源：（明）王圻、王思义：《三才图会》（上），上海古籍出版社1988年版，第504页。

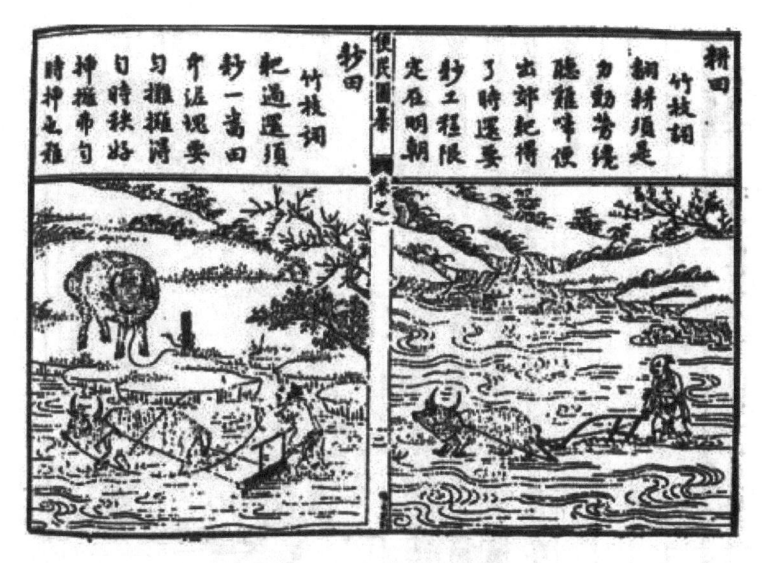

图 2-65　耕田抄田图

来源：中国社会科学院历史研究所文化室编：《明代通俗日用类书集刊》卷 4，东方出版社 2011 年版，第 526 页。

图 2-66　收割打稻图

来源：中国社会科学院历史研究所文化室编：《明代通俗日用类书集刊》卷 4，东方出版社 2011 年版，第 528 页。

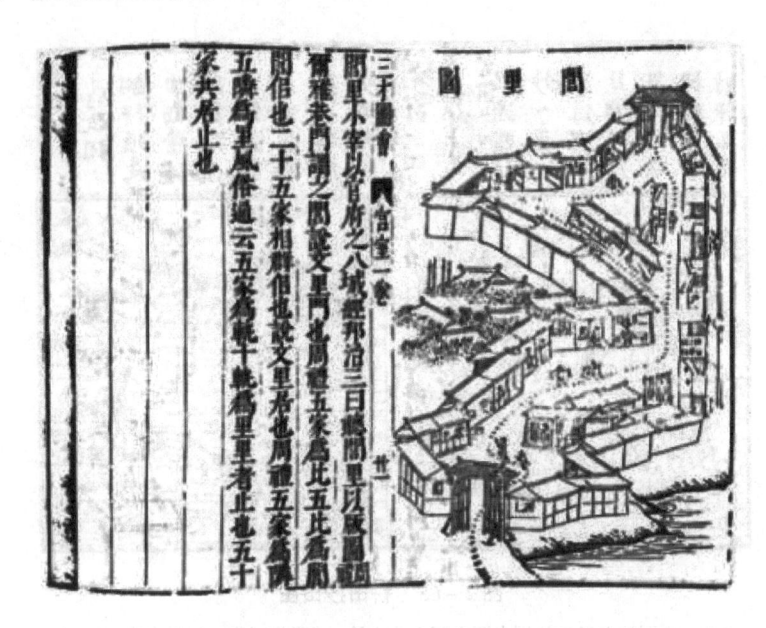

图 2-67　闾里图

来源：（明）王圻、王思义：《三才图会》（中），上海古籍出版社 1988 年版，第 996 页。

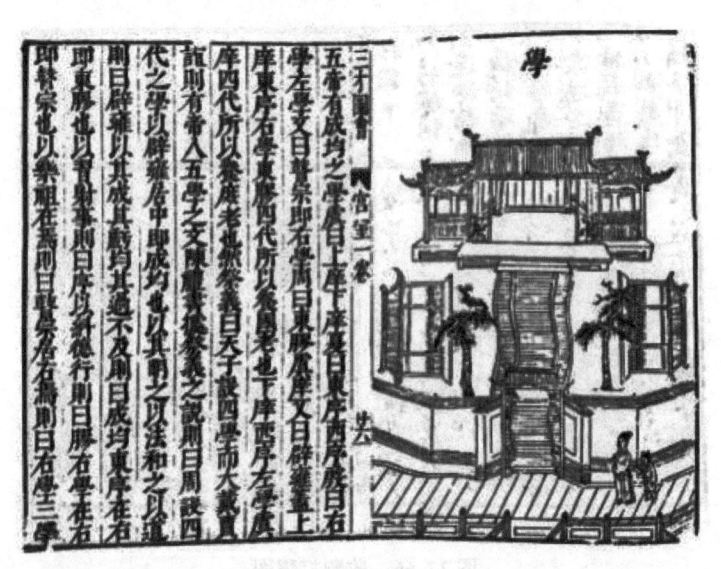

图 2-68　学

来源：（明）王圻、王思义：《三才图会》（中），上海古籍出版社 1988 年版，第 999 页。

《三才图会》中多视点并存的插图较普遍，它们以山水画中的景物为基本素材，却又摒弃了山水画中视觉的和谐与合理。表面上，是因疏忽造成了不同视点、方向的景物并置的错误。但实质上，图像创作者借多视点、多方向并置的方式，将景物之间的位置关系清晰、明确地展现出来。这种"正立面"和"多视点并置"图，类似于现代建筑景观设计中的鸟瞰图和平面图。特别是《浚渠图》中柳树转向九十度放置，说明示意的意图明显。虽然这类插图不符合一般意义上观看景物的视角，但它们表现出明确而直接的指示性，属于具有解释和说明功能的"图示性图像"。这种方法在明清志书中也较多采用。如明嘉靖《萧山县志》中的《县治图》（图2-69）、《敕修两淮盐法志》中的《运司署图》（图2-70）。志书中的插图应该与文本一样详细、准确地记录相关信息和内容。因此，志书插图亦采用了"正立面"和"多视点并置"的表现方法。这一思路与《三才图会》不谋而合，都希望插图能传递出真实而准确的信息。

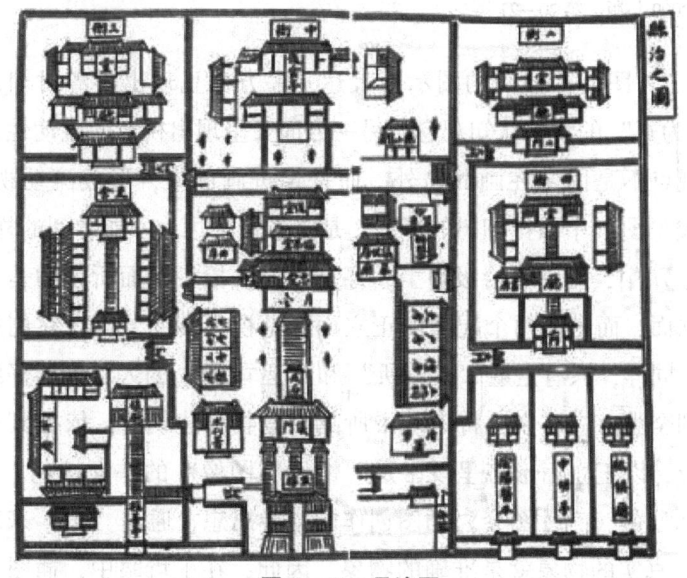

图 2-69　县治图

来源：杭州市萧山区人民政府地方志办公室编：《明清萧山县志》，上海远东出版社2012年版，第14—15页。

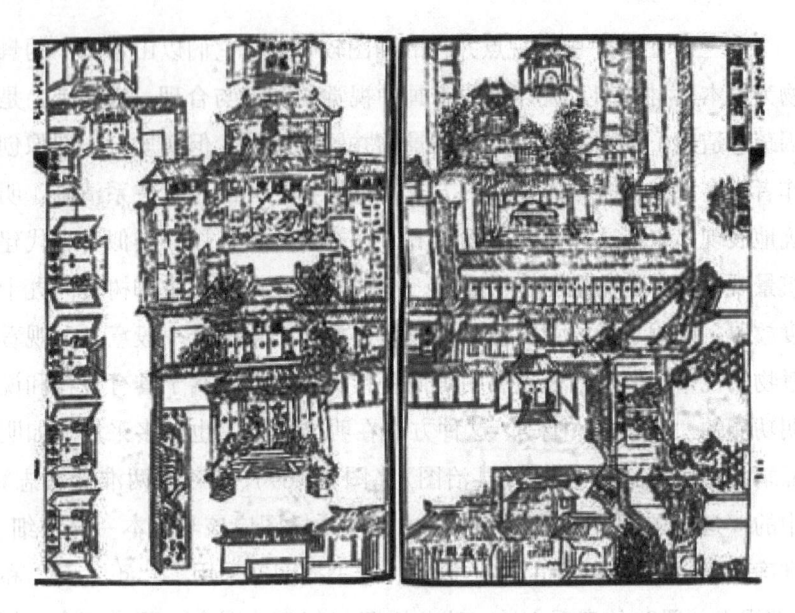

图 2-70　运司署图

来源：于浩编：《稀见明清经济史料丛刊——敕修两淮盐法志》第 1 册，国家图书馆出版社 2009 年版，第 20—21 页。

　　《三才图会》插图的图示性表达，一方面呈现出明清时期人们"正即为真"的物象认知观念；另一方面又呈现出视点的流动性，即观者视点不是固定在画面之外，而是走进画面中，形成流动视点。如"浚渠图"中两排柳树的形态，是走在浚渠边上才能看到的样貌。在"学"中，当学子拾级而上，穿过石门，抬头迎面所见的是正殿的正立面；而东西两个配殿的正立面，是视角转变，面对它们后的所见。同样，只有走遍"县治所"和"运司署"的人，才能仔细地观察到全貌。应该说，将走动中所见的景物、建筑等，依据其存在的方位，以正立面形态呈现，是"图示性图像"的一大特色。"正即为真"是《三才图会》插图创作的指导思想，通过"正"来表现"真"，真实的物象就是准确的物象。因此，在王圻眼中，插图不是单纯的图画，而是传播知识的手段之一，所以图像必须真实、准确、清晰、有效地传递知识。王圻正是在"正即为真"的思想指导下，

第二章　明代文本插图

以"图会为书",尝试着改变一般意义上的书籍插图旨趣。

《三才图会》在汇集固有知识的同时,亦不断吸纳新知,将《天地仪》(图2-71)、《山海舆地全图》(图2-72)以及"北极圈""南极圈""赤道""昼长圈""昼短圈"等新知、新词均纳入其中。对于这些新内容,王氏父子既不排斥,也不是简单地添加或接受,而是将它们融入旧有的认知体系进行重新构建。如《三才图会》"地理一卷":"地与海本是圆形,而同为一球,居天球之中,如鸡子黄在青内。有谓地为方者,乃语其定而不移之性,非语其形体也。"① 显然,王氏父子接受了地球说和万有引力说,但是对于传统"天圆地方"之说似乎又没有放弃,而是进行了新的解释。这明显表达出王氏父子借《三才图会》重构知识体系的用意。

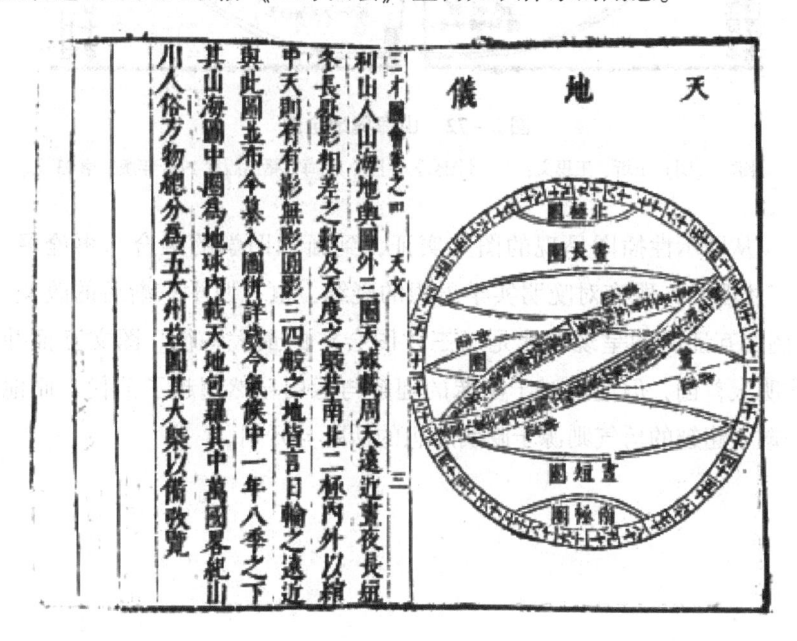

图 2-71　天地仪

来源:(明)王圻、王思义:《三才图会》(上),上海古籍出版社1988年版,第74页。

---

① (明)王圻、王思义:《地理》1,载(明)王圻、王思义《三才图会》(上),上海古籍出版社1988年版,第92页。

· 137 ·

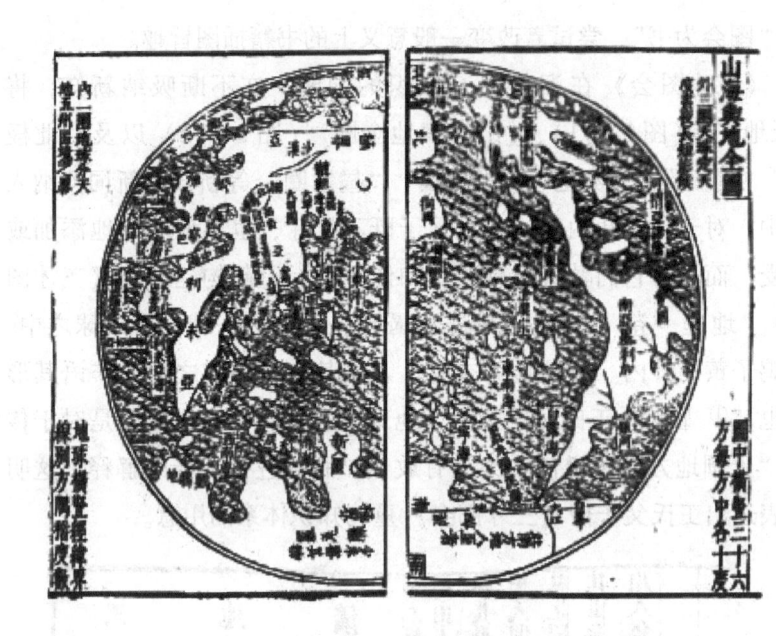

图 2-72 山海舆地全图

来源：（明）王圻、王思义：《三才图会》（上），上海古籍出版社1988年版，第93页。

从图示性插图呈现的图文实证，到新知旧学的融合与再诠释，《三才图会》既有对晚明实学思想的凝结，也有西学东渐后的改变。"图文互证"的呈现形式是《三才图会》的最大特征。图文互证并非明人首创，但他们对于图像的理解与运用显然超越了前代，而他们敢于超越的勇气则源于晚明思想的活跃与开阔。

第三章　晚明文本插图生产

　　明代私人藏书盛行，王世贞在《西山房记》中记载胡应麟藏书"四万二千三百八十四卷"①。胡应麟则记载世贞藏书"三万卷"，龙丘童子鸣藏书"二万五千卷"②。范凤书研究发现，宋代私人藏书不少于700家，元代170家，明代897家。③明代私人藏书数量超越了宋元两代之和。藏书的兴盛，藏书家的增多，是明代出版业繁荣发展的重要标志之一。

　　晚明时期，书籍出版的种类之多，速度之快，令许多学者每去书市都能"竟录所无"之书。胡应麟每朔望之日与友人祝鸣皋前往燕中书市就是如此。④胡应麟所言或许有些夸张，但晚明出版业较前代的确有长足进步，特别是商业性出版机构可谓欣欣向荣。明初的书籍出版以官方为主导（官刻），中期逐渐出现私人刻书（私刻）和商业性出版机构（坊刻），到晚明时期商业性出版机构成为出版业的主力。并且，在江南地区及一些重要城市逐渐出现专门从事书籍出版、销售的商业性集群——书肆。书肆的出现与消遣性阅读普及、

---

　　① （明）胡应麟：《经籍会通》2，《少室山房笔丛》卷2，上海书店出版社2001年版，第26页。
　　② （明）胡应麟：《经籍会通》4，《少室山房笔丛》卷4，上海书店出版社2001年版，第48—49页。
　　③ 范凤书：《中国私家藏书史》，大象出版社2001年版，第60、137、166、269页。
　　④ （明）胡应麟：《经籍会通》4，《少室山房笔丛》卷4，上海书店出版社2001年版，第49页。

藏书盛行相辅相成。书肆既能为大众不断提供所需的读本，又能保障文人士大夫"竟录所无"的藏书雅趣。此外，晚明时期流行的著书立说之风，亦是促进出版业繁荣的因素之一。时人唐顺之曾言：

> 仆居闲，偶想起宇宙间有一二事，人人见惯而绝是可笑者。其屠沽细人有一碗饭吃，其死后则必有一篇墓志；其达官贵人与中科第人，稍有名目在世间者，其死后则必有一部诗文刻集，如生而饭食、死而棺椁之不可缺。此事非特三代以上所无，虽唐汉以前亦绝无此事。幸而所谓墓志与诗文集者，皆不久泯灭，然其往者灭矣，而在者尚满屋也，若皆存在世间，即使以大地为架子，亦安顿不下矣。①

唐顺之认为，达官贵人、中科第者都希望生前死后能有一部著作出版。因此，他担忧这些书都存在世间，即使以大地为架子都安顿不下。由此可见晚明出版之兴盛繁荣。

晚明时期，书籍从研习学问、传播知识的承载物，演变成人际交往的文化衍生品；从上层社会专享的学术资源，转变成全民共享的文化商品。书籍的变化体现了社会风尚的变化，更反映了印刷技术的进步。日臻完善的印刷技术，为晚明社会制造出大量的文本与插图。可以说，刷印生产的图文是晚明时期重要的信息传播方式，亦是晚明时期的大众文化消费品。巫仁恕认为，晚明时期中国出现了第一个"消费型社会"，存在物质与文化两种消费类型。② 明中期以后经济繁荣，生活富足，人的消费需求亦逐渐从物质转向文化，导致文玩、艺术品等不再专属于上层社会，而日渐成为大众购买的商品。而晚明发达繁荣的印刷业，更将图文并茂的书籍制造成全民共享的文化消费品。

---

① （明）唐顺之：《答王遵严》，《荆川先生文集》卷6，上海商务印书馆1936年版，第118页。

② 巫仁恕：《品味奢华：晚明的消费社会与士大夫》，中华书局2008年版，第19页。

第一节 图像产品的出现

晚明时期各类商品交易繁盛，包括书画、瓷器、书籍等都成为可以交易的商品。

> 城隍庙开市在贯城以西，每月亦三日，陈设甚夥，人生日用所需，精粗必备，羁旅之客，但持阿堵入市，顷刻富有完美。以至书画骨董，真伪错陈，北人不能鉴别，往往为吴侬以贱值收之。其他剔红填漆旧物，自内廷阑出者，尤为精好，往时所索甚微，今其价十倍矣。至于窑器，最贵成化，次则宣德，杯盏之属，初不过数金，余儿时尚不知珍重，顷来京师，则成窑酒杯，每对至博银百金，予为吐舌不能下。宣铜香炉，所酬亦略如之。盖皆吴中儇薄倡为雅谈，戚里与大估辈，浮慕效尤，澜倒至此。①

城隍庙会售卖的商品既包括"人生日用所需，精粗必备"，也包括古董、瓷器、铜炉等文玩器具。原本属于文人士大夫阶层品鉴交流的文玩，现已沦为大众日常之物甚至真伪难辨。

晚明时人的文化消费，除专注文玩器物本身，也注重器物上的图像、纹饰。从文震亨对香筒纹饰的分类，就能明显感受到他对于文玩器物图像、纹饰的关注。

> 香筒：旧者有李文甫所制，中雕花鸟、竹石，略以古筒为贵。若太涉脂粉，或雕镂故事人物，便称俗品，亦不必置怀袖间。②

---

① （明）沈德符：《庙市日期》，《万历野获编》卷24，《明代笔记小说大观》，上海古籍出版社2005年版，第2543页。

② （明）文震亨：《长物志》，中华书局2012年版，第163页。

香筒纹饰分为两类：一类属于花鸟、竹石等雅致纹饰；另一类指脂粉或故事人物，称为"俗品"。文震亨对于香筒纹饰的分类，说明不仅香筒形态、功能是消费对象，其上刻画的纹饰、图像亦属于消费对象。不同消费群体，其需求亦不同。因此，在文化产品的消费中，器形、功能、图像、纹饰均成为触发人们购买的诱因。图像或纹饰不仅有助于装饰器物，也是迎合消费者需求的手段。香筒上不同的纹饰，显然可以满足不同消费者的情趣与口味。

晚明时期的图像消费包括书画、器物以及与其存在各种依附关系的图像或纹饰。同时，书籍因添加了插图，逐渐成为具有文本和图像双重意义的文化消费品。虽然插图从属于书籍，但是随着书籍中插图数量的增加，书籍的销量亦有所增长，书籍作为图像消费品的意味愈加明显。

一 文化艺术品的流行

明嘉靖以后社会逐渐趋向追求生活的享乐，其中"富厚者"从追求物质享乐转变为追求文化艺术。

> 嘉靖末年，海内晏安。士大夫富厚者以治园亭、教歌舞之隙，间及古玩，如吴中王文恪之孙，溧阳史尚宝之子，皆世藏珍秘，不假外索，延陵则嵇太史应科，云间则朱太史大韶，吾郡项太学锡山、安太学、华户部辈，俱不吝重赀收购，名播江南。①

沈德符曾言："风气之转移，俗尚之改革，又渐与往年稍不同。"他所说的"转移"或"不同"包括社会诸多层面，而消费内容的变化令他特别有感触。他详细地列举了一些新的消费内容：

---

① （明）沈德符：《好事家》，《万历野获编》卷26，《明代笔记小说大观》，上海古籍出版社2005年版，第2586页。

第三章 晚明文本插图生产

> 玩好之物,以古为贵,惟本朝则不然。永乐之剔红,宣德之铜,成化之窑,其价遂与古敌。盖北宋以雕漆擅古今,已不可多得;而三代尊彝法物,又日少一日;五代讫宋所谓柴、汝、官、哥、定诸窑,尤脆薄易损,故以近出者当之。始于一二雅人,赏识摩挲,滥觞于江南好事缙绅,波靡于新安耳食诸大估,曰千曰百,动辄倾囊相酬,真赝不可复辨,以至沈、唐之画,上等荆、关;文、祝之书,进参苏、米,其敝不知何极。①

在书画文玩的收藏中,以古为贵,但永乐剔红、宣德铜炉、成化瓷器都成为新宠。造成如此局面,一方面是前朝的雕漆、三代尊彝法物日渐稀少,五大名窑瓷器脆薄易损,存世亦不多;另一方面是随着经济繁荣,收藏者不断增加,收藏日渐成为大众消费的新风尚,导致历朝古物和本朝新物被追捧。如果说全民参与造成了收藏之风的盛行,那么商人的加入则令原本稀缺的古玩价格倍增。商人的参与,一方面是弃儒从商的文人在获取财富后,希望通过文玩消费找回身份认同;另一方面是希望通过效法文人士大夫的生活与情趣获得认同和提升身份。虽然晚明时期商人地位有所提升,但始终无法与"士人"相提并论。而商人普遍存在的不安全感,导致他们为了减少官府对于自身财富的掠夺,以及在经济冲突中得到官员的支持,积极参与文玩消费以便结交官员。卜正民认为,徽州商人大多具备这种认知,同时,他们亦擅长进入这种上层文化的圈子。② 商人的加入导致文玩价格暴增,也引发了赝品的充斥与流行。甚至,陈继儒这类名人都没能避免购买赝品的厄运。③ 赝品的出现,一方面是供需失衡所致,另一方面是造假者难以抵挡巨额利润的诱惑。但

---

① (明)沈德符:《时玩》,《万历野获编》卷26,《明代笔记小说大观》,上海古籍出版社2005年版,第2585页。
② [加]卜正民:《纵乐的困惑——明代的商业与文化》,方骏、王秀丽、罗天佑译,生活·读书·新知三联书店2004年版,第138—139页。
③ 参见(明)沈德符《假骨董》,《万历野获编》卷26,《明代笔记小说大观》,上海古籍出版社2005年版,第2587—2588页。

有的造假也是迫不得已,如《万历野获编》记载,娄江曹孝廉家的范姓家仆,酷爱收藏,能辨书画之真伪,曾购得阎立本《道士图》真迹,因有人胁迫他廉价卖出,他只好请人临摹一幅售之,同时真迹又另寻了一家卖了个好价钱。①沈德符评价此人"狡黠",但是其艺术修养却非同一般。

晚明时期的民众普遍具备一定的艺术素养,小康之家都附庸风雅地悬字挂画,陈设古玩装点居室。何良俊载:"遂买数十幅于家。客至,悬之中堂,夸以为观美。"②甚至,小说中描写的室内空间,亦时常出现充满艺术品的场景。

> 三间小坐憩,上挂着一幅小单条。一张花梨小几,上供一个古铜瓶,插着几支时花。侧边小桌上,是一盆细叶菖蒲,中列太湖石,墨漆小椅四张。临窗小瘦木桌上,列棋枰磁炉。③

另:

> 却是三间厂厅,朱棂绿槛,粉壁纱窗。厅外列几行朱朱纷纷的妖花,厅内摆几件斑斑驳驳的古董。④

除文本描述之外,插图中亦有表现。如《南琵琶记》插图(图3-1)、《新刻绣像评点玄雪谱》插图(图3-2)。由此可见,文化艺术品的消费日渐成为晚明大众消费项目之一。不可否认,无论大众是真心喜欢还是附庸风雅,他们都成了晚明文化艺术商品的消费者。也无论书画文玩是真是假,它们亦成为大众消费的文化艺术商品。

---

① 参见(明)沈德符《假骨董》,《万历野获编》卷26,《明代笔记小说大观》,上海古籍出版社2005年版,第2587页。
② (明)何良俊:《四友斋丛说》卷28,上海古籍出版社2005年版,第1098页。
③ (明)陆人龙:《型世言》第十一回"毁新诗少年矢志 诉旧恨淫女还乡",上海古籍出版社2001年版,第139页。
④ (明)陆人龙:《型世言》第十八回"拔沦落才王君择婿 破儿女态季兰成夫",上海古籍出版社2001年版,第223页。

图 3-1　《南琵琶记》插图

来源：周芜编：《中国古本戏曲插图选》，天津人民美术出版社 1985 年版，第 178—179 页。

图 3-2　《新刻绣像评点玄雪谱》插图

来源：首都图书馆编：《古本戏曲版画图录》第 5 册，学苑出版社 1997 年版，第 71 页。

高居翰认为，晚明经济迅速发展带来的财富增长，造就了晚明大批新的文玩字画收藏者。而新收藏者对于这类雅事只是一知半解，迫切需要学习相关知识。因此，文震亨刊刻了《长物志》，指导和满足新收藏者的需求。《长物志》中辑录的艺术品图录、鉴赏知识和优雅生活方式等内容，过去只在少数士绅家庭中经由口头及实例传播。随着《长物志》的刊刻出版，原本属于上层社会的生活内容，逐步被众多有足够财力和余闲的读书公众所了解与效仿。① 而柯律格有不同的看法，他认为《长物志》并不是上流社会对于新收藏者的指导，或是将上流社会的生活方式向公众介绍；而是因为更多普通民众开始选择与之相似的生活方式，令上流社会产生集体焦虑感。相比较，高居翰的看法更具积极意义。应该说，文震亨刊刻《长物志》不仅起到指导和指南作用，更体现了一种社会责任。《长物志》既讲授了鉴别艺术品真伪的知识，又培养了民众的审美感知。文震亨出版《长物志》与其说在缓解焦虑，毋宁说彰显他的社会责任感———一种引导大众审美的责任，而这正是晚明社会迫切需要的。从郎瑛的记述中或可看到这种需求的迫切：

> 嘉靖初，南京守备太监高隆，人有献名画者，高曰："好，好。但上方多素绢，再添一个三战吕布最佳。"人传为笑，曰："此中官宜然。"闻沈石田送苏守五马行春图，守怒曰："我岂无一人跟者耶？"沈知，另写随从者送人，守方喜，沈因戏之曰："奈绢短，少画前面三对踏耳。"守曰："也罢，也罢。"②

在郎瑛的记述中，画作因索画者的喜好，可以违背基本的艺术原则而随意添枝加叶。这类无知又无理者，显然迫切需要接受《长物志》之类书籍的教化与美育。郎瑛本意是讽刺附庸风雅的宦官，却无意间留下了晚明绘画由艺术作品向艺术商品转

---

① ［美］高居翰：《画家生涯——传统中国画家的生活与工作》，杨宗贤译，生活·读书·新知三联书店2012年版，第37—38页。
② （明）郎瑛：《奇谑类·不知画》，《七修类稿》卷50，中华书局1959年版，第740页。

变的痕迹。

晚明时期绘画作品商品化被冠以甜俗纤媚之名。松江画派领袖董其昌认为，吴门画派的"纤媚之陋"是商品化的显著特征。他为朋友的画作题跋时，他不惜以"脱去吴中纤媚之陋"来颂扬其作品。而评价陈继儒的山水画时，他却质疑"岂落吴下之画师甜俗魔境耶"[①]。应该说，甜俗纤媚的画风，更容易被大众接受和喜爱，具有较高的商业价值。因此，甜俗纤媚之风是晚明时期绘画作品商品化的特征之一，也是促使部分绘画作品成为艺术商业品的因素之一。另外，绘画作品的"仿制品"，如仿制名人之作而获利的赝品，为了应酬交往而对自我画作进行的仿制，也是绘画作品成为艺术商品的一种形式。吴门画派领袖沈周就曾仿制过自己的作品，书画鉴赏家张丑在沈周《仙山楼阁图》（又名《天绘楼》）的题跋中写道：

> 翁（沈周）虽富丘壑，妙乎点染，然以名重三吴，声遍九野。当年骚人雅士，情乞殆无虚日，翁一一应之而不及尽所长。坐间笔落如飞，纸散如雨，其为残山剩水、粗株大叶者以千万计，待求刻意苦心穷神臻化之作，百无一二也。[②]

沈周对于来求画的人均一一应之，他笔落如飞，纸散如雨，画的内容都是残山剩水、粗株大叶。张丑说的"以千万计"显然夸张了，但数量一定不少。沈周为应对交往而画的这些残山剩水、粗株大叶之作，柯律格称文徵明的社交性艺术为雅债，高居翰直接称为"应酬画"。应酬画是多数画家在人际交往中的画作，应酬画普遍有一定的套格，如王谔《送源（佐佐木）永春还国诗画卷》（图3-3）、吴伟《龙江送别》（图3-4）、马轼《秋江鸿雁》（图3-5）。

[①] ［美］高居翰：《山外山——晚明绘画（1570—1644）》，王嘉骥译，生活·读书·新知三联书店2009年版，第16页。

[②] （明）张丑：《清河书画舫》，上海古籍出版社2011年版，第583页。

此三幅画作基本具备常规套路、现成性的特征。① 画家在绘制这类画作时，其绘画的艺术特征较少，而模式化的产品特征明显加重。《仙山楼阁图》是沈周赠予蔡蒙的，恭贺他定居洞庭，建屋造楼。蔡蒙，字时中，吴邑西洞庭人，曾任南宁刺史。② 这幅画作在本质上仍属于人际交往的酬答之作。应酬画既有维系情感之意，也存在利益互换的功能。因此，出于商业目的和人际交往的需求，晚明的绘画作品逐渐从高雅的艺术品转变为具有大众属性的文化商品和礼品。

图 3-3　王谔《送源（佐佐木）永春还国诗画卷》

来源：[美] 高居翰：《画家生涯——传统中国画家的生活与工作》，杨宗贤译，生活·读书·新知三联书店 2012 年版，第 18 页。

图 3-4　吴伟《龙江送别》

来源：[美] 高居翰：《画家生涯——传统中国画家的生活与工作》，杨宗贤译，生活·读书·新知三联书店 2012 年版，第 18 页。

---

① [美] 高居翰：《画家生涯——传统中国画家的生活与工作》，杨宗贤译，生活·读书·新知三联书店 2012 年版，第 17—19 页。
② （明）张丑：《清河书画舫》，上海古籍出版社 2011 年版，第 584 页。

图 3-5 马轼《秋江鸿雁》

来源：[美]高居翰：《画家生涯——传统中国画家的生活与工作》，杨宗贤译，生活·读书·新知三联书店 2012 年版，第 17 页。

晚明时期的文化艺术品能否具备商业属性，主要看能否得到大众的喜爱与追捧。吴门画派之所以被诟病为具有"纤媚之陋"，主要是因为吴门画派重形似。他们认为，追求形似就必须做到画面中的景物高下、大小相宜，向背安放不失当。① 这是他们对形似的理解，也是他们的艺术追求，而并非出于商业的考量。而吴门的形似又恰好因迎合了大众审美而受到他们的喜欢和追捧。可以说，"形似"才是被董其昌等不断诟病的核心。那么，晚明时人到底怎样看待画作中的"形似"？郎瑛曾言："予常笑人见好画曰：逼真山水，及见真山水曰：俨然一幅画也，是不知孰真而孰伪耶？"② 好画如同真山水，而真实的美景又如同一幅好画。因此，真实是评价绘画作品优劣的标准之一。松江画派追求笔法趣味与气韵，虽然也是一种表现形式，亦有一套评价标准，但是普通大众难以理解其中的趣味与奥妙。因此，真实感成为大众欣赏和接受绘画作品的主要因素，并逐渐使"形似"的绘画作品成为大众艺术消费的主要对象。形似、逼

---

① [美]高居翰：《山外山——晚明绘画（1570—1644）》，王嘉骥译，生活·读书·新知三联书店 2009 年版，第 17 页。

② （明）郎瑛：《义理类·山水真假》，《七修类稿》卷 15，中华书局 1959 年版，第 219 页。

真的画作被普遍接受，亦进一步推动了书籍插图的流行。书中的插图是依据文本而绘制的，只有形似、逼真，才能还原文本中描述的场景与人物。它们表现出的甜俗、纤媚、精细之感，相较吴门绘画有过之而无不及。因此，文本插图在同时代的"董其昌们"眼中，更是艺术商品化的又一个代表。

二 商业出版机构

明代刻书分为官刻、私刻、坊刻三种形式。"官刻"即官方设置的专业刻书机构。明初解缙就向明太祖建言："宜令天下投进诗书著述，官为刊行。"[①]

明代国子监是主要的官方刻书机构，《菽园杂记》载："国初书版，惟国子监有之。"[②] 另据顾炎武载："嘉靖初，南京国子监祭酒张邦奇等，请校刻史书，欲差官购索民间古本，部议恐滋烦扰。上命将监中'十七史'旧板考对修补。"[③] 明代有南北国子监，其刻本统称"监本"。此外，明内廷司礼监也刊刻书籍，称"经厂本"[④]。据刘若愚载，"经厂本"刊刻内容以经籍为主，兼有《佛藏》《道藏》《番藏》等。[⑤] "经厂本"主要是宦官自己出钱刊刻，这在刻书史上较为罕见。明代宦官不乏好学善书者。《酌中志》载，明万历苏杭织造太监孙隆，多学善书，曾刻《通鉴总类》《中鉴录》等书。[⑥] 当然，宦官刻书亦不乏附庸风雅和其他因素。明中期以后宦官专权

---

① （明）解缙：《太平十策》，《解文毅公集》卷1，江西吉水谢氏刻于清乾隆三十二年（1767），国家图书馆藏。
② （明）陆容：《菽园杂记》卷10，《明代笔记小说大观》，上海古籍出版社2005年版，第475页。
③ （清）顾炎武：《监本二十一史》，《日知录集释》（中）卷18，上海古籍出版社2006年版，第1030页。
④ 张秀民：《中国印刷史》（上卷），浙江古籍出版社2006年版，第249页。
⑤ 参见（明）刘若愚《内板经书纪略》，《酌中志》卷18，《明代笔记小说大观》，上海古籍出版社2005年版，第3044—3049页。
⑥ 参见（明）刘若愚《内附衙门职掌》，《酌中志》卷16，《明代笔记小说大观》，上海古籍出版社2005年版，第2992页。

较普遍,他们往往滥用权力,贪婪成性,又对阴骘之说笃信不疑。为求宽宥,出资刻书,这也是当时宦官刻书的一个重要因素。《书林清话》载:"积金不如积书,积书不如积阴德","积书与积阴德皆兼之,而又与积金无异,则刻书是也"。[1] 因此,宦官热衷刻书与"阴骘之说"有较大关系。除此之外,"阴骘之说"也影响了明中后期私人刻书的流行。

另外,南北礼部、都察院、大理寺等中央机构以及各省布政司、按察司均曾刊刻书籍。同时,明代各藩王府亦刊刻书籍,称为"藩府本"[2]。故明代官刻书籍包括"南北监本""经厂本""藩府本"及中央各机构、各省府刊刻本。

随着私人藏书的兴盛,私人刻书日渐流行。"私刻"指主持刊刻者非官方性质,他们或是学者、藏书家,或是家族、书院、私塾等。私人刻书者多为文人士大夫,他们刻书的原因很多,"阴骘之说"只是其中之一,也不排除其社会责任感使然。他们积极投身书籍刊刻,一方面抢救、整理散佚的古籍善本,另一方面将自己的藏本重新校订刊刻后进行学术交流。私人刻书者往往是藏书家,明代的藏书家分为"著述型""收藏型""赏鉴型""校勘型"四类。[3] 其中,"校勘型"藏书家就属于具有一定经营性质的私人出版者,他们以治学著书为主,刊刻为辅,主要从事古籍、善本的校勘出版,且刊刻数量不多。明代私刻与官刻的书籍总量并不多,不为谋利或许是其刻书总量较少的原因之一。另外,私刻与官刻注重书籍质量,因此,刊刻成本往往较高,这是造成其刻书总量不多的另一个因素。据《酌中志》载,"经厂本"的"佛经一藏"与"道经一藏"所需印刷物料的数量巨大,令人吃惊。[4]

---

[1] (清)叶德辉:《总论刻书之益》,《书林清话》卷1,国家图书馆出版社2009年版,第1页。

[2] 张秀民:《中国印刷史》(上卷),浙江古籍出版社2006年版,第243—282页。

[3] 钱杭、承载:《十七世纪江南社会生活》,浙江人民出版社1996年版,第168—175页。

[4] (明)刘若愚:《内板经书纪略》,《酌中志》卷18,《明代笔记小说大观》,上海古籍出版社2005年版,第3047页。

如此高昂的成本，若不为谋利，其印量自然不会多。

据王士性《广志绎》载："建阳之书"与"苏、杭之币，淮阴之粮，维扬之盐，临清、济宁之货，徐州之车骡，京师城隍、灯市之古董，无锡之米，浮梁之瓷，宁、台之鲞，香山之番舶，广陵之姬，温州之漆器"①，同为天下码头频繁往来的货物。

晚明时期通行天下的"建阳之书"就出自专门的商业性出版机构——书坊。商业性刻书，最早出现于东汉六朝时期，唐代称之为"书肆"。两宋时期建阳、麻沙、临安等地书林、书堂、书棚、书铺风行一时。② 明代称之为"书坊"，书坊刊刻的书籍称为"坊刻"。书坊是集著述、编辑、刊印、销售于一体的商业性出版机构，主要分布在经济发达、商业化程度较高的区域。胡应麟认为，南北二京、苏杭是当时主要的书籍出版中心，并没有将建阳列入其中。③ 这与他的购书地有关，对于闽、楚、滇、黔等地出版的书，他只是间得。④"建阳本"多是大众读物，不属于他涉猎的范围，加之他对"建阳本"颇多微词，导致他的看法相对片面。

建阳虽属闽北山区，地处偏远，但宋以来就是刻书重镇，到明清时更成为"天下书坊"之渊薮。历史渊源与技艺传承，以及优越的自然条件和发达的水系，共同造就了建阳书坊林立的景象⑤，也使"建阳之书"通行天下。明嘉靖《建阳县志》载："书市在崇化里，比屋皆鬻书籍，天下客商贩者如织，每月以一、六日集。"⑥ 另，明弘治

---

① （明）王士性：《方舆崖略》，《广志绎》卷1，中华书局1981年版，第5页。
② （清）叶德辉：《书肆之缘起》，《书林清话》卷2，国家图书馆出版社2009年版，第22—23页。
③ （明）胡应麟：《经籍会通》4，《少室山房笔丛》卷4，上海书店出版社2001年版，第41页。
④ （明）胡应麟：《经籍会通》4，《少室山房笔丛》卷4，上海书店出版社2001年版，第41页。
⑤ 建阳周边盛产青竹、松树及各种木材，成为造纸、制墨、雕版的原物料。原物料就近取材，为书籍刊刻提供了便利，也降低了成本。同时，用工及生活成本较之两京、苏杭书坊降低许多。建阳虽偏于一隅，但发达的水路交通与繁华都会形成良好互通。
⑥ 嘉靖《建阳县志》卷3《封域志》，《天一阁藏明代方志选刊》1992年影印本，第6页。

《八闽通志》载:"建阳县麻沙、崇化二坊,旧俱产书,号为图书之府。麻沙书坊元季毁,今书籍之行四方者,皆崇化书坊所刻者也。"① 方彦寿认为,晚明建阳以"坊刻"为主,有的名义上是官刻或私刻本,但实际是官方或私人借书坊资源,出资请书坊刊印的。② 据张秀民统计,明代南京书坊93家,建阳书坊84家,苏州书坊37家,杭州书坊25家,北京书坊13家,徽州书坊10家,常州书坊3家,全国共计265家书坊。③ 而明正德至万历年间有名号可考的书坊202家。④ 晚明时期建阳书坊林立,刊刻书籍不仅数量众多,种类也比较齐全。据明嘉靖《建阳县志》载:"建阳版本书籍,行于四方者无远不至,而学于县之学者,乃以无书可读为恨。今知县事会稽姚侯耆寅,始斥掌事者余金鹭书于市上,自六经下及训传史记子集,凡若千卷以充入之。"⑤

"建阳本"大致分为四类。一是科举应试书,嘉靖八年(1529)礼部奏刊《易经蒙引》:"天下科举之书,尽出建宁书坊。"二是医书、药书。三是民间日用类书。四是通俗文学,这是"建阳本"中一个较大的类别。⑥ 叶盛言:"今书坊相传射利之徒伪为小说杂书。"⑦ 刘若愚亦曾言:"《三国志通俗演义》、《韵府群玉》皆乐看爱买者也。"⑧ 可见,"建阳本"主要面向大众读者。因此,这决定了它无法成为晚明学者首选的对象。同时,由于"建阳本"定位于大众消

---

① (明)黄仲昭:《食货·土产·建宁府·货之属》,《八闽通志》卷25,福建人民出版社1990年版,第534页。
② 方彦寿:《建阳刻书史》,中国社会出版社2003年版,第91页。
③ 张秀民:《中国印刷史》(上卷),浙江古籍出版社2006年版,第241—282页。
④ 路善全:《在盛衰的背后——明代建阳书坊传播生态研究》,中国传媒大学出版社2009年版,第110页。
⑤ 嘉靖《建阳县志》卷6《艺文·儒学类》,《天一阁藏明代方志选刊》1992年影印本,第21页。
⑥ 谢水顺、李珽:《福建古代刻书》,福建人民出版社1997年版,第335—337页。
⑦ (明)叶盛:《小说戏文》,《水东日记》卷21,中华书局1980年版,第213页。
⑧ (明)刘若愚:《内板经书纪略》,《酌中志》卷18,《明代笔记小说大观》,上海古籍出版社2005年版,第3044页。

费，其出版质量并不高，因此时常遭到学者诟病。郎瑛曾言："盖闽专以货利为计，但遇各省所刻好书，闻价高即便翻刊。"①晚明学者普遍对"建阳本"评价不高，究其缘由，的确存在为了降低成本而粗制滥造，甚至盗版翻刻的不良行为，而这些负面的行为又恰恰反映出建阳书坊趋利的特性。"建阳本"虽然存在诸多质量问题，但的确是最便宜的大众书籍。胡应麟曾言，"苏州本"最贵，"建阳本"最便宜。②建阳四面环山，有着丰富的竹、木资源，可为雕版、纸张、制墨提供充足的原材料，发达的水系又为运输提供了便利，且地理偏远，人工价格相对低廉，这些客观因素导致建阳书坊的刊刻成本远低于其他区域，再加上上文所述不良手段，"建阳本"自然成为胡应麟眼中最便宜的书。可以说，低廉的价格、便利的交通造就了"建阳之书"通行天下的局面。

时人郎瑛诟病建阳书坊盗版翻刻各省刊刻的好书，应该是建阳书坊为了降低成本而做出的一种不良行为。同时，清人叶德辉记载的明代印书采用旧纸的行为是如他所说"古人爱惜物力之意"，还是刻书者基于成本的考量呢？

> 《丁志》明翻宋本《李端诗集》三卷，云用弘治元年至四年苏州府官册纸背所印。《缪续记》宋刊元修明印本《国语》二十一卷，以成化二十余年册纸印行。元西湖书院本《国朝文类》七十卷，明中叶册籍纸印。观此数则，知古时纸料之坚，故可一用再用。而古人爱惜物力之意，亦可于此见之矣。③

叶德辉认为，选用旧纸印书是当时纸料之艰难、明人爱惜物力

---

① （明）郎瑛：《事物类·书画》，《七修类稿》卷45，中华书局1959年版，第665页。
② （明）胡应麟：《经籍会通》4，《少室山房笔丛》卷4，上海书店出版社2001年版，第43页。
③ （清）叶德辉：《宋元明印书用公牍纸背及各项旧纸》，《书林清话》卷8，国家图书馆出版社2009年版，第154页。

的体现。明初期不排除叶德辉所说的情况，但被叶德辉称为"旧纸"的是明成化、弘治年间的"官册纸"。因此，以明成化、弘治旧纸印书的时期，应该在明成化、弘治之后，具体的印书时间叶德辉没有记载，推测应该是明中后期或更晚时期。此时，沿用旧纸印书是纸张紧缺，还是节俭美德的延续，或是基于成本考量，尚无法定论。但明中后期纸张并非稀缺物资，据《菽园杂记》载：

> 浙之衢州，民以抄纸为业。每岁官纸之供，公私靡费无算，而内府贵臣视之，初不以为意也。闻天顺间，有老内官自江西回，见内府以官纸糊壁，面之饮泣，盖知其成之不易，而惜其暴殄之甚也。又闻之故老云：洪武年间，国子监生课簿仿书，按月送礼部，仿书发光禄寺包面，课簿送法司背面起稿，惜费如此。永乐、宣德间，鳌山烟火之费，亦兼用故纸，后来则不复然矣。成化间，流星爆仗等作，一切取榜纸为之，其费可胜计哉。①

明代浙江衢州、江西均盛产纸张，使用上非常浪费甚至用纸张糊墙。明初的洪武、永乐、宣德三朝，的确因纸张匮乏而比较节约。监生们用过的"课簿仿书"，拿到光禄寺和法司再利用；或用"故纸"制作烟火；而到成化年间"流星爆仗等"一切皆用"榜纸"②。在陆容的记述中，明中期以后纸张并不匮乏。那么，"旧纸"印书是否出于成本的考量，这只是一种推测，但可以丰富我们对于晚明书坊商业运营的想象。

以商业模式运营的晚明书坊，对内通过革新技术提高生产效

---

① （明）陆容：《菽园杂记》卷12，《明代笔记小说大观》，上海古籍出版社2005年版，第497页。
② 明司礼监造纸二十八色中有白榜纸、结实榜纸、方榜纸三种"榜纸"；另，乙字库造纸十一色中有大白榜纸、大青榜纸、红榜纸、黄榜纸、绿榜纸、皂榜纸六种"榜纸"。参见张秀民《中国印刷史》（上卷），浙江古籍出版社2006年版，第385页。

率，降低耗材的质量标准，甚至采取盗版翻刻的不良手段，以追求书籍出版的快捷性，努力控制或降低出版成本；对外关注市场需求，积极刊刻科举应试之书、日用类书、流行小说、戏曲等热销书籍，并借助图像的辅助性、直观性、欣赏性的多重功效，大量刊刻图文书籍，进一步扩大书籍的消费群体。低廉的价格是其书籍广为流传的前提，也是书坊在商业模式下有效控制成本与效率的必然结果。可以说，晚明的商业性出版机构创造了这个"无书不插图"的时代。

三 晚明插图数量、种类与生产

关于晚明文本插图总量基本没有较全面的统计。以现存各类晚明书籍刊载插图数量折中计算，再结合晚明书籍种类，只能推算出一个大概数量。张秀民认为，《古今书刻》载明人刊刻本朝著作以及古代书籍约 2697 种或 2489 种是没有将万历年间的刻本计算在内，他判断明人实际刻书在一两万种。① 再依据万历时期"无书不图插"的说法，若每种书籍仅有一至十幅插图，那么晚明文本插图最少在十万到二十万幅。但这与实际情况应该还存在不小差距。

据叶德辉载，明版书籍《人镜阳秋》《乐书》《隋炀艳史》《元人百种曲》《水浒传》《隋唐演义》《绘图列女传》《状元图考》《增编会真记》《经史证类大观本草》《本草衍义》《重修政和经史证类备用本草》《玉茗堂四梦》《惊鸿记》《蕉帕记》《东窗记》《四美记》《西厢记》等插图非常精美。并且，他收藏的明版《三国演义》20 册，藏本不全，有插图 240 幅。② 另外，明天启、崇祯年间版《忠义水浒传》有 50 页，共 100 幅插图；同期《新刻批评绣像金瓶

---

① 张秀民：《中国印刷史》（上卷），浙江古籍出版社 2006 年版，第 239—240 页。
② （清）叶德辉：《绘图书籍不始于宋人》，《书林清话》卷 8，国家图书馆出版社 2009 年版，第 148—149 页。

梅》插图200幅；明崇祯版《七十二朝人物演义》全书40卷，每卷一图，共40幅人物插图，另配40幅器物插图，如古瓶、瑟、枪、剑、甲胄、合卺杯、犬、鼎彝等；明崇祯版《鼓掌绝尘》40回，每回两句联语，配80图。①《三才图会》插图则多达上千幅。② 以上列举多为大众读本，除此之外，皇宫内院皇子教育、妇德规范等方面都采用插图本书籍进行讲习，如《帝鉴图说》《养正图说》《闺范图说》等。郑振铎所言明万历时期"无书不插图"略带夸张，却言之有据。至今，我们对晚明文本插图数量缺乏较全面、准确的统计，这主要是年代久远、战乱频繁，加上纸质媒材难以保存等多种原因导致的。但是，从现存单本书籍的插图数量上，基本能了解晚明书籍插图数量及生产规模。

晚明时期，文本插图的数量激增，清人叶德辉认为明代对于插图发展没有起到太多推动作用。但是，明代对于插图的功能进行了一定的丰富与拓展。"书配图"并非始于明代，明人关于文本与图像关系的认知，源自宋人郑樵的《通志》："古之学者为学有要，置图于左，置书于右。索象于图，索理于书，故人亦易为学，学亦易为功。"③ 明人继承和延续了前人的观点，同时又赋予了图像新的功能。

第一，审美鉴赏功能。明崇祯版《隋炀帝艳史》"凡例"："坊间绣像，不过略似人形，止供儿童把玩。兹编特恳名笔妙手，传神阿堵，曲尽其妙。"④ 此外，《唐诗画谱》一诗一图的编排形式，通过图像营造意境，不仅有助于阅读者理解诗句，而且具有观赏性。书坊不惜重金打造精美插图，一方面突出了"索象于图，索理于书"的功效，另一方面实现了对"美"的传播。

---

① 元鹏飞：《论明清的小说刊本插图》，《广东技术师范学院学报》2009年第4期。
② （明）王圻、王思义：《三才图会》（上、中、下），上海古籍出版社1988年版。
③ （宋）郑樵：《图谱略·索像篇》，《通志》卷72，中华书局1987年版，第837页。
④ 崇祯版金陵人瑞堂刊《隋炀帝艳史》"凡例"。参见程国赋《明代书坊与小说研究》，中华书局2008年版，第170页。

第二，实用功能。晚明实学风潮推动了科技、农学、医学等实用技术的发展，以实用图解、图示、图表为表现形式的插图成为晚明日用类书、实用技术书籍的重要组成部分。

第三，广告推销功能。明初的书籍插图主要采用人物肖像，如"王艮像"（图3-6）。肖像图普遍出现在学术性书籍中，也是作者本人的画像。学术性书籍刊载作者像是基于传统中对人物肖像的认知观念。[1] 但是，到晚明时期，对于肖像的认知观念以及表现形式均发生了改变。肖像图不仅运用于学术书籍，其他书籍亦采用。如明万历年间建阳书坊双峰堂主三台山人余象斗，号仰止，自编自刻《海篇正宗》二十卷［刻于万历二十六年（1598），现藏美国国会图书馆］。卷首印有《三台山人余仰止影图》，图中余象斗高坐三台馆，凭几品文；旁边女婢捧砚，童子烹茶。[2] 此外，在他编辑的《锲三台山人芸窗汇爽万锦情林》（图3-7）、《三台余仰止先生历法》（图3-8）中均出现了他的画像。显然，余象斗将自我形象呈现在如此错综复杂的场景中，不仅是为了让人们记住自己的事迹，更是借宣传自己来达到宣传书坊与书籍的目的，其推销之意一目了然。余象斗借文人化的生活方式，含蓄地表达出自己的商业目的。此外，明万历四十三年（1615）汪瑗撰《楚辞集解》浙江省图书馆藏本，扉页有出版商"唐少村小影"长方形朱印（图3-9）。半身像其头戴斗笠，手执书册，并附有"先知我名，现见吾影，委办诸书，专选善本"四行小字。[3] 虽然这只是一方朱印图，但是它的广告宣传之意直接而明确，同时亦较明显地反映出肖像画在功能上的变化。

---

[1] 归有光认为，肖像画是为观众描绘的一个有着功勋伟业者的纪念画像。参见（明）归有光《震川先生集》，上海古籍出版社1981年版，第657页。另外，郎瑛《画像赞》记录了杨诚斋赞张功父像的内容，他认为赞文配合画像可以使人想起一位辞世已久之人的相貌与事迹。参见（明）郎瑛《诗文类·画像赞》，《七修类稿》卷30，中华书局1959年版，第451页。

[2] 谢水顺、李珽：《福建古代刻书》，福建人民出版社1997年版，第245页。

[3] 张秀民：《中国印刷史》（上卷），浙江古籍出版社2006年版，第373页。

第三章 晚明文本插图生产

图3-6 王艮像
来源：[英]柯律格：《明代的图像与视觉性》，黄晓鹃译，北京大学出版社2011年版，第109页。

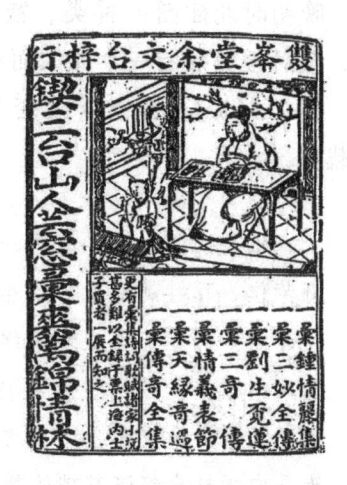

图3-7 《锲三台山人芸窗汇爽万锦情林》插图
来源：中国社会科学院历史研究所文化室编：《明代通俗日用类书集刊》卷12，东方出版社2011年版，第417页。

图3-8 《三台余仰止先生历法》插图
来源：路善全：《在盛衰的背后——明代建阳书坊传播生态研究》，中国传媒大学出版社2009年版，第54页。

图3-9 唐少村小影
来源：(明)汪瑗：《楚辞集解》，浙江省图书馆提供。

· 159 ·

晚明时期插图的种类、数量、质量均达到了中国历史最高峰，其辉煌背后有一个庞大而有序的生产制造联合体给予大力支持。据 Zurndorfer 著作《改变与持续》（*Change and Continuity*）记载：

> 正德以前，人口中约一成的人为官府做事，其余九成在田野劳作。百姓满足于农耕生活，没有其他野心。但是自正德年间开始，那些曾受土地束缚的人们开始逃离农业，有些为富有的家族服务，另一些从事商业和手工业，其余的变成流浪者。他不无夸大地宣称，十分之六七的松江农民已经离开那个他认为是中国社会经济基础的耕作业。①

明正德以后有大量农业人口向工商业城镇转移，农业人口的迁徙促进了晚明城镇的工商业发展。正是在人口流动的大背景下，印刷及相关产业得以繁荣与发展。

缪咏禾研究发现，杨绍和《楹书隅录》影宋精抄本《五经文字》毛扆的跋语中说："吾家当日有印书作，聚印匠二十人，刷印经籍。"他还发现，陈瑚《为毛潜在隐居乞言小传》中说"家蓄奴婢二千指（即200人）"，雷雨津赠毛晋的诗说"入门僮仆尽抄书"，并结合现存木刻雕版印刷书籍单位——扬州广陵古籍刻印社需要240—250名工人投入生产，认为晚明时期常州毛晋创办的汲古阁有工人大约200人，这个数字可能比较接近事实。② 汲古阁属于家庭式私刻书坊，而建阳余氏双峰堂、金陵陈氏继志斋、徽州汪氏环翠堂等晚明时期较为著名的商业书坊，其用工人数应不止于此。如以建阳书坊202家计算，每家书坊用工人数仅以汲古阁的一半计

---

① 转引自［加］卜正民《纵乐的困惑——明代的商业与文化》，方骏、王秀丽、罗天佑译，生活·读书·新知三联书店2004年版，第158—159页。
② 缪咏禾：《毛晋汲古阁的出版事业》，载《中国出版史料（古代部分）》第1卷，湖北教育出版社、山东教育出版社2004年版，第612—613页。

算。那么，晚明时期仅建阳从事书籍生产的工人应接近五万人。如果加上北京、南京、苏州、杭州以及私刻、官刻的用工人数，可以说，书籍印刷业在晚明社会有着较大的生产规模和庞大的用工人数。

晚明的书籍印刷行业不仅从业人数多、规模大，其刊刻出版流程亦繁复细致。据《说剑轩余事》所载"刻书""印书"两则[1]，雕版印刷的工序繁复而细致，包括板材选择，刻字运刀技巧，雕版留白与细节处理，印书纸张种类、大小，烟墨调制方法，刷印用力轻重，装订方式，以及印版最后的晾晒与储存。此两则记载了书坊刊刻、刷印、装订繁忙而有序的生产活动。虽然刊刻与刷印是书籍出版的核心环节，但并非全部。书籍出版还涉及雕版板材、承印纸张、印墨等原材料的生产与供给。

明代生产纸张多达一百种，其主要产地分布在长江以南的江西、浙江、福建，其次是四川、云南等地。[2] 浙江衢州出产的藤纸、绵纸、竹纸三种，皆为上品；安徽徽州在唐代就出产土贡纸，宁国、太平、六安也都造纸；四川保宁出产楮纸，夔州万县出产蠲纸，龙安江油出产楮纸，雅州出产蠲纸。[3] 可以说，晚明时期广大的纸张生产区域和稳定的产量，不仅满足了时人奢靡的用度，更满足了庞大的书籍印刷之需。

此外，"印墨"属于书籍印刷中的主要消耗品。明代以徽墨为第一，而徽墨以方于鲁、程君房最著名。[4] 除此之外，北方有京墨，南

---

[1] 林树梅：《说剑轩余事》未刊稿，仅福建省图书馆藏一部。民国年间，沈祖彝据郭柏苍录本传抄，原为沈祖牟藏本。林树梅，字瘦云，号啸云山人，金门人，主要活动于清中期。他对于刻书之事非常熟悉，在《说剑轩余事》中，写下6篇与刻书相关的笔记性文字。其中"刻书""印书"两则，谢水顺、李珽转载于其著。参见谢水顺、李珽《福建古代刻书》，福建人民出版社1997年版，第434—436页。

[2] 张秀民：《中国印刷史》（上卷），浙江古籍出版社2006年版，第385—386页。

[3] 孙毓修：《中国雕版源流考》，载《中国出版史料（古代部分）》第1卷，湖北教育出版社、山东教育出版社2004年版，第140—141页。

[4] 参见（明）沈德符《万历野获编》卷26，《明代笔记小说大观》，上海古籍出版社2005年版，第2593页。

方有松江墨，衢州府西安、龙游均产墨，玉山造齐峰墨，建阳产墨窑墨，但均不及徽墨的质量与数量。徽墨以黄山松烟为主要原料，有青烟、顶烟、老烟、藏烟等名目。除松墨之外，还有用桐油烧制"烟煤"。①《天工开物》"十四丹青·墨"载："靠尾一、二节者为青烟，取入佳墨为料。中节者为混烟，取为时墨料。近头一、二节，只刮取为烟子，货卖刷印文书家，仍取研细用之。""青烟"可制作佳墨，而"烟子"所制之墨则卖给刷印文书家。晚明制墨的材料各地有所不同，形态上也有差异。如"墨锭""墨汁""烟煤"②三种皆可用来印刷书籍。"墨汁"的出现，显然是商业需求所致。钱存训认为，以烧制松烟最初的一二节"粗烟"混合胶料、酒存储在瓮缸中，制成"墨汁"，是为了某些商业上的用途。如印刷所用之墨，因用量巨大，故不可能每次使用前都用墨锭研汁。③液态"墨汁"及陶缸储存的出现，一方面反映出"印墨"品种多样，另一方面说明印刷业对于印墨需求量巨大，也反映出上下游生产环节间彼此提供便利。可以说，晚明的书籍印刷基本形成了相对完整的产业链和便利有效的运行机制。到明末清初套色印刷出现，在墨色方面除了黑色，还有运用朱砂、苋菜汁调色的红墨，蓝靛调色的蓝墨等多种颜色的墨。制墨业的兴盛，造纸业的发达，共同推动了晚明书籍出版业的繁荣。

晚明文本插图的审美价值毋庸置疑，但仅从审美价值上探讨并不完整。因为，晚明文本插图不仅是具有审美价值的艺术品，更是具有商业价值的图像产品。在绘画、瓷器、漆器等文化艺术品消费中，人们既从审美价值的角度去欣赏，更将它们看作图像产

---

① 参见张秀民《中国印刷史》（上卷），浙江古籍出版社2006年版，第383—384页。
② "墨锭"是制作"墨"的最基本、最普遍形式，"烟煤"之说见明万历刻本《南京礼部编定印藏经号簿》中的"烟煤五篓"。参见张秀民《中国印刷史》（上卷），浙江古籍出版社2006年版，第384页。另，"今精本用墨汁，或上烟重印，乃黑"。参见（明）方以智《通雅》，中国书店1990年版，第373页。
③ [美]钱存训：《中国纸和印刷文化史》，郑如斯编订，广西师范大学出版社2004年版，第225页。

品去购买。随着商业出版机构的出现，书坊通过固定流程生产数量庞大、种类繁多的插图时，人们不再只依据艺术规律创造图像，而是根据社会需求进行图像产品生产，将原本属于艺术性质的图画，以"图像产品"的形式呈现出来，并传播至大明王朝的每一个角落。

第二节 不断重刻的文本与图像①

书籍"题记"的主要功能是说明刊刻情况，介绍书坊，推介书籍。如建阳"双峰堂"《水浒传》题记："《水浒》一书，坊间梓者纷纷。"②《三国演义》题记："坊间所梓《三国》何止数十家矣。"③从"题记"可知两点：第一，不同书坊都在刊刻《三国演义》《水浒传》等流行的通俗文学；第二，晚明书坊"重刻"相同书籍存在相互竞争。

据程国赋对明代坊刻及家刻小说的整理，在424本小说中，有200余本属于不同的小说④，余下近200本属于名称相同或内容相同的小说。在相同名称或内容的小说中，有33种三国题材小说，如《三国志传》《三国英雄志传》《三国志史传》《三国志传评林》《三国全传》《通俗三国志传》《三国志演义》《三国志通俗演义》《三国演义便览》等；有20种水泊梁山题材小说，如《忠义水浒传》《英雄谱》等；有7种《西游记》小说；另外，《皇明诸司公案传》《全汉志传》《蔬果争奇》《国色天香》等小说属于有重刻刊本，但数量不多。⑤

---

① 研究晚明文本插图，同时对相关文本进行研究。文本包括插图依附的版本、编辑者、绘制者、刊刻者，以及序言、凡例和文本内容。
② 张秀民：《中国印刷史》（上卷），浙江古籍出版社2006年版，第272页。
③ 程国赋：《明代书坊与小说研究》，中华书局2008年版，第155页。
④ 程国赋：《明代坊刻小说目录》《明代家刻小说目录》，《明代书坊与小说研究》，中华书局2008年版，第357—428页。
⑤ 程国赋：《明代坊刻小说目录》，《明代书坊与小说研究》，中华书局2008年版，第357—417页。

在程国赋整理的明代家刻（私刻）小说中，重刻现象同样存在，但没有坊刻小说突出。① 此外，戏曲唱本中同样存在重刻现象，张秀民认为南京书坊间存在同一戏曲唱本一刻再刻的现象，如继志斋刻《玉簪记》，有萧氏师俭堂本与唐氏文林阁本；世德堂有《香囊记》，继志斋也有刻本；《千金记》有世德堂、富春堂两本。② 《琵琶记》至万历二十五年（1597）已有诸家刻本70余种。③ 许文美研究发现，明代刊刻出版附有插图的《西厢记》达36种④，而陈旭耀在《现存明刊〈西厢记〉综录》中称："有明一代所刊行的《西厢记》，现知有60多种不同版本……现存明刊《西厢记》还有40余种不同版本，收藏于海内外各大图书馆。"⑤ 上述重刻现象，主要集中在晚明时期。

晚明坊刻出现的重刻现象，一方面，是书坊借文人士大夫之名，以批注、批评热门小说、戏曲为商业噱头，不断地重刻热门书籍获利；另一方面，著名画家参与小说、戏曲的插图创作，也促进了热门书籍的重刻。晚明时期纷繁杂乱的重刻行为，极大地推动了小说、戏曲在社会各阶层的流行，丰富了插图的种类，提升了图像的质量。文人士大夫积极参与书籍刊刻出版工作，一方面是他们科举考试失利后，为谋生而做出的选择；另一方面，他们也希望通过编辑热门书籍彰显话语权，减少无缘朝堂的失落感。晚明书坊通过重刻热门书籍，不断满足晚明大众阅读之需。同时，"重刻现象"亦凸显出图文并茂的大众读物逐渐成为不同阶层人士对话交流的工具。

---

① 程国赋：《明代家刻小说目录》，《明代书坊与小说研究》，中华书局2008年版，第418—428页。
② 张秀民：《中国印刷史》（上卷），浙江古籍出版社2006年版，第247页。
③ 张秀民：《中国印刷史》（上卷），浙江古籍出版社2006年版，第240页。
④ 许文美：《明刊〈西厢记〉插图本列表》，转引自《论陈洪绶版画〈张深之正北西厢秘本〉中的仕女形象》，载《朵云68：陈洪绶研究》，上海书画出版社2008年版，第136—142页。
⑤ 陈旭耀：《前言》，《现存明刊〈西厢记〉综录》，上海古籍出版社2007年版，第1页。

一 重复的《西厢记》

《吴吴山三妇合评牡丹亭》"序言"记述了吴人的三任夫人为评点《牡丹亭》，不惜广求不同刊本的事迹。此外，明万历二十六年（1598）继志斋刊《重校琵琶记》卷首载河间长君撰于嘉靖三十七年（1558）的《刻〈重校琵琶记〉序》云："往岁尝于南都偶得国初写本，及续得诸家镂本，凡四十余种。"晚明时期不同书坊刊刻相同的书籍日渐成为较普遍的现象，书坊在刊刻相同的书籍时往往美其名曰邀请名人或名士校注、批评后的"重刻"。截至目前，《西厢记》是明代重新校注、批评次数最多的戏曲唱本。

《西厢记》是一部经典爱情名著，问世于元成宗元贞、大德年间（1297—1307），被誉为"天下夺魁"[1]。元版《西厢记》未见传世，明《永乐大典》卷二万七百三十七"剧"收录的《西厢记》杂剧是已知最早文本。[2]《永乐大典》因已散佚，仅有存目。目前，学界普遍认为周德清的《中原音韵》最接近《西厢记》原本[3]，但仅见于文献记载。20世纪80年代初发现的《新编校正西厢记》残页属于已知最早《西厢记》刊本实物。[4] 现存最早完整刊本是明弘治岳家刻本《新刊大字魁本全相参增奇妙注释西厢记》。

据陈旭耀研究，从明洪武到隆庆二百余年间，《西厢记》共刊刻

---

[1] 陈旭耀：《前言》，《现存明刊〈西厢记〉综录》，上海古籍出版社2007年版，第1页。

[2] （明）解缙：《永乐大典》第10册，中华书局1986年版，第645页。

[3] 目前，最早引用《西厢记》曲词的是元泰定元年（1324）周德清所著《中原音韵》。书中引用两支"麻郎儿""幺篇"的六字三韵语以及《四边静》一曲。部分研究者认为王实甫创作《西厢记》的时间是元杂剧鼎盛的元贞、大德年间。据此，《中原音韵》所引曲文与王实甫创作《西厢记》时间相近，故认为与《西厢记》原本最接近。张人和：《明刊〈西厢记〉佚本管窥》，《古籍整理研究学刊》1998年第2期。

[4] 《新编校正西厢记》残页，1980年（周续赓认为是1978年）由中国书店刘连仲先生在一部元版《通志》（蒋星煜称在《文献通考》）的封皮内侧发现。就残页刊本年代，蒋星煜认为应是成化年刻本；而段洣恒认为与元代版本接近，可能成于元代，至迟不晚于明初；陈旭耀倾向于蒋氏的成化本说。参见陈旭耀《现存明刊〈西厢记〉综录》，上海古籍出版社2007年版，第7—9页。

单行本六种（仅存一种）、曲集本二种、抄本二种（均佚）。① 而据岳家刻本牌记"今市井刊行，错综无伦，是虽登垄之意，殊不便人之观，反失古制"，这一时期的版本应该不止上述10种。仅明万历朝48年间，《西厢记》共刊刻了三十余次，几乎一年刊刻一次。目前尚存44种刊本，均刊刻于明万历七年（1579）至明末。② 除上述44种之外，既有没实际留存也没文献记载，但是部分内容被转引和转述的版本，如《中原音韵》所引用的词曲，以及明洪武时期朱权《太和正音谱》中转录的"拙鲁速""小络丝娘"等不知出自何版本。③ 加上明确记载的佚失本，明版《西厢记》总计应该有60多种刊本。

明版《西厢记》刻本多冠以名人名士参与校注、批评。现存44种刻本中，冠以名人名士校注、批评本的有以下几种：

《李卓吾先生批评北西厢记》二卷

《李卓吾批评合像北西厢记》二卷

《李卓吾先生批评西厢记》二卷

《李卓吾先生批点西厢记真本》二卷

《田水月山房北西厢藏本》五卷

《新订徐文长先生批点音释北西厢》二卷

《新刻徐文长公参订西厢记》二卷

《徐文长批评北西厢》五卷

《鼎镌陈眉公先生批评西厢记》二卷

《袁了凡先生释义西厢记》二卷

《新刻魏仲雪先生批点西厢记》二卷

《新刻徐笔峒先生批点西厢记》二卷

---

① 陈旭耀：《前言》，《现存明刊〈西厢记〉综录》，上海古籍出版社2007年版，第3页。

② 现存《西厢记》版本分布世界各地，较难看到原版。本书所涉《西厢记》相关版本内容，主要来源于陈旭耀《现存明刊〈西厢记〉综录》，上海古籍出版社2007年版。

③ 张人和：《明刊〈西厢记〉佚本管窥》，《古籍整理研究学刊》1998年第2期。

《词坛清玩·槃薖硕人增改定本》二卷

《张深之先生正北西厢秘本》五卷

《汤海若先生批评西厢记》二卷

除上述个人批评本之外，还有合评本。如王世贞、李卓吾合评《元本出相北西厢记》二卷（起凤馆刊本）；汤若士、李卓吾、徐文长合评《三先生合评元本北西厢》五卷。其中，李贽个人或与人合作的达6种，徐渭累计亦有5种。① 另外，陈继儒、汤显祖等也有。由于名人名士参与批评，《西厢记的》知名度和销量不断提升。而邀请名人或假借名士头衔参与书籍的批评、校注日渐成为晚明书坊的商业策略。

明版《西厢记》普遍按照上下二卷，各"十出"或"十折"编辑。但有的版本分成"五折"，每折"四套"；或分成"五卷"，每卷"四折"。虽各版本的体例不同，但最终都共计"二十出"（折）。文本插图基本以一出（折）一图为原则，全本共计20幅插图。现存44种《西厢记》中全本20幅插图的版本有21种②，其他以10幅插图居多，即二出（折）一图，全剧二十出（折）计10幅插图。除此，还有其他。如《张深之先生正北西厢秘本》按照五卷四折的体例，有插图6幅，"莺莺像"1幅，其他5幅与剧情内容关联，原则上属于一卷一图。现存44种《西厢记》中，《硃定西厢记》二卷本，插图38幅，数量最多；而《新刻徐笔峒先生批点西厢记》二卷本无图。有20幅插图的《西厢记》刻本，基本按照一出或一折的文本内容绘制画面，基本属于看图说话。而10幅或10幅以下插图本，虽然插图数量少，但为插图创作留出了选择空间。创作者可以依据全剧二十出（折）内容自由而充分地发挥想象。同时，插图创作者

---

① 田水月是"渭"字的拆分，明人喜好用解字、猜谜的方式隐藏自己的名字。《田水月山房北西厢藏本》属于徐渭《西厢记》批评本。

② 由于散佚、损毁等，在21种20幅插图的《西厢记》中，部分版本现存插图实际没有20幅。参见陈旭耀《现存明刊〈西厢记〉综录》，上海古籍出版社2007年版。

也可以借画面表达自己对文本内容的理解与感悟。李贽认为，插图创作要别出心裁，不依旧样，不以多为贵。显然，李贽对于插图的功能、数量有自己的理解和观点。可以说，晚明戏曲小说中的插图数量、形式、风格，受到了插图创作者、批评校注者、编辑者多方的影响。

此外，在现存44种《西厢记》中，有些只是书名不同，但属于同一版本。如《重刻元本题评音释西厢记》二卷（徐士范刊本）与《重刻元本题评音释西厢记》二卷（熊龙峰刊本）、《重刻元本题评音释西厢记》二卷（刘田龙刊本）[①]就属于上述情况。并且插图亦存在极高的相似度。另外，《重校北西厢记》（继志斋刊本）插图、《重校北西厢记》（无穷会藏本）插图、《重校北西厢记》（文学所藏本）插图、《重校北西厢记》（三槐堂刊本）插图相同。同时，《重校北西厢记》（罗懋登注释本）插图与《重校元本大板释义全像音释北西厢记》二卷插图[②]相同。研究表明，不同书坊刊刻的《西厢记》的确存在相同或相似的文本与插图，但不同版本间出现相同或相似的问题，实际属于相同书坊刊刻的同一本书，因年代久远、散佚，以及现收藏于不同地点等原因被误认为不同版本。如《重校北西厢记》就存在"无穷会藏本""文学所藏本""三槐堂刊本"三个版本，但三个版本从卷数、文本、版式到插图应该属于同一个印版印制。[③]

[①] 据蒋星煜研究，《刘田龙刊版》翻刻自《熊龙峰刊版》，《熊龙峰刊版》又翻刻自《徐士范刊本》。参见蒋星煜《何璧与〈明何璧校本北西厢记〉》，载《西厢记的文献学研究》，上海古籍出版社1997年版，第185页。

[②] 上述诸版本渊源，陈旭耀均有详论并附有插图。参见陈旭耀《现存明刊〈西厢记〉综录》，上海古籍出版社2007年版，第38—76页。

[③] 《现存明刊〈西厢记〉综录》中分别刊载了"无穷会藏本""文学所藏本""三槐堂刊本"的《重校北西厢记》上卷第一剧"佛殿奇逢"的插图。参见陈旭耀《现存明刊〈西厢记〉综录》，上海古籍出版社2007年版，第64、65、67页。另，许文美在其整理的《明刊〈西厢记〉插图本列表》中，对"无穷会藏本""三槐堂刊本"的《重校北西厢记》备注中写道："图文皆为金陵继志斋刊本的模刻。"参见许文美《明刊〈西厢记〉插图本列表》，转引自《论陈洪绶版画〈张深之正北西厢秘本〉中的仕女形象》，载《朵云68：陈洪绶研究》，上海书画出版社2008年版，第139页。

但上述情况在现存 44 种《西厢记》中尚属少数，聘请名人批评、名家绘制、名工镌刻的重刻本还是占多数。

《西厢记》的重刻现象，在晚明出版业中较为突出。之所以不断重刻《西厢记》，不仅是因为《西厢记》动人的爱情故事能够吸引读者，更是因为出版者希望以《西厢记》为载体，实现话语权的表达和利益的获取，这也是《西厢记》被不断重刻的因素之一。

二 话语权展现与利益需索

明中期以后出版业日渐繁荣，到明万历时期达到中国历史最高峰，不仅刊刻了种类繁多的新书，同时还重刻了各类流行畅销的旧书，如《西厢记》《牡丹亭》《三国演义》《水浒传》等。不断重刻畅销书，获利是一个重要的原因，而表达话语权则是另一个重要原因。

重刻现象不仅出现在传奇小说、戏曲唱本等大众读本中，其他书籍中同样存在。

> 故事书，坊印本行世颇多，而善本甚鲜，惟建安虞韶日记故事以为一主杨文公、朱晦庵先生之遗意。……近岁襄城李公重刊此书，又为易生知为幼悟，且标目却去对偶，一以年代为先后，亦善矣。惜乎去取标目皆尚有未精纯处，且不著事出某书某文，其间删削亦不一。[①]

李公重刻此书目的是"为易生知为幼悟"，他认为孩童启蒙书不宜深奥，原书过于深奥，要去繁就简，让孩童们更易理解。于是，他按照自己的理解重刊此书。显然，李公重刻此书有展示自我话语权的意味。叶盛的记述与一番评头论足，其中亦包含了他的话语权展现。重刻书籍特别是畅销书既可以因畅销而获利，又可以借批评、

---

① （明）叶盛：《日记故事》，《水东日记》卷 12，中华书局 1980 年版，第 131 页。

点校、音释、编辑拿到话语权,展现自我。

现存44种明版《西厢记》,明万历前期刊本以校正、订正、音释为主;明万历后期到明末以批评、批点为主。蒋星煜认为,明刊本《西厢记》有一个由以校为重点转变为以论为重点的过程。① 如明万历二十六年(1598)陈邦泰刊刻继志斋本《重校北西厢记》,该本保留了明万历十年(1582)龙洞山农刊刻《重校北西厢记》"序"。"序"中认为,许多版本任由庸者恣意点窜而半失其旧,完全没了佳作风貌。同时,由于不断转刻、重刻导致出现错误与疏漏。甚至,"序"中推崇的"顾玄纬本""徐士范本""金在衡本"三个佳本,同样存在"词句增损,互有得失"。"序"最后提出:"余园庐多暇,粗为点定,其援据稍僻者,略加诠释,题于卷额。"而陈邦泰本"凡例"载:"诸本释义浅肤讹舛,不足多据,予以用事稍僻者,而诠释之,题于卷额,余不复赘。"② 显然,继志斋本与龙洞山农本重刻的目的是纠正其他版本词句上的错误并增加释义。

《西厢记》中出现词句、注音、释义的错误,一是版本在转刻、重刻时出现的笔误或庸者的恣意评点;二是原剧中唱词、念白多为市语、谑语、方言,乃至元朝时习音造成的讹误。方言、谑语、习音等造成的讹误,在不同版本"凡例"中均有提到,如继志斋本"凡例":"曲中多市语、谑语、方言,又有隐语、反语,有折白,有调侃。不善读者率以己意妄解,或窜易旧句,今悉正之。"而明万历三十九年(1611)《重刻订正元本批点画意北西厢》"凡例"几乎照抄继志斋本的此条,仅少了"不善读者"四字。另,明万历三十八年(1610)起凤馆本《元本出相北西厢记》"凡例":"奇中有市语、方言、隐语、反语,又有折白、调侃等语。要皆金元一时之习

---

① 蒋星煜:《西厢记的文献学研究》,上海古籍出版社1997年版,第206页。
② 明万历二十六年(1598)《重校北西厢记》(继志斋刊本),"刻《重校北西厢记》序"与"重校北西厢记凡例",载陈旭耀《现存明刊〈西厢记〉综录》,上海古籍出版社2007年版,第39、42页。

音也,似无贵于洞晓。不谙者率以己意强解,或至妄易佳句,今尽依旧本正之。"①

明万历前期的点校除了普遍注重注音、释义之外,对于剧中曲调与音律也各抒己见。如继志斋本"凡例":

《中原音韵》有阴阳、有开合,不容混用。第八出【绵搭絮】"幽室灯清""几棍疏棂",八庚入一东;十二出"秋水无尘",十一真入十二侵。俱属白璧微瑕,恨无的本正之,姑仍其旧。

杂剧与南曲,各有体式,迥然不同。不知者于《西厢》宾白间效南调,增【临江仙】、【鹧鸪天】之类。又增偶语,欲雅反俗。今从元本一洗之。②

而明万历二十八年(1600)《新刊合并王实甫西厢记》上卷"王实父西厢记叙":

姑举其大者而正之,如以【村里迓鼓】为【节节高】,并【耍孩儿】为【白鹤子】,引【后庭花】中段入【元和令】,分【满庭芳】一曲而为二,合【锦上花】二篇而为一,【小桃红】则窜附【幺篇】,【搅筝琶】则混增五句。③

另,明万历三十九年(1611)《重刻订正元本批点画意北西厢》"序":

且南北之人,情同而音则殊。北人之音雄阔直截,内含雅骚;南人之音优柔凄婉,难一律齐。今以南调释北音,舍房闼

---

① 明万历三十八年(1610年)《元本出相北西厢记》(起凤馆刊本)"凡例",载陈旭耀《现存明刊〈西厢记〉综录》,上海古籍出版社2007年版,第102页。
② 明万历二十六年(1598)《重校北西厢记》(继志斋刊本)"凡例",载陈旭耀《现存明刊〈西厢记〉综录》,上海古籍出版社2007年版,第41页。
③ 明万历二十八年(1600)《新刊合并王实甫西厢记》上卷"王实父西厢记叙",载陈旭耀《现存明刊〈西厢记〉综录》,上海古籍出版社2007年版,第79页。

态度而求以艰深，无怪乎愈远愈失其真也。①

由此可见，编辑者希望通过对注音、释义、曲调、音律等方面的修订增补，指出其他版本的讹误，表达自己在努力还原佳作原貌，极力宣扬自己重刻本的完整正确。

《西厢记》的重刻者都称自己依据元本或古本来校订、正之。但对于古本或元本，他们并没有完全辨别清楚。如明万历四十二年（1614）王骥德校注《新校注古本西厢记》"例三十六则"，第一则："记中，凡碧筠斋本，曰筠本；朱石津本，曰朱本；二文同，曰古本；天池先生本，曰徐本；金在衡本，曰金本；顾玄纬本，曰顾本。古今本文同，曰旧本；各坊本，曰诸本，或曰今本、俗本。"第二则："碧筠斋本，刻嘉靖癸卯，序言系前元旧本，第谓是董解元作，则不知世更有董本耳。朱石津本，刻万历戊子，较筠本间有一二字异同，则朱稍以己意更易，然字画精好可玩。古本惟此二刻为的，其余讹本。今刻本动称古本云云，皆呼鼠作朴，实未尝见古本也，不得不辩。"② 由此，古本称谓在很大程度上是书坊利用的噱头，或校订者假借古本树立权威。

继志斋本《重校北西厢记》借古本之名，立自己之威的意思似乎更明显。"凡例"前一条认为书中"第八出"与"第十二出"存在问题，属于"俱属白璧微瑕，恨无的本正之，姑仍其旧"；而后一条对于龙洞山农本《重校北西厢记》中所新增的【临江仙】【鹧鸪天】之类欲雅反俗的内容进行删减时，却又言"今从元本一洗之"。那么，继志斋本在校订过程中是有元本参照，还是无底本正之呢？令人陡生疑惑。前后矛盾的"凡例"如果不是笔误，则有两种可能。一种是的确有元本作为参照，也借助元本对"欲雅反俗的内容"进

---

① 明万历三十九年（1611）《重刻订正元本批点画意北西厢》"序"，载陈旭耀《现存明刊〈西厢记〉综录》，上海古籍出版社2007年版，第117页。
② 明万历四十二年（1614）《新校注古本西厢记》"例三十六则"，载陈旭耀《现存明刊〈西厢记〉综录》，上海古籍出版社2007年版，第133页。

行了删减，而"白璧微瑕"的地方没能在元本中找到参照。如果情况真是如此，"凡例"中应该都写作"元本"而非"凡例"中出现的一个写成"的本"，另一个写成"元本"，这或许又是一个笔误。另一种是在校注过程中，既没有"的本"也没有"元本"，一切都是校订者自己的理解与认知，只是假借"元本说"或"的本说"，而这种假借说法对于阅读者显然具有说服力。上述两种可能，基于"凡例"自相矛盾的推测，王骥德就曾言：真正见过古本的人并不多，而借用古本或元本之名的却不在少数。因此，重刊本中"元本"或"古本"之说，大多是为了假借立威。

如果说从"注音""释义""音律"上，尚不能充分显现或反映重刻者对于话语权的攫取；那么，在明万历四十四年（1616）何璧本《北西厢记》中却能强烈感受到校订者借重刻《西厢记》展现自己的话语权。何璧本"凡例"仅4条，远少于其他版本中的"凡例"，但仅此4条却掷地有声，绝不附会、借鉴、抄袭他人：

> 一、《西厢》为士林一部奇文字，如市刻用点板者，便是俳优唱本，今并不用。置之邺籖蔡帐，与丽赋艳文何必有间。
>
> 二、坊本多用圈点，兼作批评，或污旁行，或题眉额，洒洒满楮，终落秽道。夫会心者自有法眼，何至矮人观场邪？故并不以炎木。
>
> 三、市刻皆有诗在后，如莺红问答诸句，调俚语腐，非唯添蛇，真是续狗。兹并芟去之，只附《会真记》而已，即元白《会真诗》亦不赘入。
>
> 四、旧本有音释，且有郢书夜说之讹，殆似乡塾训诂者。今皆不刻，使开帙者更觉莹然。[1]

---

[1] 明万历四十四年（1616）《北西厢记》（何璧校刻本）"凡例"，载陈旭耀《现存明刊〈西厢记〉综录》，上海古籍出版社2007年版，第90—91页。

此4条"凡例"完全表达出他对《西厢记》的独到见解，让人耳目一新。第一，何璧将《西厢记》作为一部文学作品而非戏曲唱本来校订；第二，他认为对《西厢记》的评点无异于"矮人观场"，属于多余之事，应该由读者自己仁者见仁、智者见智地评点；第三，对于坊本、市刻所较为流行的注音、附录及相关的诗词歌赋一概删除，仅保留元稹《会真记》。

蒋星煜认为何璧在校订时，不是选定一本参考，而是借鉴了多种版本，同时依据自己的理解进行部分改动与删削。① 何璧对于此本《西厢记》，不仅按照自己的意愿进行了校订，而且在"序文"中进一步阐述了自己的见解：

> 《西厢》者，字字皆凿开情窍，刮出情肠。故自边会都，鄙及荒海穷壤，岂有不传乎？自王侯士农，而商贾卒隶，岂有不知乎？然一登场，即耆耋妇孺、喑聋疲癃皆能拍掌，此岂有晓谕之耶？情也！②

"序文"开篇，他便表达出对《西厢记》流行原因的不同看法。《西厢记》在繁华都会、穷乡僻壤均能广泛传播与流行，波及社会的各个阶层。这不禁令他怀疑："此岂有晓谕之耶？"但是，他明白没有人命令大众去喜爱《西厢记》，而是剧中至纯至真的儿女情感染了所有人，也感染了他。因此，他借白居易所言"人非土木终有情"③，作为西厢之"情"的论点。何璧眼中的儿女情，人皆有之，并无神秘特别之处，属于自然而然的真情流露。同时，对于何为情，何为"儿女情长，英雄气短"，表达出自己的观点。关于何为情，他写道：

---

① 蒋星煜：《西厢记的文献学研究》，上海古籍出版社1997年版，第185页。
② 明万历四十四年（1616）《北西厢记》（何璧校刻本）"序文"，载陈旭耀《现存明刊〈西厢记〉综录》，上海古籍出版社2007年版，第90页。
③ 明万历四十四年（1616）《北西厢记》（何璧校刻本）"序文"。原文："白香山不云乎：人非土木终有情？"载陈旭耀《现存明刊〈西厢记〉综录》，上海古籍出版社2007年版，第90页。

客曰："然则世之窈窕于枕席者，皆□□（情乎）？"予曰："不！此禅家所谓触也。夫倚翠偎红者，知淫而不知好色；偷香窃玉者，知好色而不知风流矣。名非司马，讵许挑琴？才不陈思，岂堪留枕？此则可语风流。风流，故情也。"①

他认为"窈窕于枕席者""倚翠偎红者""偷香窃玉者"皆不是为情，也不懂"情"，而如司马相如、卓文君才是"情"。对待"情"与"欲"的态度，则毫不讳言："名非司马，岂堪留枕？"没有"情"又何来"欲"呢？他的先"情"而后"欲"的观点，是对晚明社会情欲观的丰富。关于"儿女情长，英雄气短"，他的看法是：

世之论情者何瞆也，曰："英雄气少，儿女情多。"此不及情之语也。予谓天下有心人便是情痴，便堪情死；惟有英雄气，然后有儿女情。古今如刘、项，何等气魄，而一戚一虞，不觉作嚅呢软态，百炼刚化绕指柔矣。惟其为百炼刚，方能作绕指柔，此固未易与罗帏锦瑟中人道也。②

他的观点明显是针对《西厢记》的批判者而言的，尖锐者认为《西厢记》是一部"淫书"，而普遍反对者认为书中的儿女情长会减损人的英雄气概。他对批判者进行了全面的回击，他认为英雄气与儿女情并不矛盾，并以刘、项二人举例，在他眼中，此二人"百炼刚化绕指柔"，所以英雄也有真柔情。换言之，只有真柔情方显英雄气。他辩证地看待了儿女情与英雄气，而非将两者对立起来。蒋星煜认为该"序文"是一篇出色的文学理论和戏剧理论文章，③ 同时，更是何璧对

---

① 明万历四十四年（1616）《北西厢记》（何璧校刻本）"序文"，载陈旭耀《现存明刊〈西厢记〉综录》，上海古籍出版社2007年版，第90页。
② 明万历四十四年（1616）《北西厢记》（何璧校刻本）"序文"，载陈旭耀《现存明刊〈西厢记〉综录》，上海古籍出版社2007年版，第90页。
③ 蒋星煜：《何璧与〈明何璧校本北西厢记〉》，载《西厢记的文献学研究》，上海古籍出版社1997年版，第171页。

晚明社会发出的一份情感宣言。何璧借重新校订《西厢记》阐述了自己的情感观,显然是借重刻《西厢记》展现自我的话语权。

校订者、编辑者希望借重刻获取话语权,而其他人同样对话语权有所渴望,如唱本实施者——优人,只不过他们的话语往往被忽视或没有机会表达。明天启元年(1621)本《词坛清玩·槃蓮硕人增改定本》(西厢定本)"凡例":

> 此中词调原极清丽,且多含有神趣。特近来刻本,错以陶阴豕亥,大失其初。而梨园家优人不通文义,其登台演习,妄于曲中插入浑语,且诸丑态杂出。如念"小生只身独自"处,捏为红教生跪见形状,并不想曲中是如何唱来意义,而且恶浊难观。至于佳期之会,作生跪迎态,何等陋恶!兹一换而空之,庶成雅局。①

"凡例"指责部分优人在演剧时妄自加入"浑语",甚至恣意篡改表演程式等不良行为。而优人在曲中插入浑语,或许是忘词后的即兴发挥,或刻意加上助兴;也或许是优人对话语权的另类表达。当然,不排除优人在征询剧作家建议或与同行交流后改动的可能。②除篡改词句,优人将"佳期之会"中张生姿态改成跪迎,更被批驳为"何等陋恶"。但也有认同者,如明万历环翠堂本《袁了凡先生释义西厢记》"月下佳期"中,张生跪在门口迎接莺莺到来(图3-10)。另,王文衡绘《西厢记》"小红娘成好事",张生跪在莺莺面前(图3-11)。③ 由此可见,这两个版本认同优人的改变。

---

① 明天启元年(1621)《词坛清玩·槃蓮硕人增改定本》(西厢定本)"刻《西厢定本》凡例",载陈旭耀《现存明刊〈西厢记〉综录》,上海古籍出版社2007年版,第192页。

② 晚明剧作家与名优颇多交往。同时,校订唱本时征询多方意见亦较普遍。王骥德在校注《新校注古本西厢记》时与沈璟通过书信交换意见。沈璟,晚明戏曲家、戏曲理论家,吴江派领袖。参见蒋星煜《西厢记的文献学研究》,上海古籍出版社1997年版,第156、161页。

③ 王文衡,字青城,吴门人,活跃于明代万历至天启年间的画家、版画家。除此本插图外,还绘制了《琵琶记》《红拂记》《董西厢记》《明珠记》《牡丹亭》《邯郸梦》《南柯记》《紫钗记》《燕子笺》等十余种戏曲插图。参见(明)王文衡《明刻传奇图像十种》(出版说明),浙江人民美术出版社2013年版。

换言之，优人的话语被看到并被接受。如果说《西厢定本》是否定"佳期之会，作生跪迎状"的表演，那么环翠堂本和王文衡绘本则肯定了这一表演。表面上，彼此的态度相左；实质上，是各自不同观点、立场的表达。

图 3 – 10　月下佳期

来源：徐小蛮、王福康：《中国古代插图史》，上海古籍出版社2007年版，第130页。

图 3 – 11　小红娘成好事

来源：（明）王文衡：《明刻传奇图像十种》，浙江人民美术出版社2013年版，第131页。

在这场表演形式大讨论中，环翠堂本和王文衡绘本都运用插图来表达自己的观点和立场。由此，"插图"亦成为重刻者的又一种表达话语权的方式。如明天启年凌濛初本《西厢记》"凡例"："故以每本题目、正名四句，句绘一幅，亦猎较之意云尔。"显然，重刻者对于即将刊刻插图的数量、原则有着一套清晰的思路。在不同的《西厢记》版本中，"插图"数量，以及所要表达的内容均有所不同。如明万历三十八年（1610）容与堂刊刻《李卓吾先生批评北西厢记》插图20幅，此本没有以常见的情节内容为创作主题，而是选择《西厢记》中的经典曲文、诗句意境作为创作依据（图3-12）。而明万历三十九年（1611）本《重刻订正元本批点画意北西厢》10幅插图却是依据张楷《浦东诗》中的词句创作的（图3-13）。另外，现藏于德国科隆东方艺术博物馆的明崇祯十三年（1640）吴兴闵齐伋（寓五本）《西厢记》，全套20幅插图，采用了明代刻本中常见的"一画一折"形式，插图内容以描绘剧中情节为主。此套插图在画面构图上别出心裁，如在表现莺莺与张生初次会面以及红娘传书时，将人物形象绘制在器皿上；而在表现僧人惠明、杜将军、孙飞虎等人时巧妙地将所有人物安排在一盏旋转的走马灯上。此外，还有将人物、场景安置在折扇、手卷、挂轴、笺纸等各类物品中。这些截然不同的《西厢记》插图，表面上存在形式内容的差异，实际是重刻者借"图像"表达自己的观点，这无疑是重刻者展现话语权的又一种方式。

晚明时人通过重新校注、评点、批评、附加插图等手段，对于《西厢记》自由而热烈地抒发着自己的观点，一方面展示话语权，另一方面也可获利。特别是邀请名人批评、校订，借他们的名望博取更大的利益。当然，不排除出版者尊崇名人的学识、地位；名人通过批评、校订彰显学识，展现话语权，也收获利益。

图 3-12 《李卓吾先生批评北西厢记》插图

来源：陈旭耀：《现存明刊〈西厢记〉综录》，上海古籍出版社2007年版，第94页。

图 3-13 《重刻订正元本批点画意北西厢记》插图

来源：首都图书馆编：《古本戏曲版画图录》第三册，学苑出版社1997年版，第106—107页。

明崇祯四年（1631）本《北西厢》"凡例"曰"评以人贵"①。显然，名人效应可直接带来经济效益，而从长远来看，更能提升书坊的名誉与地位。因此，有的书坊甚至不惜假借名人名讳出版热门书籍。如明崇祯十三年（1640）本《李卓吾先生批点西厢记真本》"题卓老批点西厢记"："如假卓老、假文长、假眉公，种种诸刻盛行不讳。"② 另，《新刻魏仲雪先生批点西厢记》上卷次行署"上虞魏浣初仲雪父批评，门人李裔蕃九仙注释"。据陈旭耀研究，在现存魏仲雪所批评的戏曲唱本中均标有李裔蕃注释。因此，他认为是李裔蕃与书商合作，假借魏仲雪之名，刊行获利。③ 而真正由名人批评的书籍，并不如出版的那样多。更多是假借名人名讳，或是对他本稍加改动就直接翻刻。郎瑛曾诟病建阳书坊唯利是图，随意翻刻、盗版书籍。④ 实际上，唯利是图的不只建阳书坊，晚明时书坊间相互翻刻是较普遍现象，特别是对热门书籍的重刻和翻刻更易于获利。所以，"射利"成为驱动晚明重刻和翻刻的重要因素。

同时，在插图的运用上亦表现出趋利、迎合的态度。如明天启年间凌濛初朱墨印本《西厢记》"凡例十则"，第九则写道：

是刻实供博雅之助，当作文章观，不当作戏曲相也，自可不必图画。但世人重脂粉，恐反有嫌无像之为缺事者，故以每本题目、正名四句，句绘一幅，亦猎较之意云尔。⑤

"凡例"明确表达了三点：第一，重刻者认为《西厢记》是作

---

① 明崇祯四年（1631）《北西厢》"凡例"，载陈旭耀《现存明刊〈西厢记〉综录》，上海古籍出版社2007年版，第218页。
② 明崇祯十三年（1640）《李卓吾先生批点西厢记真本》"题卓老批点西厢记"，载陈旭耀《现存明刊〈西厢记〉综录》，上海古籍出版社2007年版，第233页。
③ 陈旭耀：《现存明刊〈西厢记〉综录》，上海古籍出版社2007年版，第176—180页。
④ （明）郎瑛：《事物类·书册》，《七修类稿》卷45，上海书店出版社2001年版，第478页。
⑤ 明天启年凌濛初朱墨印本《西厢记》"凡例十则"，载陈旭耀《现存明刊〈西厢记〉综录》，上海古籍出版社2007年版，第204页。

为"文章观"而非"戏曲相",故无须附图。第二,因主观愿望与现实差异太大,作为"博雅之助"的清雅之物,此时已然成为大众读本。由于大众尚俗,如果书籍之中没有配图,世人会认为是一种"缺事"。第三,明确提出了刊刻插图的原则、数量,以及画面构图的依据。重刻者从不必配图,讲到没图成为"缺事",最后明确提出插图的数量与原则。重刻者态度的转变,显然是为了迎合消费者的需求。从真名人到假名人,从不必配图到无图成为缺憾,变化的是书坊经营的手段,不变的是他们趋利的心态与原则。

明中期以后,书籍刊刻不再是一种单纯的印刷行为,随着一些失意文人①的加入,逐渐转变为一种复杂、多变,且具有时代特征的文化行为。他们认同印刷复制所带来的广泛而有效的传播性。于是,他们以极大的热情投入批评、校订、编辑这一文化行为,借此发表见解、展现才学。失意文人希望借重新批评、校订攫取话语权,更希望找回一些颜面。而书商通过重刻的行为来获取利益,甚至不惜弄虚作假。于是,晚明人用不断重复刊刻同一种书籍的行为,来肯定其利益攫取的合理性;并将失意文人对话语权的攫取,对自信心的重拾,自然而然地投射到一次次的重刻行为中。他们以重复的行为满足着晚明社会对大众文化的需求,也成就了晚明时期的印刷行业。

三 重刻与翻刻的插图

现存明弘治十一年(1498)刊刻的北京金台岳家《新刊大字魁本全相参增奇妙注释西厢记》下册卷末"牌记"写道:

> 尝谓古人之歌诗,即今人之歌曲。歌曲虽所以吟咏人之性情,荡涤人之心志,亦关于世道不浅矣。世治歌曲之者犹多,

---

① 上田信将科举考试落榜的知识分子称为"失意的知识人",并认为这些人包括为应考的考生编辑参考书,为一些书店编辑或著述,对小说等发表批评意见等从事文艺评论活动的人。其中冯梦龙、罗懋登均属这类"失意的知识人"。参见〔日〕上田信《海与帝国:明清时代》,高莹莹译,广西师范大学出版社2014年版,第311页。

若《西厢》，曲中之翘楚者也。况闾阎小巷家传人诵，作戏搬演，切须字句真正，唱与图应，然后可。今市井刊行错综无伦，是虽登垄之意，殊不便人之观，反失古制。本坊谨依经书重写，绘图参订，编次大字魁本，唱与图合，使寓于客邸、行于舟中、闲游坐客得此，一览始终，歌唱了然，爽人心意。命锓梓刊印，便于四方观云。

弘治戊午季冬金台岳家重刊印行。①

题记明确表达了重刻者的目的：一是满足闾阎小巷家传人诵，以及作戏搬演，故需要字句真正，唱与图应。二是寓于客邸，行于舟中，闲游坐客之时，一览始终，歌唱了然，作为爽人心意的娱乐消遣活动。而晚明时期，重刻的目的和想法已经不限于此。重刻者通过注音、注释、音律、批评，以及对插图内容、形式、数量的绘制编排表达自己的观点和看法。甚至，只是为了攫取利益的盗版翻刻。由于出版目的的变化导致书籍的重刻和翻刻频繁发生，这种情况在文本插图上表现得尤其明显。

"重刻"插图是指不同书坊针对《西厢记》进行文本插图的重新创作与刊刻。如金台岳家本、张深之本均属于重刻插图。②"翻刻"是指不同书坊刊刻出完全相同或相似的文本插图，翻刻类似于盗版。现存44种明刊《西厢记》插图中，重刻与翻刻现象均存在。其中，翻刻插图有以下三种形式。

一是不同书坊刊刻相同的插图。如熊龙峰刊本《重刻元本题评音释西厢记》（图3-14）与刘龙田刊本《重刻元本题评音释西厢记》（图3-15）所刊刻的插图完全相同。据陈旭耀研究，刘龙田本《西厢记》源自熊龙峰本《西厢记》，同时又都以徐士范本为源头。③

---

① 首都图书馆编：《古本戏曲版画图录》第1册，学苑出版社1997年版，第78页。
② 本书提出的"重刻"是在原创前提下对插图的重新刊刻。而晚明书坊在"翻刻"他人书籍时，也都重新刊刻了印版。而这种非原创的模仿或抄袭的重新刊刻，可称为"盗版"。
③ 陈旭耀：《现存明刊〈西厢记〉综录》，上海古籍出版社2007年版，第21、35页。

图 3-14　熊龙峰本《重刻元本题评音释西厢记》插图

来源：陈旭耀：《现存明刊〈西厢记〉综录》，上海古籍出版社 2007 年版，第 31 页。

图 3-15　刘龙田本《重刻元本题评音释西厢记》插图

来源：赵前：《明代版刻图典》，文物出版社 2008 年版，第 454 页。

厘清熊龙峰本与刘龙田本之间的关系，就不难理解两者插图为何相同。但仔细比对发现，熊龙峰本与刘龙田本之间仍存在细微差异。这种差异不是刷印导致的，而是熊龙峰本与刘龙田本插图印版存在差异。相类似的，还有明万历二十六年（1598）继志斋刊本《重校北西厢记》与明万历书林游敬泉刊本《李卓吾批评合像北西厢记》插图。陈旭耀认为它们属同系插图，[①]但他的表述不够准确。

---

① 陈旭耀：《现存明刊〈西厢记〉综录》，上海古籍出版社 2007 年版，第 162 页。

准确地说，它们出自相同底稿，即"粉本"①。鉴于插图印版上出现的细微差异，晚明时期可能存在专门为书坊提供插图稿者。②

二是环翠堂本《袁了凡先生释义西厢记》插图（图3-16）与继志斋本插图（图3-17），虽不完全相同，但存在明显的模仿关系。如两本中的"乘夜逾墙"插图，构图形式基本相同，人物动态几乎完全相同，建筑、树木、山石的数量、安放位置相似，不同的是人物大小，以及山石、树木形态等。

图3-16　环翠堂本《袁了凡先生释义西厢记》"乘夜逾墙"

来源：首都图书馆编：《古本戏曲版画图录》第2册，学苑出版社1997年版，第170—171页。

---

① "粉本"是古代人物画中的一种转移摹写的方法，即将画稿上的线条戳出许多小孔，并用粉袋轻拍表面，"粉"通过洞孔洒落在下面的纸上，形成点状轮廓线，以供临摹者依样绘制。同时，粉本具有保存、传播图样的功能，后逐渐引申为摹本、稿图以及画稿。

② 目前，没有直接材料证明图稿供应者的存在，但从明代绘画领域中较频繁出现使用"粉本"和"范本"，以及晚明商业运行中普遍存在的"牙行""捎客"等中间商、中间人，或可推断存在专门的画稿提供者。另外，明刊本中屡见"不许翻刻""不许重刻""敢有翻刻必究""翻刻千里必究"等内容，表明书坊普遍具备版权意识。明目张胆地临摹、抄袭，显然有违基本道德。据此可以进一步推断存在插图供稿者的可能。

图 3-17　继志斋本《重校北西厢记》"乘夜逾墙"

来源：首都图书馆编：《古本戏曲版画图录》第2册，学苑出版社1997年版，第36—37页。

三是局部重复或近似。如明万历三十九年（1611）刊刻《重刻订正元本批点画意北西厢》中第八幅款识为"勒马频回首，停车盼去踪"的插图（图3-18）与万历四十二年（1614）刊刻《新校注古本西厢记》①中款识为"伤离"的插图（图3-19），以及《重刻订正元本批点画意北西厢》中第十幅款识为"双珮朝天辞北阙，一鞭指引望西厢"的插图（图3-20）与《新校注古本西厢记》款识为"入梦"的插图（图3-21），在人物造型上均存在一定的相似性。

---

① 此本在陈旭耀著作《现存明刊〈西厢记〉综录》中，名为《新校注古本西厢记》；而在首都图书馆所辑录的《古本戏曲版画图录》中，名为《校注古本西厢记》。陈著记载，此本为明万历四十二年（1614）序刻，明王骥德校注，香雪居梓。首都图书馆载，此本为明王骥德撰，万历四十一年（1613）香雪居梓刊刻。此应属同一本书。此沿用陈著所载的书名。参见陈旭耀《现存明刊〈西厢记〉综录》，上海古籍出版社2007年版，第130页。参见首都图书馆编《古本戏曲版画图录》第3册，学苑出版社1997年版，第74页。

图 3–18　勒马频回首，停车盼去踪

来源：首都图书馆编：《古本戏曲版画图录》第 3 册，学苑出版社 1997 年版，第 112—113 页。

图 3–19　伤离

来源：首都图书馆编：《古本戏曲版画图录》第 3 册，学苑出版社 1997 年版，第 82—83 页。

图 3-20　双珮朝天辞北阙，一鞭指引望西厢

来源：首都图书馆编：《古本戏曲版画图录》第 3 册，学苑出版社 1997 年版，第 116—117 页。

图 3-21　入梦

来源：首都图书馆编：《古本戏曲版画图录》第 3 册，学苑出版社 1997 年版，第 84—85 页。

但是两本插图上均留有绘画者名讳。《重刻订正元本批点画意北西厢》插图上,镌刻一方"以中"钤印和"万历辛亥冬日虚受斋漫笔"款识。①《新校注古本西厢记》插图上,镌刻"叔宝""文淑"两方钤印和"长洲钱毂叔宝写,吴江汝氏文淑摹"款识。另外,《新校注古本西厢记》"例三十六则",第三十六则载:"绘图似非大雅,旧本手出俗工,益憎面目。计他日此刻传布,必有循故事而附益之者。适友人吴郡毛生,出其内汝媛所临钱叔宝《会真卷》索诗……叔宝今代名笔,汝媛摹手精绝,楚楚出蓝,足称闺阃佳事。"② 钱叔宝,名毂字叔宝,长洲人。文徵明弟子,精于山水、树石、小景,更得山之神气,意趣高古,笔法独步一时。③ 钱谦益《列朝诗集小传》亦辑录了他的事迹。④ 临摹者汝媛字文淑,为当时知名女画家。可以说,是两位名家为《新校注古本西厢记》插图提供了画稿。但是,《新校注古本西厢记》的刊刻时间却比《重刻订正元本批点画意北西厢》晚三年。两者之间的相似性是如何产生的?或许王以中也曾临摹过钱毂的《会真卷》索诗图,又或者是钱毂借鉴了王以中的插图才创作了《会真卷》索诗图,已很难厘清。但这种彼此借鉴、模仿的方式,在其他书籍中同样存在。如明天启年间刊刻《李卓吾评忠义水浒全传》(杨定见本)第五十一回"枷打白秀英"插图(图3-22)与明崇祯年间刊刻《警世通言》(金陵版)卷三十六插图(图3-23),以及《李卓吾评忠义水浒全传》(杨定见本)第五十六回"追甲赶时迁"插图(图3-24)与《警世通言》

---

① 名为"以中"的画家生平不详,暂未查到相关的史料记录。"以中"不知是其名还是字。而认定其姓"王",仅借鉴于该版本的第8幅插图中"不易父王生"的钤印。陈旭耀未明确该版本插图由"王以中"所绘,只是写有"以中所绘",也没有对"以中"做任何生平介绍。因此,"王以中"称谓是笔者结合陈旭耀的研究,提出的个人判断。参见陈旭耀《现存明刊〈西厢记〉综录》,上海古籍出版社2007年版,第111—120页。
② (明)万历四十二年(1614)王骥德本《新校注古本西厢记》,载陈旭耀《现存明刊〈西厢记〉综录》,上海古籍出版社2007年版,第137—138页。
③ (明)顾炳:《顾氏画谱》,河北美术出版社1996年版,第213页。
④ (清)钱谦益:《钱处士毂》,《列朝诗集小传》(下),上海古籍出版社2008年版,第486—487页。

（金陵版）卷二十二插图（图 3-25），均有雷同之处。

图 3-22 枷打白秀英
来源：《水浒全传插图》，人民美术出版社 1955 年版，第 46 页。

图 3-23 《警世通言》插图
来源：周芜编：《金陵古版画》，江苏美术出版社 1993 年版，第 354 页。

图 3-24 追甲赶时迁
来源：《水浒全传插图》，人民美术出版社 1955 年版，第 50 页。

图 3-25 《警世通言》插图
来源：周芜：《金陵古版画》，江苏美术出版社 1993 年版，第 353 页。

翻刻显然是受趋利思想的影响。郎瑛就曾言，建阳书商专以货利为计，凡遇各省所刻好书价高，即便翻刻。① 但此种现象在其他区域的书坊中同样存在。他们不仅翻刻大众通俗类书籍，甚至学术性书籍也成为他们翻刻获利的对象。② 当然，"翻刻"文本或插图只是晚明出版业中的个别不良现象，更多的是原创佳作。特别是重刻的《西厢记》插图，由于插图创作者对《西厢记》的理解不同，因此创作出不同形式、不同内容、不同功能的《西厢记》插图。晚明《西厢记》插图功能可分为三种。

第一，便于作戏搬演的实用功能。根据场次创作插图，《西厢记》全剧共计二十目。以《徐士范音释本》为例，全本分为二十目：第一目"佛殿奇逢"，第二目"僧房假寓"，第三目"墙角联吟"，第四目"斋堂闹会"，第五目"白马解围"，第六目"红娘请宴"，第七目"夫人停婚"，第八目"莺莺听琴"，第九目"锦字传情"，第十目"妆台窥简"，第十一目"乘夜逾墙"，第十二目"倩红问病"，第十三目"月下佳期"，第十四目"堂前巧辩"，第十五目"长亭送别"，第十六目"草桥惊梦"，第十七目"泥金报捷"，第十八目"尺素缄愁"，第十九目"郑恒求配"，第二十目"衣锦还乡"。现存44种明版《西厢记》中，多数依据二十目的名称进行插图创作，如熊龙峰本、刘龙田本、继志斋本等均是如此。

第二，增强文本的可读性，辅助理解文本。以《西厢记》文词或《浦东诗》《会真记》诗句作为插图立意、构思的基础。如明万历三十八年（1610）刊刻容与堂本《李卓吾先生批评北西厢记》20幅插图，没有根据剧目创作插图，而是根据《西厢记》精妙词曲进

---

① （明）郎瑛：《事物类·书册》，《七修类稿》卷45，上海书店出版社2001年版，第478页。

② 明末，苏州书种堂主人袁叔度，在万历三十六年（1608）刊刻袁宏道的《瓶花斋集》《潇碧堂集》后，曾发表"禁翻预约"。由此可见，晚明学术性书籍也存在被别人翻刻的风险。参见［日］井上进《中国出版文化史》，李俄宪译，华中师范大学出版社2015年版，第172—173页。

行创作。另,明万历三十九年(1611年)《重刻订正元本批点画意北西厢》10幅插图是根据张楷《浦东诗》创作的。

第三,突出插图的欣赏功能。《李卓吾先生批点西厢记真本》共20幅插图,[1] 其中10幅花鸟山石插图,10幅莺莺人物插图。这10幅人物图重点着墨于崔莺莺个人形象塑造,通过环境营造衬托出莺莺的10种心理活动(图3-26、图3-27)。此本20幅插图完全摆脱前两种创作思路,既不为了"作戏搬演",也不做文本辅助,只为了满足读者的欣赏需求。"西湖古狂生"题写的"庚辰阳月望日书十美图后",进一步反映出此本插图的主要功能在于方便读者读图赏画。

图3-26 《李卓吾先生批点西厢记真本》莺莺人物(1)

来源:首都图书馆编:《古本戏曲版画图录》第4册,学苑出版社1997年版,第360—361页。

---

[1] 明崇祯十三年(1640)《李卓吾先生批点西厢记真本》,插图20幅,其中10幅花鸟山石图像,10幅崔莺莺图像。插图中出现"洪绶""魏先""隐之"等署名。10幅莺莺像不是依据故事情节或场次绘制,而是将崔莺莺置于不同的情境中呈现。此类型插图在现存44种《西厢记》插图中极少见。

图3-27 《李卓吾先生批点西厢记真本》莺莺人物（2）

来源：首都图书馆编：《古本戏曲版画图录》第4册，学苑出版社1997年版，第362—363页。

夫惟生香难学，旷代所稀，是以绘画偶精，一时共赏。顾虎头戏图邻女，不闻擅誉风流。吴道子妙绝鬼神，未见标名窈窕。至于传奇模肖，更属优孟衣冠。乃斯册也，命旨绝去蹊畦，传神不事笔墨。彼姝者子，眉宇间都有情思；匪直也人，缃素中尽堪晤对。若入代王之梦，依约苕华；苟居吴子之宫，宛然轻雾。我方涉是耶非耶之想，君无作婉兮娈兮之观。①

此文针对插图提出专论，在现存44种明版《西厢记》中仅此一例，并且见解独到。首先，作者提出"生香"之美难以模仿表达，只在图画中偶尔见到；其次，他认为"十美图"算得上旷代所稀的佳作；最后，他认定"十美图"是佳作的原因，并非形象逼真而是传神。"传神"是他认定佳作的标准。同时，"传神"并非笔墨之

---

① 明崇祯十三年（1640）《李卓吾先生批点西厢记真本》，"书十美图后"，载陈旭耀《现存明刊〈西厢记〉综录》，上海古籍出版社2007年版，第235页。

戏，而是努力表现人物眉宇间的情思和精神。"西湖古狂生"从形似谈到神似，从人间的凝眉情思看到了宛若仙子的缥缈与超然。这既是一篇观后感，更是一篇关于形似与神似的画论。

晚明时期识文赏画日渐成为一种新的阅读方式，但仍然有人对于书中的插图颇多微词。明天启年凌濛初本"凡例"："是刻实供博雅之助，当作文章观，不当作戏曲相也，自可不必图画。但世人重脂粉，恐反有嫌无像之为缺事者。"①延阁主人订正《北西厢》"凡例"："摹绘原非雅相，今更阔图大像，恶山水，丑人物，殊令呕唾。兹刻名画名工，两拨其好。……俱案头雅赏，以公同好。良费苦心，珍此作谱。"②虽然这些"凡例"对插图颇多微词，但最终迫于现实的压力又选择刊载。而如何刊载，刊载怎样的插图，成为重刻者必须思考的问题。《李卓吾先生批点西厢记真本》"十美图"正是基于改变"原非雅相""似非大雅"的思考，创造出的一种博雅清新、可供案头把玩的雅致插图。"十美图"的出现，标志着文本插图在不断丰富和完善使用功能。从照搬冠服到辅助文本详尽书意，从逢迎趋利到图像赏析，既是插图功能的变化，亦是晚明社会风尚变化的缩影。

《西厢记》插图的翻刻与重刻现象，既有利益的驱使与考量，也有话语权的彰显。而对于文本插图的运用，重刻者既报以微词，又继续刊载。甚至不惜邀请名家绘稿，聘请名工镌刻。如此矛盾的行为，反映出重刻者所要妥协的远不止商业的利益，还有晚明社会日渐图像化的趋势。晚明文本插图正是在不断重刻、翻刻、改变、妥协中成长完善，并在中国美术史上留下浓墨重彩的一笔。

---

① 明天启年凌濛初本《西厢记》"凡例"，载陈旭耀《现存明刊〈西厢记〉综录》，上海古籍出版社2007年版，第204页。
② （明）延阁主人订正《北西厢》"凡例"，载陈旭耀《现存明刊〈西厢记〉综录》，上海古籍出版社2007年版，第219页。

第三节 名士的参与

现存 44 种明版《西厢记》中，参与批评、校注者有李卓吾、徐文长、陈眉公、袁了凡、魏仲雪、徐笔峒、张深之、汤海若、王世贞、王骥德、屠隆、李日华、陆天池。这些人多是晚明时期的名人、名士。他们热情地投入《西厢记》文本的批评、校订工作，积极地参与插图的创作。其中，不乏陈洪绶、唐寅、董其昌、钱縠等画坛领袖。名人、名士的参与不仅提升了书籍的价值，也创造出经典的文本插图与版本。

晚明的畅销书籍，除聘请名人、名士参与之外，绝大多数出自书坊主或名不见经传的失意文人之手。明崇祯十三年（1640）《王实甫西厢记（四本）关汉卿续西厢记（一本）》，由吴兴乌程闵氏书坊主闵齐伋号寓五校注刊印，即寓五本。另，罗懋登，字登之，号二南里人，陕西人，除校注《西厢记》之外，还注释过《投笔记》《金印记》《拜月亭记》，同时著有传奇《香山记》、神怪小说《三宝太监西洋记通俗演义》。[①] 罗懋登作为一个晚明城镇生活中以文治生的文人，为了生存，他积极参与书籍的编辑、校注、出版。对于名人、名士而言，获取利益或许是他们积极参与的诱因之一。但是，对话语权的攫取，对某种理想的期许，或许是另一个积极的诱因。

一 插图绘制者

晚明文本插图的绘制者，鲜有文献记载。但是，在各类明版书页中依然能找到只言片语的信息。继志斋本《重校北西厢记》"莺莺遗照"图款识为"明伯虎唐寅写，于田汪耕摹"[②]。这条款识透露

[①] 陈旭耀：《现存明刊〈西厢记〉综录》，上海古籍出版社 2007 年版，第 72 页。
[②] 明万历二十六年（1598）《重校北西厢记》（继志斋刊本），载陈旭耀《现存明刊〈西厢记〉综录》，上海古籍出版社 2007 年版，第 38 页。

出两个信息。第一，"唐寅写"表明此插图的原创者是唐寅；二、"汪耕摹"表明雕版用的图稿是汪耕临摹于唐寅的原创图。汪耕临摹的图稿，经由刻工镌刻成印版，最后刷印成继志斋本《重校北西厢记》"莺莺遗照"图。那么，汪耕和唐寅都是"莺莺遗照"图的绘制者，只不过前者是直接提供，后者是间接提供。同时，他们和镌刻工、刷印工又都属于文本插图图像的制作者。晚明文本插图除了部分名人、名家是直接的插图绘制者，更多的是间接的提供者。王骥德本《新校注古本西厢记》"序"中类似的间接提供者可以找到许多。

右《崔娘遗照》，见诸家旧本，传为宋画院待诏陈居中摹。按陶宗仪《辍耕录》，谓于武林中见此图，命盛子昭重摹，不知正此本否。祝希哲《跋语》，谓曾两见此图，大略相类，妖妍宛约，故犹动人，第稍伤肥。此本殊清丽不尔。然往观古周昉辈画美人，亦多较丰，不似近代专尚瘦弱。吴本又有唐伯虎所摹一纸，则真伤痴肥，大损风韵。或摹刻屡易，致失本真，今不并载。①

王骥德认为，插图《崔娘遗照》为宋画院待诏陈居中所创作，此后盛子昭、唐伯虎均绘制过。由此，盛子昭、唐伯虎，甚至"宋画院待诏陈居中"皆可视为《崔娘遗照》《莺莺遗照》的绘制者，不过他们属于间接提供者。

王骥德本《新校注古本西厢记》有插图22幅，其中1幅《崔娘遗照》。其余21幅，署名长洲钱毂叔宝写，吴江汝氏文淑摹。署名表达的意思与继志斋本《重校北西厢记》《莺莺遗照》款识相同。插图原稿出自名家钱毂创作的《〈会真卷〉索诗图》，王骥德并非直

---

① （明）万历四十二年（1614）王骥德本《新校注古本西厢记》中的《崔娘遗照》，载陈旭耀《现存明刊〈西厢记〉综录》，上海古籍出版社2007年版，第130页。

接从钱穀手中得到原稿，而是拿到了女画家汝嫒的临摹本。汝嫒的丈夫毛允遂是王骥德的朋友，也是《新校注古本西厢记》的点校者和"序"文作者。毛允遂作为王骥德的朋友以及该书出版的重要参与者，或许对插图的选用提出建议，并得到王骥德首肯。于是，《新校注古本西厢记》选用了钱穀创作、汝嫒临摹的画稿刊刻成插图。由此可见，有的提供者是无意间机缘巧合成为其中一员的，他们中既有当时的名家，亦不乏古人和女性。

除去无意间的机缘巧合者，也有积极主动者，还有人甚至独立完成整套插图的创作。如，明万历三十年（1602）李楩本《北西厢记》10幅插图集中于上卷卷首，图后附半页文字，即"万历壬寅秋八月为长木，图于晔晔斋中，吴门殳君素"，并镌刻两方阴文钤印"君素""质山"。殳君素，字质夫，姑苏人，画家，据称为钱穀、文休承入室弟子。明天启年凌濛初刻朱墨印本《西厢记》20幅插图，最后一幅左下角款署"吴门王文衡写"，并镌有一方阴文钤印"青城"。王文衡，字青城，苏州人，晚明著名画家。他还绘制了《琵琶记》《牡丹亭》《邯郸记》《红拂记》《红梨记》等书籍插图。明崇祯十二年（1639）张深之本《西厢记》，6幅插图，陈洪绶绘，项南州刊刻。陈洪绶字章侯，号老莲，浙江诸暨人，明末著名书画家，曾被召为内廷供奉。他不仅是张本插图创作者，也是该本的"参订词友"之一。他在张本插图创作中融入画家和参订词友的双重见解。张本插图仅5幅，量少极精。构图上，放弃明万历时期繁复细密的人物、场景充满整个画面的流行样式，而是借鉴戏曲舞台形式，将整个画面处理得空灵而富于变化。人物上，摒弃以往只注重人物外形刻画的方式，强调突出人物外形与内心相结合的造型方式。他对插图表现形式的开拓性创造，令张本插图成为中国美术史上的经典之作。

画家的参与，对于晚明插图艺术的发展起到积极的推动作用。明崇祯四年（1631）山阴延阁主人订正《北西厢》，共有21幅插图，除"莺莺像"之外，其余均采用"月光式"构图。"月光式"

构图去繁就简，清新雅致，始于明万历后期，与明万历早中期的插图形成鲜明的对比。晚明画家一方面积极参与插图创作，另一方面努力地创造出不同的表现手法和艺术风格，借此改变文本插图留给世人的"阔图大像"印象，为阅读者提供一种清新、雅致的案头赏阅之物。张本插图构图形式与"月光式"构图形式，既是他们所想，也是他们所创，更是他们所期许的。

在晚明画家群体中，仝君素、王文衡、陈洪绶都有独立完成整套文本插图创作的经历与经验。他们或许就喜欢创作整套的文本插图。亦不排除，他们视文本插图为话语权表达的另一种形式——"图像语言"，从而完成整套文本插图的创作。除独立完成之外，还有集体参与完成的。如，山阴延阁主人订正的《北西厢》共有 20 幅插图，其中 10 幅为花鸟山石插图，分别署名洪绶、蓝瑛、单期、周复、李告辰、关思、眉公、李云炉、董玄宰（董其昌）、之克，共计 10 人。陈洪绶，明末著名画家；蓝瑛，陈洪绶业师；董玄宰，松江画坛领袖；眉公陈继儒曾与董其昌一起学画。该本"凡例"中特别提到"兹刻名画名工，两拔其最"。可以说，参与其中的每一位都应是画坛名宿。当然，不排除聘请几位大家挂名，实则出自普通画师之手的可能。类似的还有明天启元年（1621）槃薖硕人增改《西厢定本》，15 幅插图，集中于上卷卷首。1 幅为唐伯虎绘《莺莺遗照》，其他 14 幅分别署名魏之璜、刘素明、钱贡（2 幅）、吴彬、袁玄（2 幅）、魏之克、董其昌、陶冶、喻希连、陶若水、毛鸿、董昭，加唐伯虎共计 13 人。另，明崇祯十三年（1640）《李卓吾先生批点西厢记真本》21 幅插图，集中于上卷卷首。其中 1 幅《双文小像》未见署名，但与张深之本《莺莺像》如出一辙，推断出自陈洪绶之手。其余 20 幅，有 10 幅是绘制莺莺在不同环境中的肖像图，另 10 幅绘制了花鸟竹石图并署名，有洪绶、陆喆、魏先、朱英、隐之、孙状、陆棨、黄吉、陆玺、曹振、厉颖、鲁得之、陆善、慧公。除此，陈旭耀整理明万历四十六年（1618）《鼎镌陈眉公先生批评西厢记》综录中，提到该本插图的绘者有庆云（萧腾鸿）、萧照鸣、蔡冲寰、米元章、王廷策、赵松雪、吴巽而等，未见其写明出处疑为插图上留的名字。

如此众多的晚明画家参与了插图创作，但实际出自名家之手的应该不多。究其缘由，第一，日用类书、医书、药书、农书等插图注重说明功能，不追求审美价值，并且这类书籍不在少数。第二，出于成本考虑。虽无法知晓晚明时期画家稿酬具体多少①，但稿酬应该属于书坊成本的一部分。因此，出于成本考虑，名家画稿的使用不会太多。第三，刻工在长期实践中，逐渐成为较有水平的画匠或画师。如黄一楷、黄一彬、项南州等均是著名刻工，能书善画；而刘素明更被誉为集绘、刻于一身的晚明版画家。②

晚明时期绘制插图的主力应该是书坊的刻工，长期实践令他们对于人物、场景等各种图像形态了然于心。同时，不断刊刻名家画稿亦

---

① 陈洪绶在《花卉山鸟图卷》款识中写道："辛卯（1651）暮秋，老莲得以一金得文衡山先生画一幅，以示茂齐，茂齐爱之，便赠之。数日后，丁秋平之子病笃，老莲借茂齐一金赠以买汤药。孟冬，老莲以博古页子饷茂齐，时邸中缺米，实无一文钱，便向茂齐乞米，茂齐遗我一金，恐堕市道，作此酬之，以矫夫世之取人之物一如寄焉者。"参见陈焯《陈章侯梅竹》，《湘管斋寓赏编》，江苏古籍出版社1986年版，第2760页。此款识涉及一套48幅《博古叶子》价值，文中提到陈洪绶曾向友人戴茂齐借一金（"金"在明代指白银，"一金"指"一两白银"），因无力偿还，将一套《博古叶子》赠给戴茂齐。此后，因家中无米又向戴茂齐借米。于是，戴茂齐又给了陈洪绶一金。但他依然无力偿还，于是决定将画作《花卉山鸟图卷》赠予戴茂齐，抵作自己乞来的一金。由此推断，陈洪绶认为其画作《花卉山鸟图卷》和《博古叶子》各价值一金。而戴茂齐第一次给的一金，应该是基于还陈洪绶赠送的文衡山画作。因为，此画是陈洪绶用一金所得。第二次给一金应该与陈洪绶赠送《博古叶子》有关。故在戴茂齐心中陈洪绶的画作也应该价值一金。另外，文衡山的画作也是一金所得。据此推测，晚明时期与陈洪绶齐名的画家画作或许在一金左右。而陈洪绶与戴茂齐显然是较为亲密的朋友，因此，他们之间以一金换一画的交换关系是否存在友情价格的因素，即陈洪绶将《博古叶子》和《花卉山鸟图卷》赠予戴茂齐均抵作一金，而给别人或商业性书坊的价格是否会更高？另外，明万历十三年（1585）南京出版的律令之书所列出的商品价格，1两白银能买到3.2石米，或320斤盐，或80斤茶叶，或200张纸，或400支毛笔。参见［美］高彦颐《闺塾师——明末清初江南的才女文化》，李志生译，江苏人民出版社2005年版，第42页。而此时的物价与陈洪绶记载的时间相距近七十年，但据井上进的研究，明天启四年（1624）平湖（浙江）家刻本《雪庐读史快编》共2366页，所需经费大概300两白银。参见［日］井上进《中国出版文化史》，李俄宪译，华中师范大学出版社2015年版，第149页。由此可见，明天启、崇祯年间的1两白银依然不是一个小数目。

② 陈旭耀：《现存明刊〈西厢记〉综录》，上海古籍出版社2007年版，第195—196页。

成为他们学习、提高的重要手段。因此，书坊往往将优秀刻工的作品，假称为名家之作。如明万历四十六年（1618）《鼎镌陈眉公先生批评西厢记》中两幅插图分别署名"米元章""赵松雪"一个是宋代画家米芾，一个是元代画家赵孟頫，显然是出自他人模仿，而模仿者最可能为书坊优秀而熟练的刻工。同样，部分署名晚明时期名家的插图，可能也出自优秀的刻工之手。晚明平凡的刻工在实践中打磨自己的技艺，创造艺术价值，他们或许才是晚明辉煌插图的真正创造者。晚明商业出版繁荣，一方面吸纳各阶层甚至女性参与其中，另一方面实用型印刷品[1]成为传播知识、娱乐生活的新工具。而名人、名士主动或被动地参与其中，都会自觉或不自觉地将上层文化与风尚，通过印刷制品向下层转移，并形成一种基于印刷传播的下移方式。

二 理想与现实的双赢

晚明时期名人、名士参与书籍出版活动，一方面是书坊慕其名望而邀约，另一方面亦有名人、名士想要借此机会展现自我。因此，晚明的出版业逐渐成为名人、名士，甚至失意文人展现才能、攫取利益、争夺话语权的场域。

"艺"是传统文人士大夫在治国理政之外，必须具备的一种能力，包括琴棋书画、诗词歌赋。张廷玉曾盛赞王世贞诗文名冠一时。[2] 不仅如此，他还曾与董其昌一起学画，二人在诗文书画上多有相契。徐渭则自评"书一、诗二、文三、画四"。无论是否恰当，他无疑是一位诗文书画兼修的全才。李日华不仅编著《南西厢记》，他还是一位山水画家。虽然高居翰认为他在晚明画坛的地位不高，[3] 但

---

[1]《水东日记》载："京师印卖春帖，有曰：雨露有恩沾万物，乾坤无处不三阳。"由此可见，明代印刷业不只印刷书籍，同时还印制与日用相关的印刷品。到晚明时期，除书籍印刷之外，与日用相关的印刷制品应更为广泛和多样。晚明社会初步形成独具历史特色的印刷文化。参见（明）叶盛《春帖征兆》，《水东日记》卷6，中华书局1980年版，第66页。

[2]《明史》卷287《王世贞传》，中华书局1974年版，第7381页。

[3] [美]高居翰：《山外山——晚明绘画（1570—1644）》，王嘉骥译，生活·读书·新知三联书店2009年版，第281页。

毕竟跻身晚明画家之列。另外,陈继儒评价陈洪绶:画最工,字次之,诗又次之①;并认为陈洪绶因绘画之才瞩目,掩盖了诗文造诣。由此可见,这些名人、名士都是集多"艺"于一身。因此,晚明时期参与批评、校注的文人雅士,只要他们愿意,都能画上几笔刊印成图。而实际上,许多名人、名士参与了批评、校注,但并未参与绘图。徐渭批评、批点、参订的各本《西厢记》中未见他署名的插图,也未见相关文献记载;其他书籍插图绘制亦未见其名。另外,陈继儒批评本《西厢记》亦未见他绘制的插图,仅在山阴延阁主人订正的《北西厢》中,有1幅署名"眉公"的插图。而仇英、董其昌的署名更是难觅。晚明时期有一部分名人、名士选择回避参与书籍插图创作,大概是出于对传统观念的坚守。

在文人士大夫眼中,诗词书画属于闲暇之事,而非心力专注所在。而"绘画"更是他们的一种闲情雅趣,甚至对"画家"称谓避之唯恐不及。虽然晚明时人已有了"艺到极精处,皆可成名,强如世间浮泛诗文百倍"②的认知,对于"画家""绘画"态度亦有所改变,但是他们又深陷"形似"与"意境"的争辩。晚明画家唐志契认为:"苏州画派论理,松江画派论笔。理之所在,如高下大小相宜,向背安放不失,此法家准绳也。笔之所在,如风神秀逸,韵致清婉,此士大夫气味也。"③论理追求"形似",论笔追求"意境",两者各有优劣。就技法而言,"形似"与"意境"属于两种不同的表现方式。若以"意境"之法去画形似之物,或是以"形似"之法追求意境之趣,有很大难度。追求"意境"的画家,他们熟练于笔墨趣味和气韵,疏于对逼真形态的追求与掌控。而文本插图只有通过"形似"才能准确地反映文本情节和人物。因此,对于

---

① 参见(明)张岱《立言·画艺》,载朱瑞侯校勘,王世裕刊印《三不朽图赞》,1923年版,第117页。
② (明)袁宏道:《与龚散木》,《袁中郎随笔》,作家出版社1996年版,第72页。
③ [美]高居翰:《山外山——晚明绘画(1570—1644)》,王嘉骥译,生活·读书·新知三联书店2009年版,第17页。

追求意境的画家而言，描绘出逼真的形态成为他们参与插图创作需要跨越的一道藩篱。虽然他们不断诟病绘画中"形似"的粗鄙，但他们想绘制"形似"的插图，却有心无力。因此，有的人因无法描绘出逼真形态，而被永远隔离在插图创作之外。但是，有的人却在插图艺术的创作领域得到丰厚的收获。陈洪绶就属于后者。高居翰称他是晚明最伟大的画家，也是晚明人物画的主宰。① 他的一生虽然充满了挫折颠沛，却依然在困顿中实现了理想与现实的双赢。

陈洪绶出身于官宦之家，从小就表现出极高的绘画天赋。他专注于绘画并非家族期许，也非其志向。绘画不过是他读书应试之余的闲事，科举入仕才是他追寻的正途。但是，他在科举之路上却屡屡受挫，直到四十四岁才借"纳粟入监"走入仕途。虽得到明崇祯帝朱由检的赏识，但并未如他自己期许的走上治国安邦之路。朱由检只是欣赏其绘画才能，召他为舍人，进宫临摹历代帝王像。与此同时，时局进一步恶化，官场丑陋亦令他极为失望。居京三年后，他辞官南归。仕途多舛，生活亦坎坷艰辛。他早年丧妻后再婚，两次婚姻共育六子三女。虽有祖产继承，但为避免兄弟相残又主动放弃。加之个人行为放荡不羁，好狎妓，喜纳妾，因此生活陷入极度窘迫。辞官后，为谋生活，他最终走上职业画家之路。林宜蓉认为，陈洪绶一生在理想顿挫与现世抉择中展现出一种"狂士画家"的生命形态。观其一生，存在"社会我""理想我""现实我"三"我"不一致的矛盾特质。② 但是，林宜蓉只看到陈洪绶人生中矛盾的一面。陈洪绶的一生并非都充满矛盾。林宜蓉认为："亲朋好友纷纷劝说陈洪绶，移家入城就近卖画，资救亲友活口无数方是正途。于是，他离开薄坞入城，成了正式的职业画家，这可说是深受时势现实所

---

① ［美］高居翰：《山外山——晚明绘画（1570—1644）》，王嘉骥译，生活·读书·新知三联书店2009年版，第306页。
② 林宜蓉：《理想的顿挫与现世的抉择——陈洪绶"狂士画家"生命形态之展开》，载《朵云68：陈洪绶研究》，上海书画出版社2008年版，第157—206页。

逼迫、不得不如此的抉择。"① 林宜蓉所看到的陈洪绶的无奈、矛盾的确存在。但同时应该看到,陈洪绶愤然辞官南归时,正值风雨飘零的乱世。而一个愤世嫉俗、辞官南归的没落失意文人,居然能以卖画"资救亲友活口无数",这应该算得上是一种幸运与幸福。

此外,陈洪绶44岁通过"纳粟入监"步入仕途,他"纳捐"的钱应该多数为卖画所得,其中或许包括张本插图的酬劳。② 他辛苦作画虽然可以获取一定酬劳,但并非为了敛财。他穷尽一生的理想是步入仕途,从21岁中秀才③后,二十多年未获得更高功名,直到44岁通过"纳粟入监"进入国子监。虽然这一过程漫长而艰辛,但是他实现了自己一直的理想——步入仕途。当他走进国子监的一刻,应该是苦楚与幸福并存。不可否认,在这一过程中,他经历了理想顿挫和现世抉择的冲突、纠结、挣扎。但此时,他感受到的应该是理想与现实的双赢。晚明时期经历抉择、感受顿挫,甚至为生存而放弃理想的人不在少数。而陈洪绶通过商业的"抉择",不仅"资救亲友活口无数",更实现了自己的理想。如果一定要将出将入相视为一种理想,那么理想顿挫感并不只存在于陈洪绶一个人身上,可以说人人皆有。

陈洪绶的绘画之才帮助他实现了步入仕途的理想。但是,随着他一次次顿挫与抉择的经历,他的理想应该不仅限于政治领域,绘画或许逐渐成为他的另一个理想。张本《西厢记》插图充分展现了陈洪绶的才华,达到中国古代插图艺术与版画艺术的双高峰。如此巅峰之作,如果仅从攫取利益或话语权的视角观察,显然是不够全面的。考察陈洪绶一生创作的插图,或许能找到真正的答案。

---

① 林宜蓉:《理想的顿挫与现世的抉择——陈洪绶"狂士画家"生命形态之展开》,载《朵云68:陈洪绶研究》,上海书画出版社2008年版,第185页。
② 陈传席认为42岁前后是陈洪绶的创作高峰期,他创作张本插图时,应该在42岁。参见陈传席《明末怪杰——陈洪绶的生涯与艺术》,浙江人民美术出版社1992年版,第13页。
③ 陈传席:《明末怪杰——陈洪绶的生涯与艺术》,浙江人民美术出版社1992年版,第10页。

陈洪绶 19 岁曾创作"九歌人物图"11 幅，其中的《屈子行吟图》于明崇祯十一年（1638）刊刻印刷。其后，创作李延谟本《西厢记》插图（明崇祯四年，1631）；《水浒叶子》图像（明崇祯六年至七年，1633—1634）；《节义鸳鸯塚娇红记》插图（明崇祯十一年，1638）；张本《西厢记》插图（明崇祯十二年，1639）；《博古叶子》图像（清顺治八年，1651）。由此可见，他的插图创作基本出自青壮年时期，这是一个艺术家创作成熟、旺盛的时期。此时选择同一种表现形式持续创作，应该是艺术家受到强烈的自主意识驱使，或是为了实现某种理想而做出不间断的努力。当然，亦不排除利益驱使的因素。

陈洪绶 19 岁因何创作"九歌人物图"已难见只言片语的记载。也许，这只是年轻人的一次率性而为。他 19 岁首次尝试依据文本创作图像，23 年后创作出传世经典之作——张本《西厢记》插图。在这 23 年间，他陆续参与各种插图创作，显然不再是率性而为，而是展现出为达目的不断努力的信念。他一生创作了多种类型的印刷图像，从《屈子行吟图》到张本《西厢记》插图以及《水浒叶子》《博古叶子》等，各种印刷图像的创作成为他艺术成就的重要组成部分，而张本《西厢记》插图更成为他艺术成就的重要代表之一。可以说，张本《西厢记》插图是他用思想与才情解读文本，探究人物心理世界后创作的。他希望借此将自己对戏曲的理解、对剧情的感悟以及对美好恋情的向往[1]呈现给阅读者。陈洪绶对于文本插图创作

---

[1] 张岱《陶庵梦忆》多次提到陈洪绶参与戏曲表演，他对戏曲舞台、表演的理解应该较深刻。同时，张本《西厢记》中他既是插图创作者，也是参订词友之一。他对《西厢记》有自己的见解与感悟。而《西厢记》中崔张的爱情故事，在陈洪绶这里更能产生浪漫情愫的共鸣。他曾写过《咏陈琼海棠》诗："其一，阿侬自负王昌首，细按红牙紫凤鸣。学得内乡新曲子，海棠花下问陈琼。其二，千秋画苑写崔莺，费尽春工总不成。侬若画时呼欲下，海棠花下榻陈琼。"参见（明）陈洪绶《陈洪绶集》，吴敢辑校，浙江古籍出版社 1994 年版，第 347、264 页。这是他寻花问柳时创作的浓词艳曲，也是一种情感体验。他将自己丰富的情感经验与崔张的爱情故事相融合，通过张本《西厢记》投射到插图创作中，展现出一段美好的恋情。从舞台化的画面呈现，到人物心理的描摹与刻画，这些都体现了他对生活、情感的领悟。或许，追求感悟生活的插图创作是他的理想。虽然并不容易，但在张本《西厢记》插图中，他成功地将生活感悟融入文学插图创作过程，并完成了一次情感的投射。

的热情与执着,反映出他将市民文学与印刷技术相结合的文本插图艺术看作他艺术创作的新理想。可以说,张本《西厢记》插图的创作,让他实现了理想与现实的双赢。

陈洪绶尚且能在理想顿挫与现实抉择的矛盾中实现理想与现实的双赢。而其他参与者,亦应该或多或少地实现了自己的理想。虽然他们中有的为理想而来,有的为利益而来,但是他们都努力地实现着自己的目标,更为晚明社会增添了印刷文化视角下的图像。

第四章　晚明文本插图延伸视角

绘画作品之所以被称为"艺术品",一是源于绘画者对于作品的原创性思考,二是因为绘画作品具有唯一性。插图画稿属于绘画作品,但它最终呈现给受众的是批量印刷的复制品——文本插图。因此,文本插图与绘画作品存在数量和呈现方式上的差异。晚明印刷技术的不断进步,推动了手工绘制图像向刷印复制图像的转变。晚明时期的《顾氏画谱》《唐诗画谱》《十竹斋笺谱》正是通过刷印复制,将小众的绘画艺术转变成大众共赏的图谱和图册。

晚明时期书坊刷印复制的各类文本插图,对于阅读者以及社会的影响毋庸置疑。柯律格认为:"在中国,数百年以来,一个高度商业化的印刷和出版工业已能把文本和图像进行机械复制并在整个帝国境内的读者群中广泛传播……如果仅仅是'相同的图像、地图以及图表可以被散布在各处的读者们同时看到这一事实,本身就构成了一场交流上的革命'的话,那么这场革命在古登堡之前几百年的中国已经发生了。"[1]

如果说晚明书坊的刷印复制技术恰如柯氏所言,引发了一场不同地域不同读者相同图文信息阅读交流上的革命;那么书坊刷印过

---

[1] [英]柯律格:《明代的图像与视觉性》,黄晓鹃译,北京大学出版社2011年版,第31—32页。

程中的"复制行为",难道只是引发了阅读交流上的变革?它们是否亦对社会变化产生了一定的影响?虽然这一设想看似有些天马行空,但是晚明社会的确存在着各种相似的"复制行为",并且这种行为亦与生活、社会之间存在着各种连接与互动。如绘画中逐渐形成套路和模式的应酬画;借助"粉本"的临摹;重绘名家之作。而在小说、戏曲创作中,常常以社会现实和热门事件为描摹对象展现原委、抨击时弊。同时,明人崇奢尚奇之风由一个区域向另一个区域的扩散与传播,是否亦隐含复制与被复制的关系?无论是与否,复制的行为或许可以成为讨论晚明社会生活的一个话题。

第一节 复制的行为

书坊刊刻一本新书,首先由眷写吏抄写文本,画工绘制画稿;其次由刻工镌刻成印版;再由刷印工印制;最后装订。从写、绘、刻、印到装订成册,这就是复制的全过程。"复制"是书坊的基本工作,而大量复制亦是书坊获利的手段。同时,书坊亦存在不光彩的复制行为——"翻刻"。对于书坊而言,光彩或不光彩的复制行为都在为晚明社会提供价廉的文化产品。应该看到,"复制行为"不仅成为传播知识、引发阅读交流变革的手段,同时对于社会风尚的变化也产生了一定的影响。

晚明奢靡之风的兴起既有文人士大夫的引领,效仿者的功劳亦不容忽视。奢华享受原是少数人的生活状态和喜好,随着效仿者的增多,奢靡之风悄无声息地渗透到晚明社会的各个阶层,默默改变着一个社会的传统样貌。

一 社会风尚与"复制"

时人王锜在《寓圃杂记》中记载了这样一则故事:

金陵张允怀,以画梅游苏、杭间。其为人好修饰,虽行装,必器物皆具。一夕，泛江而下，月明风静，舣舟金山之足，出酒器独酌。将醉，吹洞箫自娱，为盗者所窥。夜深，盗杀允怀于江，取其酒器以去。视之，则皆铜而涂金者也。此亦可为虚夸者之戒。①

此后，明万历朝进士顾起元在《客座赘语》中转载了这则故事。② 相同的故事，出现在两部笔记杂谈中。两位作者既惋惜画家张允怀的遇害，更是在表达他们对奢靡之风的担忧。画家张允怀外出游历小酌，被歹人谋财害命，令人惋惜。是他"为人好修饰"的嗜好害了自己的命。张允怀好修饰，或能从何良俊的记述中找到蛛丝马迹：

近年以来，吾松士夫家所用酒器，唯清河、沛国最号精工。沛国以玉，清河以金。玉皆汉物，金必求良工，仿古器仪式打造，极为精美。每一张燕，粲然眩目。

另：

尝访嘉兴一友人，见其家设客用银水火炉、金滴嗉。是日客有二十余人，每客皆金台盘一副，是双螭虎大金杯，每副约有十五六两。流宿斋中，次早用梅花银沙锣洗面。③

何良俊笔下的江南大户拥有的财富和奢华的生活令人咋舌。而张允怀好修饰，正是因为他对大户人家餐桌上炫目而华丽的餐具无比羡慕。为了满足这种虚荣心，他请人打制出一套同样炫目而华丽

---

① （明）王锜《张允怀遇盗》，《寓圃杂记》卷10，《明代笔记小说大观》，上海古籍出版社2005年版，第357—358页。
② 参见（明）顾起元《好夸之戒》，《客座赘语》卷6，《明代笔记小说大观》，上海古籍出版社2005年版，第1339页。
③ （明）何良俊：《四友斋丛说》卷34，上海古籍出版社2005年版，第1148页。

的涂金酒器。实质上,他是在"复制"大户人家的奢华感。

巫仁恕认为,晚明奢靡之风盛行的原因是当时已经形成消费型社会。① 而消费需求的不断扩大导致晚明时人效仿、复制生活风尚的速度进一步加快,特别是在女性服饰上。

> 留都妇女衣饰,在三十年前犹十余年一变。迩年以来,不及二三岁,而首髻之大小高低,衣袂之宽窄修短,花钿之样式,渲染之颜色,髻发之饰,履綦之工,无不变易。当其时,众以为妍;及变,而向之所妍未有见之不掩口者。②

三十年前,女性服饰大约每十年发生一次变化。但近年,两三年就发生一次,并且是从头到脚的变化。新样式的出现令众人纷纷效仿,而这种效仿往往只是盲从。正是众人盲目效仿复制,令南京的女装样式两三年即变化一次。南京女性对于新服饰的效仿、复制应该是积极主动的,但是有一些效仿、复制则是迫于社会、群体的压力。

明正德、嘉靖之前,官员们骑马、驴或步行上朝都是常事,而正德、嘉靖之后,这样上朝就会被人小瞧或嘲笑:

> 今即幕属小官,绝无策骑者,有之,必且为道傍所揶揄。忆戊戌己亥间,余在京师犹骑马。后壬寅入都,则人人皆小舆,无一骑马者矣。③

明正德、嘉靖之后官员乘轿上朝,很大程度上是惧怕被嘲笑。巫仁恕认为,晚明乘轿文化的流行并非因乘轿者受到外界的压力,而是他们将乘轿视为炫耀性消费,并希望借此确定自己在社会中的

---

① 巫仁恕:《品味奢华:晚明的消费社会与士大夫》,中华书局2008年版,第27页。
② (明)顾起元:《服饰》,《客座赘语》卷9,《明代笔记小说大观》,上海古籍出版社2005年版,第1422页。
③ (明)顾起元:《舆马》,《客座赘语》卷7,《明代笔记小说大观》,上海古籍出版社2005年版,第1374页。

身份与地位。① 无论是为了自我炫耀还是迫于压力，官员间相互效仿复制导致乘轿成为官场共识。另外，晚明人尚奇好奇的文化个性②成为效仿复制的另一诱因：

> 马尾裙始于朝鲜国，流入京师，京师人买服之，未有能织者。初服者，惟富商贵公子歌妓而已，以后武臣多服之。京师始有织卖者，于是无贵无贱，服者日盛。③

"马尾裙"原是朝鲜服饰，因造型奇特，导致富家公子、歌妓、武臣争相穿着，日渐成为京师的流行服饰。晚明时人或主动或被动，或是为了满足好奇心而效仿复制，这既有他们对街头巷尾变化的敏锐观察，也有他们对书籍插图内容的效仿。

明人乐游尚游，喜欢寄情于山水，更喜欢在美景中饮酒品茗。这一嗜好在晚明文本插图中多有呈现，如明万历版《新刻京版青阳时调词林一枝》插图，三人在郊野席地而坐，两童子在侧，一个温酒，一个奉茶（图4-1）。明崇祯六年（1633）版《新镌古今名剧酹江集》插图"杜子美沽酒游春"，船篷下三男一女围桌而坐，童子温酒，艄公撑船，一行七人泛游湖上（图4-2）。此外，明崇祯版《郁轮袍传奇》插图"昼栏凭曲花如绮"，三人携歌妓一名游历于瀑流深潭旁，另有茶僮二人（图4-3）。另，明崇祯十年（1637）

---

① 巫仁恕：《品味奢华：晚明的消费社会与士大夫》，中华书局2008年版，第97—107页。

② 王正华指出，晚明文化中有"好奇"的一面，他认为，明代日用类书中屡屡出现的有关"诸夷门""山海经"的记载与图绘，可视为晚明社会好奇风潮的体现。参见王正华《生活、知识与文化商品——晚明福建版"日用类书"与其画门》，载胡晓真、王鸿泰编《日常生活的论述与实践》，允晨文化实业股份有限公司2011年版，第288页。此外，晚明的书籍中，常见异体字与怪字，这与晚明时期"尚奇""好奇"之风分不开。晚明日用类书"书画门"刊载的各种字体种类繁多且形态怪异，如"暖江锦鳞聚""蝌蚪颠顶作"等字体。

③ （明）陆容：《菽园杂记》卷10，《明代笔记小说大观》，上海古籍出版社2005年版，第471页。

版《白雪斋选订乐府吴骚合编》插图《秋闺》，小姐半倚山石侧身眺望，女僮摇扇煮茶（图4-4）。这些插图直观生动地反映出明人好游历的特性。而以《新镌海内奇观》为代表的游历类图文书籍的流行，亦成为带动晚明出游风尚的因素之一。文本插图中的游历场景是对真实出游的"复制"，同时游历场景的文本插图又成为人们出游实践的参照或效仿对象。在晚明的日常生活中，效仿者与被效仿者时常出现身份互换，形成一种"复制"与"被复制"的交互关系。这促使晚明文化、知识、风尚、趣味等各个方面，由单一的自上而下的流动转变为上下之间的相互流动。

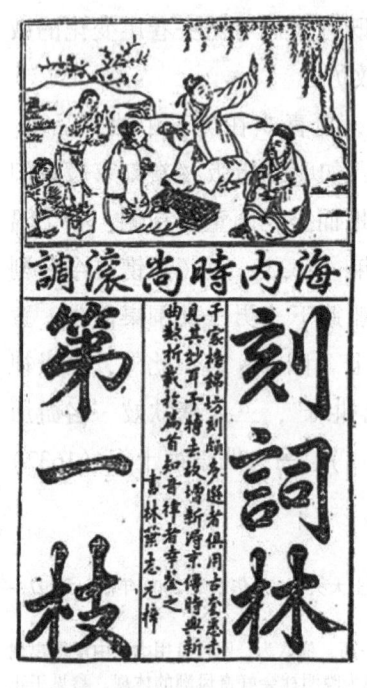

图4-1 《新刻京版青阳时调词林一枝》插图
来源：首都图书馆编：《古本戏曲版画图录》第1册，学苑出版社1997年版，第142页。

图4-2 杜子美沽酒游春
来源：首都图书馆编：《古本戏曲版画图录》第4册，学苑出版社1997年版，第216页。

图 4-3 昼栏凭曲花如绮

来源：首都图书馆编：《古本戏曲版画图录》第 4 册，学苑出版社 1997 年版，第 344 页。

图 4-4 秋闱

来源：首都图书馆编：《古本戏曲版画图录》第 4 册，学苑出版社 1997 年版，第 258—259 页。

除《新镌海内奇观》成为出游者游历实践的参照之外，随着鉴赏类书籍《长物志》《遵生八笺》《茶具图赞》的刊刻出版，人们对于典雅、精致的生活亦有了参照、效仿的对象。柯律格认为，《长物志》的出版是为了指导消费，并通过对雅趣、品位标准的制订和坚守，减轻或缓解对物之焦虑。[1] 柯氏既看到了《长物志》出版背后隐含的因素，亦看到了《长物志》对大众正确消费观的指导作用。

《三才图会》"器用卷"刊载的《山游提合图式》和《提炉图式》（图4-5），呈现的是出游携带的器物。《山游提合图式》描绘了携带菜肴的食盒，《提炉图式》描绘了携带户外温酒器、煮茶炉的提盒。除详细图解之外，还附有说明文。

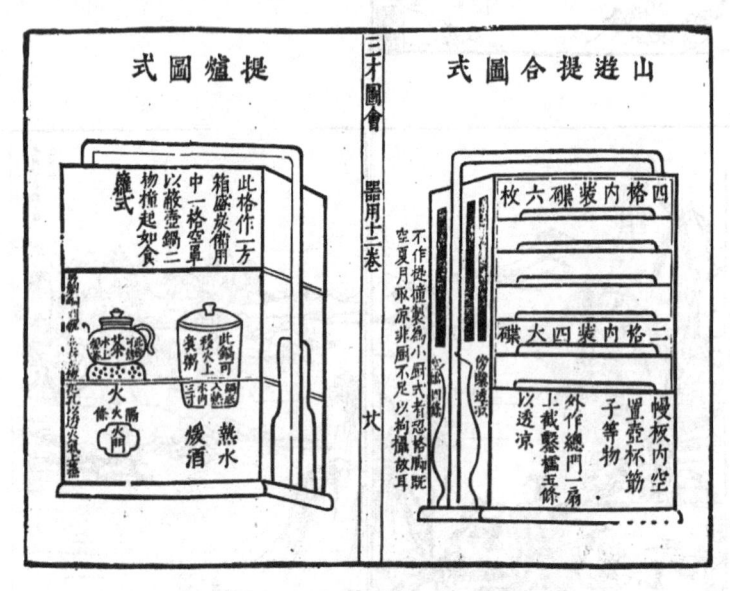

图4-5 《山游提合图式》《提炉图式》

来源：（明）王圻、王思义：《三才图会》（中），上海古籍出版社1988年版，第1337页。

---

[1] [英]柯律格：《长物：早期现代中国的物质文化与社会状况》，高昕丹、陈恒译，生活·读书·新知三联书店2015年版，第142页。

《三才图会》"器用十二卷"中详尽、细致地记录了提盒的形制功能，可见王圻严谨的治学态度，但也不排除为效仿者提供精准的复制标本的目的。《山游提合图式》和《提炉图式》不仅为效仿者提供了可参照的器物，更为效仿者提供了一种可参照的生活。因为，人们更希望效仿士人出游的雅趣。而"提合"和"提炉"，代表的正是文人士大夫的雅游。事实上，效仿者中没有多少人真正懂得文人士大夫的雅趣，但至少要做到形似。特别是商人阶层，他们经济富足，因此，希望原样复制出士人生活中的一切，哪怕只是形似。这不仅可以拉近他们与士人之间的距离，更有助于进一步提高其自身的地位。与此同时，商人阶层在效仿士人生活的过程中，亦创造出一种属于商人的生活——僭越礼制的奢靡。这或许令最初的引领者始料不及，柯律格将这种始料不及看成晚明文人士大夫的集体焦虑。实际上，他们并非只有焦虑，亦在积极寻找重新引领的方式。于是，他们刊刻出指导雅趣和品位的书籍，希望借塑造新范式，继续引领社会风尚。

　　或许，文震亨撰写《长物志》是因为自己的雅趣生活和鉴赏品位被广泛地、不间断地效仿复制。而这些效仿复制行为，在他眼里犹如东施效颦，令他不快。于是，他希望借撰写《长物志》塑造一种新的范式，再次回到指导者和引领者的位置。而晚明社会正是在无数个体相互攀比、效仿复制的过程中，走向对情的纵乐和对物的困惑。

二　市民文学与"复制"

　　晚明时期以戏曲、小说为代表的市民文学异常活跃。城镇的繁荣带动了市民阶层的兴起，为了满足市民阶层的文化生活需求，便出现了市民文学。市民文学主要描写市民生活与爱情，反映大众需求与愿望。[①]

---

① 夏征农：《辞海》，上海辞书出版社1989年版，第395页。

市民文学的基本特征是"情""浅""细"①。无论是男女之情还是爱国之情，只有以情感人才能被大众接受与喜欢。市民文学中的情感描述，一方面来自作者个体的感受，另一方面是对现实生活的描摹。何良俊认为，晚明戏曲中较少出现慷慨、激昂之情，多以男欢女爱的"情词"为主。②他的观察反映出晚明社会开放的言情生活对于戏曲创作具有一定的影响。而文学作品对于现实生活的描摹是与读者产生共鸣的重要因素。

市民文学中的"浅"同样源自对现实生活的描摹。浅显的文字或唱词，甚至大众化的浅陋语言，令观者、读者亲切易懂。而市民文学中的"细"即是对现实生活的真实再现。谢肇淛言："惟《三国演义》与《钱唐记》、《宣和遗事》、《杨六郎》等书，俚而无味。何者？事太实则近腐，可以悦里巷小儿。"③谷口生则认为，传奇小说"令读之者如临其事焉"④。而如临其事之感，充分说明作者对生活描摹得细腻真实。由于描写太过真实细腻，导致观者对号入座，随着作品中的人物哭笑悲喜：

> 宦官妇女看演杂戏，至投水遭难，无不恸哭失声，人多笑之。余谓此不足异也。人世仕宦，政如戏场上耳，倏而贫贱，倏而富贵，俄而为主，俄而为臣，荣辱万状，悲欢千状，曲终场散，终成乌有。⑤

谢肇淛认为，因观剧而失声痛哭并不为奇，因为"官场如戏"

---

① 方志远：《明代城市与市民文学》，中华书局2004年版，第21—23页。
② 参见（明）何良俊《四友斋丛说》卷37，《明代笔记小说大观》，上海古籍出版社2005年版，第1168—1169页。
③ （明）谢肇淛：《五杂俎》卷15，《明代笔记小说大观》，上海古籍出版社2005年版，第1828—1829页。
④ （清）谷口生：《生绡剪弁语》，转引自丁锡根编著《中国历代小说序跋集》，人民文学出版社1996年版，第616页。
⑤ （明）谢肇淛：《事部》3，《五杂俎》卷15，《明代笔记小说大观》，上海古籍出版社2005年版，第1830页。

"人生如戏""戏如人生",因此导致观者或嬉笑怒骂,或痛哭流涕。可以说,市民文学正是对现实生活的描摹复制,如实地反映出市井生活的百态而受到大众追捧。《金瓶梅》作为晚明市民文学的代表,侯会认为,"小说(金瓶梅)所反映的,应即16世纪末、17世纪初这一段历史时期的社会状况及经济信息"①。在侯会眼中,《金瓶梅》是借文学中的宋代社会,复制了晚明社会的各种细节。可以说,晚明作家用文学的手法对现实社会进行描摹复制,营造出一个文学与现实相交织的世界,并以此美化生活或抨击时弊。

晚明市民文学一方面关注市井生活,反映下层疾苦;另一方面对于国家政治事件也给予关切。如明万历时期的张居正案就被编成故事,刊刻出版,流于坊间:

近时张江陵事,议论纷纷,田野老农,岂识庙堂事?偶见坊刻有翰林于慎行上月林邱少司寇檄书,其言似公。②

此外,讨论明代政治,宦官专权是绕不过去的话题。因此,在市民文学中对于为非作歹、恶贯满盈的宦官亦多采取真实、直白的描摹,进行彻底的揭露批驳,甚至搬演上舞台:

魏珰败,好事作传奇十数本,多失实,余为删改之,仍名《冰山》。城隍庙扬台,观者数万人,台址鳞比,挤至大门外。一人上,白曰:"某杨涟。"□□诤譁曰:"杨涟!杨涟!"声达外,如潮涌,人人皆如之。③

明万历二十四年(1596),大批宦官前往各地充当矿监税使,所

---

① 侯会:《写在前面——〈金瓶梅〉:一部晚明社会食货志》,《食货金瓶梅——从吃饭穿衣看晚明人性》,广西师范大学出版社2007年版,第26页。
② (明)李诩:《论张江陵籍没书》,《戒庵老人漫笔》卷8,中华书局1982年版,第325页。
③ (明)张岱:《冰山记》,《陶庵梦忆》卷7,中华书局2007年版,第93页。

到之处敲诈勒索，横征暴敛，搞得天下骚然。对此时弊，翠娱阁主陆人龙在《型世言》中借宝鼎故事，揭露明万历朝矿监税使在地方大肆敛财的现实状况。① 作者以白描的手法刻画出中饱私囊、贪婪成性、穷奢极欲的宦官代表陈增，真实地描摹出矿监税使们横霸一方、贪婪搜刮，而地方司府只会趋炎附势、仗势欺人的社会状况。此外，其兄长陆云龙亲历魏忠贤阉党专政的黑暗时局，对于宦官之祸有切身之痛。他创作的时事小说《魏忠贤小说斥奸书》对魏忠贤从发迹到败落的过程进行了真实描写。

晚明文学作品在描摹现实世界时并非一边倒，特别在评价政治事件或政治人物时，也有不同政见的描摹。如张岱《阮圆海戏》：

> 阮圆海大有才华，恨居心勿静，其所编诸剧，骂世十七，解嘲十三，多诋毁东林，辩宥魏党，为士君子所唾弃，故其传奇不之著焉。②

阮圆海（阮大铖）基于自身利益考量，在东林党与魏党间摇摆。③ 因此，他编著的剧本有诋毁东林党为魏党开脱之嫌。虽然这些记述仅存在于张岱的只言片语中，却能够引导人们对于晚明政治生活与市民文学进行多面向的思考。或许在晚明的社会现实中，一些无法申诉或表达的话语，常常借文学作品的描摹"复制"表达出来。这或许是晚明市民文学真实细腻地描摹现实社会的真实原因和目的。

市民文学不仅成为晚明大众娱乐消遣的工具，也是他们修正现实生活的镜子，更是了解国家政治及重大事件的窗口。无论是对张居正案议论纷纷的乡野村夫，还是城隍庙前同声高呼的市民，他们

---

① （明）陆人龙：《型世言》第三十二回"三猾空作寄邮 一鼎终归故主"，上海古籍出版社2001年版，第397—407页。
② （明）张岱：《阮圆海戏》，《陶庵梦忆》卷8，中华书局2007年版，第97页。
③ （清）张廷玉：《阮大铖传》，《明史》卷308，中华书局1974年版，第7937—7938页。

都试图通过阅读描摹政治事件的文学作品，积极地参与国家的政治生活。而阮圆海诋毁东林党，辩宥魏党的剧目，反映出对同一事件的不同政见在文学作品中同时存在。难能可贵的是，对于政治人物、事件的描述基本来自下层文人。他们用通俗易懂的文字、真实的感受、直白的描摹，让市民、村夫等更多的人参与晚明的政治生活。这是晚明市民文学描摹"复制"政治事件较深远的意义。

市民文学既是对现实生活的描摹复制，同时，它们也成为现实生活模仿的对象。《拍案惊奇》"凡例"重写道："事类多近人情日用。"① 在《二刻拍案惊奇》"序"中也写道："此《两刻》故如史迁纪事，摹写逼真。"② 这反映出文学作品描摹复制现实的一个面向。而《二刻拍案惊奇》"序"中又道："近世承平日久，民佚志淫。一二轻薄恶少，初学抵笔，便思污蔑世界，广摭诬造，非荒诞不足信，则亵秽不忍闻。得罪名教，种业来生，莫此为甚。"③ "序言"对于文学作品中充满污言秽语、淫词艳曲的现象提出了严厉批评。如此严厉的批评，是因为"亵秽不忍闻"的内容对现实社会造成了巨大的影响，甚至成为人们效仿的对象。从《拍案惊奇》和《二刻拍案惊奇》的序言中，可以明显地感受到晚明的市民文学在描摹复制现实社会的同时，亦成为现实社会"复制"效仿的对象。

三 绘画中的"复制"

在清人王弘撰的记述中，《上林图》并非仇英原创之作，而是临摹南宋画家赵伯驹作品。④ 中国画中临摹、仿照前辈作品不仅是初

---

① （明）凌濛初：《拍案惊奇凡例计五则》，《拍案惊奇》（上），上海古籍出版社1982年版，第3页。

② （明）凌濛初：《二刻拍案惊奇序》，《二刻拍案惊奇》（上），上海古籍出版社1983年版，第2页。

③ （明）凌濛初：《拍案惊奇序》，《拍案惊奇》（上），上海古籍出版社1982年版，第1页。

④ （清）王弘撰：《上林图》，《山志》（初集）卷1，中华书局1999年版，第23页。

学者学习中国画的重要过程，功成名就者同样需要不断地临摹。一方面，临摹学习可以不断提升自己；另一方面，临摹、仿照亦是向前辈大师致敬。因此，临摹、仿照是学习和创作中国画的基本方式。

除此之外，中国画的学习和创作也崇尚"师法自然"。[①] 黄公望曾言，自己皮袋中置描笔，或于好景处，见树有怪异，便当摹写之。但更多人还是通过临摹古画或名家之作获得提升。在董其昌的《摹古树石稿图》中，其友陈继儒短跋云："此玄宰集古树石，每作大幅，出摩之。"董其昌将平日收集的树、石资料辑录成集，方便创作时参考。高居翰认为《摹古树石稿图》是介乎古画与董氏本人作品之间，而非介乎自然树木与画中树木之间。[②] 换言之，董其昌亦是以师法古人为主。而李日华的作品多为仿照他人之作，如"仿子久秋山书屋"册页等。[③]

对于中国画画家而言，"临摹"他人之作一般有两个目。

一是借临摹达到学习的目的。黄公望的《富春山居图》，明代以来备受董其昌等大家推崇。王翚在《临富春山居图》卷自跋中写道：

> 一峰老人富春长卷，海内流传名迹中称为第一。沈徵君、董宗伯先后鉴藏，煊赫绘林。曩从毗陵半园唐氏借摹粉本，后

[①] 师法自然是研习中国画的基本法则，每一位中国画画家都注重对自然的模仿与写生。韩幹在马厩里写生马匹形态、动势；范宽走近自然写生山川走势与形状；李日华说自己在散步途中写生自然，但高居翰认为李日华的画作几乎看不到写生痕迹，更多是将其他绘画作品中的一些常规化造型拿来重新组合。倪瓒初学画时，注重写生自然。但他认为自己的作品并不追求形似，而是追求逸笔草草的自娱之情，这是文人画家普遍抱持的观点。高居翰的观察以及倪瓒的自述，表明文人画家所注重的并非形似而是意境与趣味的表达，而这些内容并非完全需要通过写生获得，主要是从前人较有意境的作品中去研习。而晚明画家模仿前人作品的行为大概基于此，当然，这并非唯一因素。

[②] [美]高居翰：《画家生涯——传统中国画家的生活与工作》，杨宗贤译，生活·读书·新知三联书店2012年版，第107页。

[③] [美]高居翰：《画家生涯——传统中国画家的生活与工作》，杨宗贤译，生活·读书·新知三联书店2012年版，第99—100页。

凡再四临仿，始略有所得。丙寅秋在玉峰池馆重摹，仰赞先匠，拟漾神明，犹深望洋之慨。王翚。①

王翚曾四次临摹《富春山居图》，并于丙寅年（清康熙二十五年，1686）秋第五次临摹。但是他临摹的并非黄公望原作，而是毗陵唐氏家藏一卷粉本。王翚前后五次临摹《富春山居图》是希望能反复学习黄公望的笔法、意境。清人王澍自称曾将黄公望原作借回家中"展玩累日夜"，当他见到王翚的摹本不禁感叹，"不惟一笔不失并其风神而尽肖之"，更有一种"始如武陵渔人再入华原矣"。②因此，他认为王翚的《临富春山居图》不仅形似黄公望原迹，更达到了神似程度。另，前文提到的仇英临摹《上林图》也是基于学习的目的，因为王弘撰从临摹的精细度上判断仇英用了一年的时间。因此，临摹古画名作成为中国画研习者"师法自然"以外的另一种方法。

二是向大师、杰作致敬。这类模仿、仿照之作会在款识中加上"仿某某"等文字，表明此画是"模仿"之作，模仿前人意境或笔意等。此类模仿既有相似之处，亦会存在差异。如宋人张择端的《清明上河图》，问世后屡被模仿临习，其临本、仿本不胜枚举，其中仇英本最出名。张择端《清明上河图》以宋汴京为背景，而仇英本以明苏州为对象。两者在整体与细节上均有差异，但表现清明的风情风貌却如出一辙。王翚从"形"到"神"原样"临摹"是为了学习技法，仇英是通过模仿前辈的气势与格局来致敬大师和杰作。两者殊途同归，旨在通过模仿复制达到向前辈学习的目的。

但是还有一种临摹是为制造赝品。晚明时期伪造名人古画而牟

---

① 深圳博物馆、辽宁省博物馆编：《图版说明》，《石渠宝笈 旷代风华——辽宁省博物馆藏中国古代书画名品》，文物出版社2012年版，第178页。
② 深圳博物馆、辽宁省博物馆编：《图版说明》，《石渠宝笈 旷代风华——辽宁省博物馆藏中国古代书画名品》，文物出版社2012年版，第179页。

利的行为较普遍。《骨董琐记全编》载：

> 崇祯间，云间张援平泰阶，集所选晋唐以来伪画二百卷，刻《宝绘录》凡二十卷。自六朝至元、明，无所不备。……仅厕名六七卷中，似若以多而见轻。作伪之情可见。①

晚明赝品流行与现实需求密不可分。沈德符认为，古玩字画的玩赏，最初只在少数有钱的士大夫之间流行，而后波及徽州商人。富有的徽州商人其实并不懂得真伪，只是为了附庸风雅，因财大气粗往往"曰千曰百，动辄倾橐相酬"②，商人的加入无形中抬高了古玩字画的价格。而普通人家稍有资财者亦以收藏、购买古玩字画为荣。

> 世人家多资力，加以好事，闻好古之家，亦曾畜画，遂买数十幅于家。客至，悬之中堂，夸以为观美。③

另外，古玩字画又因种种因素，流传的数量十分有限。而社会的需求又持续扩大，导致价格不断上涨，复制赝品成风。但复制赝品亦不仅为了牟利，亦有遭受胁迫不得已而为之：

> 弇洲跋李昭道《海天落照图》云：真本为宣和秘藏，转落吴城汤氏。嘉靖中，有郡守以分宜子大符意迫得之。汤见消息非常，乃延仇实父于别室摹一本，将为米颠狡狯。④

---

① 邓之诚：《宝绘录》，《骨董琐记全编》（上），人民出版社2012年版，第38页。
② （明）沈德符：《时玩》，《万历野获编》卷26，《明代笔记小说大观》，上海古籍出版社2005年版，第2585页。
③ （明）何良俊：《四友斋丛说》卷28，《明代笔记小说大观》，上海古籍出版社2005年版，第1098页。
④ 邓之诚：《海天落照图》，《骨董琐记全编》（上），人民出版社2012年版，第37页。

第四章 晚明文本插图延伸视角

虽然吴城汤氏属于迫不得已复制赝品，但亦反映出晚明复制赝品的行为较普遍。商人以金钱为钓饵诱使他人复制赝品谋取利益。权贵则依靠权力巧取豪夺，胁迫他人，导致受胁迫者不得已通过"复制"保全真迹。《明史》载："（严世蕃）好古尊彝、奇器、书画，赵文华、鄢懋卿、胡宗宪之属，所到辄辇致之，或索之富人，必得然后已。"①《明史》所载不仅证实了王世贞的跋语，亦反映出"古玩字画"成为全民追捧的对象。此外，沈德符发现时人对于本朝、本代文玩字画的追捧不亚于对前朝旧物。因此，本朝本代的名画名作亦成为复制的对象。而复制者往往是作者自己或学生、子侄。他们自我"复制"的原因众多，交往和获利往往是主要目的。

士人李日华属晚明二流画家，但官员身份却令其书画具有象征社会地位的价值。虽然后来李日华致仕回乡，但象征价值并没有消亡，依然遭受索取书画之困扰。②于是，他公开标出其书法润格③，一方面是为了避免被索求书画者不断打扰，另一方面是为了缓解购买古玩书画所导致的资金短缺。李日华公开书法润格，却没有为绘画作品标价，万木春认为明代文人讳言卖画却不忌讳卖字，他们普遍认为"卖字"等同于出售文章。④但从他的日记中可见，索画者不在少数。如《味水轩日记》明万历四十三年（1615）六月十三日载：

> 为湖州守吴白雪公图扇二。从王孝廉皋如请也。一仿王叔明《溪山深秀》。一仿子久。又为白雪公写《香雨楼图》。⑤

---

① （清）张廷玉:《严世蕃传》,《明史》卷308，中华书局1974年版，第7920页。
② （美）高居翰:《画家生涯——传统中国画家的生活与工作》，杨宗贤译，生活·读书·新知三联书店2012年版，第115—116页。
③ （明）李日华:《六砚斋三笔》卷4，上海古籍出版社1988年版，第731—732页。
④ 万木春:《味水轩里的闲居者——万历末年嘉兴的书画世界》，中国美术学院出版社2008年版，第115—116页。
⑤ 转引自万木春《味水轩里的闲居者——万历末年嘉兴的书画世界》，中国美术学院出版社2008年版，第42页。

李日华是否复制了自己的作品，日记中并没有提及。他或许没有复制过自己的作品，但应该画过许多类似高居翰所言的"应酬画"。李日华一位晚明二流画家尚有不少索画者，那么，晚明一流画家的索画者应该更多。他们一方面需要自己绘制许多"应酬画"，另一方面还可以通过"粉本"的形式复制多幅自己的作品，并交由学生、子侄上色完成。

王翚《临富春山居图》卷自跋中说，他临摹的《富春山居图》并非原迹，而是一卷《富春山居图》"粉本"。"粉本"原指人物画中转移摹写的方法，[①] 从存世郎世宁《百骏图》白描画（图4-6）和设色画（图4-7）能一窥"粉本"的基本模样。"粉本"具有保存、传播图样的功能，后被逐渐引申为模本、稿图以及"画稿"。

图4-6 《百骏图》白描画

来源：[美]高居翰：《画家生涯——传统中国画家的生活与工作》，杨宗贤译，生活·读书·新知三联书店2012年版，第98页。

在北京故宫博物院（图4-8）、台北"故宫博物院"（图4-9）、北京炎黄艺术馆（图4-10），分别收藏了陈洪绶的《女仙图》

---

① 徐邦达：《从壁画副本小样说到两卷宋画：朝元仙杖图》，《文物》1956年第2期。

第四章 晚明文本插图延伸视角

图4-7 《百骏图》设色画
来源：[美] 高居翰：《画家生涯——传统中国画家的生活与工作》，杨宗贤译，生活·读书·新知三联书店2012年版，第98页。

或《仙人献寿》卷轴。3幅卷轴画并非完全相同，但能看出它们出自同一个"粉本"。晚明画家面对不断增长的索画需求，往往运用"粉本"复制自己的作品。由"粉本"复制出线稿，再交由子侄或弟子上色完成。北京故宫博物院藏《女仙图》跋语，写明此画由陈洪绶弟子严湛着色。北京炎黄艺术馆藏《女仙图》，亦写着由严湛着色。此外，陈洪绶在另一幅作品《陶渊明归去来兮图》中注明由其子名儒设色。[①] 钱谦益曾写道："（董其昌）最矜慎其画，贵人巨公，郑重请乞者，多请他人应之。"[②] 高居翰通过对清代画家金农和他画

[①] [美] 高居翰：《画家生涯——传统中国画家的生活与工作》，杨宗贤译，生活·读书·新知三联书店2012年版，第119页。
[②] （清）钱谦益：《列朝诗集小传》（丁集·下），上海古籍出版社1983年版，第637页。

作的代笔者——弟子罗聘的研究发现，代笔者与原作者的画作之间几乎没有什么差异。①虽然高居翰呈现的是清代画家与代笔者的作品，但晚明的代笔者一定也能惟妙惟肖地"复制"出父辈或师长的作品。

图 4-8　北京故宫博物院《仙人献寿》

来源：[美]高居翰：《画家生涯——传统中国画家的生活与工作》，杨宗贤译，生活·读书·新知三联书店2012年版，第118页。

图 4-9　台北"故宫博物院"《仙人献寿》

来源：[美]高居翰：《画家生涯——传统中国画家的生活与工作》，杨宗贤译，生活·读书·新知三联书店2012年版，第118页。

---

① [美]高居翰：《画家生涯——传统中国画家的生活与工作》，杨宗贤译，生活·读书·新知三联书店2012年版，第155—161页。

图 4-10　北京炎黄艺术馆《仙人献寿》

来源：[美]高居翰：《画家生涯——传统中国画家的生活与工作》，杨宗贤译，生活·读书·新知三联书店 2012 年版，第 119 页。

无论是基于研习目的而临摹的"复制"品，还是受利益驱使而制造的"赝品"；也无论是"复制"他人的作品，还是"复制"自己的作品，都客观地记录了晚明绘画发展的历程。

第二节　图像化与复制

《三才图会》"人物一卷"刊载了从秦到明的部分帝王像，其中明代帝王像刊载了三位——明太祖、明成祖（图 4-11）、明世宗（图 4-12）。历史上，帝王像仅供奉于内廷，不公开流传。甚至，功勋贵胄亦是如此。对于隋末唐初追随李世民南征北战的功臣，朝廷为了以示旌表，将他们的画像供奉在凌烟阁，未经允许不得观瞻。贤臣良将的画像尚且如此，帝王像更是不可示人。对于帝王像，明代很长一段时间基本不公开。① 柯律格认为，明代中国对于皇室成员形象并不具备 16 世纪欧洲那样的公开性。② 虽然明代的帝王像不如同期欧洲君王像那样高度公开，但是《三才图会》中出现的明早中期的三位帝王像，表明晚明时期帝王像逐渐向公众开放，并非完全禁止。如果大明王朝的三位皇帝样貌都可以采用印刷图像的形式公之于众，那么在大明的疆域内还有什么可以避免以图像形式呈现呢？

图 4-11 明太祖像、明成祖像

来源：（明）王圻、王思义：《三才图会》（上），上海古籍出版社 1988 年版，第 582 页。

---

① 《历代古人像赞》明弘治十一年（1498）刊刻，此书辑录了从伏羲到宋宁宗历代帝王像，以及各贤王、名臣画像。据《历代古人像赞》"序"落款"大明宗室七十翁天然书"以及"大明太祖孙襄陵王"钤印，辑录者为宗亲身份。另据"序言"内容："今殿下览图像善恶，悟孔圣删修之旨，与明堂之图合矣。"此应是呈皇帝御览之书。由此可见，明弘治以前历代帝王像的辑录者并非常人，帝王画像亦仅供皇帝御览学习。而《三才图会》刊载于明万历三十七年（1609），此时王圻已致仕多年，亦没有证据表明该书的出版得到官方资助。因此帝王像在《三才图会》中出现，反映出帝王画像逐渐公开化。参见郑振铎编《中国古代版画丛刊历代古人像赞》，古典文学出版社 1958 年版。

② ［美］柯律格：《明代的图像与视觉性》，黄晓鹃译，北京大学出版社 2011 年版，第 108 页。

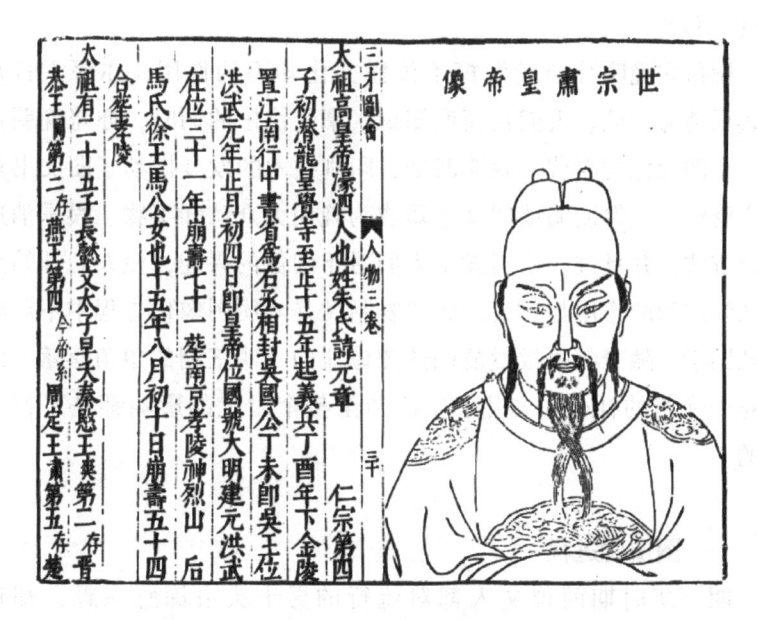

图 4-12　明世宗像

来源：（明）王圻、王思义：《三才图会》（上），上海古籍出版社 1988 年版，第 582 页。

晚明时期各类图形图像在书籍中的作用十分明显，插图不仅为戏曲唱词、小说文本提供辅助或解说，亦具有单独赏析的价值；日用类书中图示、图表等插图成为传播技术知识的主体。随着《唐诗画谱》《顾氏画谱》等图谱书籍的刊刻发行，知识的传播逐渐摆脱文本的束缚，走向单纯的图像表达。

《蓝桥玉杵记》"凡例"中写有"本传逐出绘像，以便照扮冠服"，表明了唱本图像的基本功能。可以说，晚明的戏曲表演是将唱本中的插图内容搬演到舞台，是对唱本插图内容的另一种"复制"，即立体、动态地再现唱本插图内容。因此，大众观看戏曲表演亦是在欣赏一幅立体、流动的图像。而舞台上粉墨登场的人物、故事、情景又被书坊刊刻成戏曲唱本中的插图。戏曲艺术在这种从平面到立体，从立体到平面的图像转化中逐渐成为晚明大众喜爱的娱乐形式，这体现了晚明大众对于图像表达与呈现的接受与认可。

　　图像在晚明社会既发挥了传播文化知识的作用，亦深入日常的娱乐消遣领域。人们在获取知识、享受快乐的同时，亦将晚明推向一个图像化的时代。晚明时期，印刷技术的发展推动了图文书籍的广泛流行，促使阅读图文书籍成为晚明大众认知事物、娱乐消遣的新方式，并且进一步引发了人们对于图像的兴趣，使人们开始重新认知图像的作用与意义。而"复制"是晚明图像化进程中不可缺少的因素。随着各种批量复制的图像流向大明王朝的角角落落，图像对于晚明的社会、文化、生活乃至整个时代的影响都是不言而喻的。

一　图像化进程

　　明万历时期两位文人都对流行的男士头巾深感兴趣，却选择了不同的方式来记录。顾起元选择以文本的形式记录金陵流行款式：

> 近年来，殊形诡制，日异月新。于是士大夫所戴，其名甚夥：有汉巾、晋巾、唐巾、诸葛巾、纯阳巾、东坡巾、阳明巾、九华巾、玉台巾、逍遥巾、纱帽巾、华阳巾、四开巾、勇巾。①

　　而王圻父子将这些头巾绘制成图，并附上文字（图4-13、图4-14、图4-15）。或许是有着不同的目的，因此产生记录方式上的差异。阅读顾起元所记录的文字，读者较难清晰地想象出头巾之间的差别。而王圻父子绘制出的头巾款式清晰明确，加上文字说明，各种头巾之间的差别一目了然。

---

①　（明）顾起元：《巾履》，《客座赘语》卷1，《明代笔记小说大观》，上海古籍出版社2005年版，第1211页。

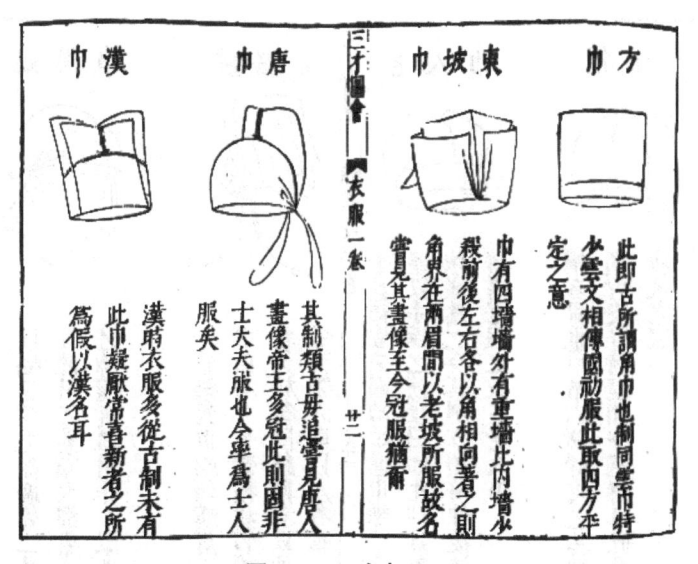

图 4-13 头巾（1）

来源：（明）王圻、王思义：《三才图会》（中），上海古籍出版社 1988 年版，第 1503 页。

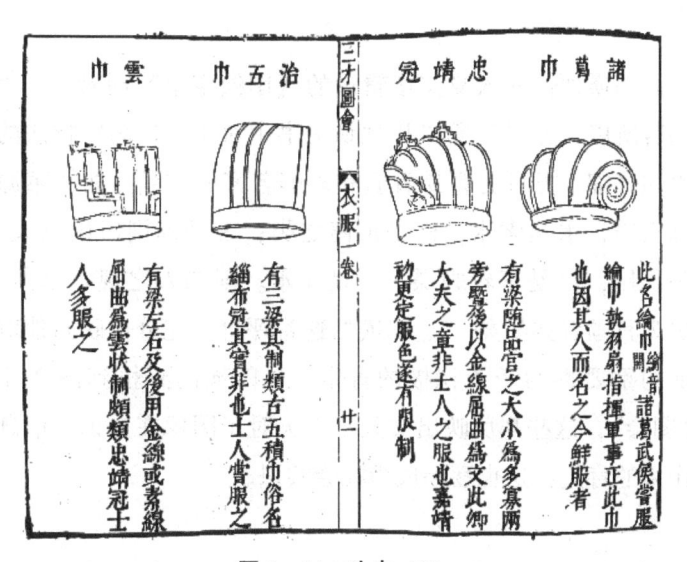

图 4-14 头巾（2）

来源：（明）王圻、王思义：《三才图会》（中），上海古籍出版社 1988 年版，第 1503 页。

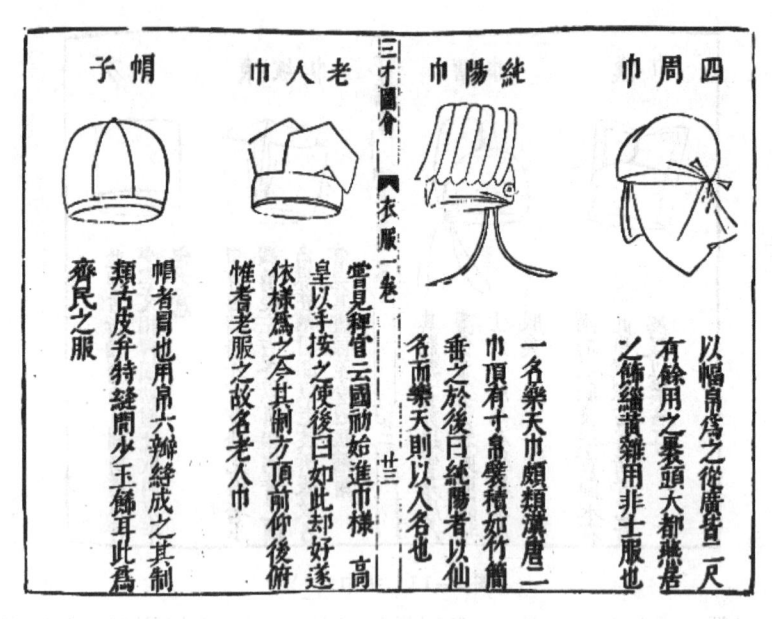

图4-15 头巾（3）

来源：（明）王圻、王思义：《三才图会》（中），上海古籍出版社1988年版，第1504页。

时人郎瑛评价元人夏文彦辑录的《图绘宝鉴》时曾言："予以为再添言所以，方尽其意。"① 他认为书中对于历代名家技法的描述应该更加仔细，方可更容易看懂和理解名家的作品。如"董源则曰山是麻皮皴，水是索水，松是爪离之类；言马远则曰山是大斧劈，兼丁头鼠尾，松是车轮蝴蝶，水是斗水。则二人之规矩已寓目前，而后之观其画者亦易矣"②。郎瑛的这番评价，充分反映出他对于图文互证的重要性给予了积极的肯定。从郎瑛的感悟到图文并茂的《三才图会》，这些都反映出文人士大夫对于图像在知识、信息传播方面作用的肯定，这也逐渐成为社会共识。

---

① （明）郎瑛：《义理类·医画不能补》，《七修类稿》，中华书局1959年版，第246页。
② （明）郎瑛：《义理类·医画不能补》，《七修类稿》，中华书局1959年版，第246—247页。

第四章 晚明文本插图延伸视角

如果说晚明流行的图文书籍是图像的单一载体，那么图像叶子牌的出现，则表明图像以不同的载体进入了大众生活。"叶子牌"又称"叶子戏"或"酒牌"。关于"叶子戏"，时人陆容写道：

> 斗叶子之戏，吾昆城上自士夫，下至僮竖，皆能之。予游昆痒八年，独不解此，人以拙嗤之。近得阅其形制，一钱至九钱各一叶，一百钱至九百钱各一叶，自万贯以上，皆图人形；万万贯呼宝义宋江，千万贯行者武松，百万贯阮小五……一万贯浪子燕青。或谓赌博以胜人为强，故叶子所图，皆才力绝伦之人，非也。盖宋江等皆大盗，详见《宣和遗事》及《癸辛杂识》。作此者，盖以赌博如群盗劫夺之行，故以此警世，而人为利所迷，自不悟耳。记此，庶吾后之人知所以自重云。①

陆容是明成化丙戌年（1466）进士。② 他记述的多是明正德之前的事情。明正德以前"叶子戏"已经流行，并在牌面上绘制才力绝伦的人物，目的是在游戏中博得好彩头。但陆容认为这是为了警示参与赌博之人。在他看来，赌博好比谋财害命的行为。对于牌面绘制的人物图，陆容给出了一个士大夫的正统解释。无论是博取好彩头，还是教化警示，人们都希望借图像的直观性传递信息。明正德以前，仅万贯以上的牌面才绘制图像，到明天启年间陈洪绶创作的《水浒叶子》，③ 不仅有万万贯呼保义宋江（图4-16）、千万贯黄髯公朱仝，而且出现了"四百子"（四百钱）的一丈青扈三娘（图4-17），以及三文钱的赤发鬼刘唐（图4-18），《水浒叶子》

---

① （明）陆容：《菽园杂记》卷14，《明代笔记小说大观》，上海古籍出版社2005年版，第514页。
② （明）陆容：《菽园杂记》（点校说明），《明代笔记小说大观》，上海古籍出版社2005年版，第363页。
③ 陈传席认为，陈洪绶创作《水浒叶子》时大约在二十八岁，陈洪绶出生于万历二十六年（1598），他二十八岁时是明天启六年（1626）。参见陈传席《明末怪杰——陈洪绶的生涯与艺术》，浙江人民美术出版社1992年版，第85页。

一套四十八叶全部绘有图像。除此，陈洪绶还创作了一套以古代名人忠孝故事为题材的《博古叶子》（图4-19）。这套《博古叶子》的意图更加明显，希望借大众喜爱的娱乐形式，结合他们爱看易懂的图像，达到教化的目的。图像的加入不仅丰富了叶子牌的视觉形式，亦使叶子牌成为图像的又一载体。从陆容记述的较少图像的叶子牌，到四十八叶全部绘有图像的《水浒叶子》，变化的不仅是叶子牌的视觉形式，更是图像通过不同载体深入社会各层面的缩影，亦是晚明社会逐渐进入图像化的反映。

图4-16　宋江

来源：陈传席：《明末怪杰——陈洪绶的生涯与艺术》，浙江人民美术出版社1992年版，图版第43页。

图4-17　扈三娘

来源：陈传席：《明末怪杰——陈洪绶的生涯与艺术》，浙江人民美术出版社1992年版，图版第45页。

图4-18 刘唐
来源：陈传席：《明末怪杰——陈洪绶的生涯与艺术》，浙江人民美术出版社1992年版，图版第51页。

图4-19 《博古叶子》插图
来源：陈传席：《明末怪杰——陈洪绶的生涯与艺术》，浙江人民美术出版社1992年版，图版第57页。

晚明书籍中除了文本插图之外，还有一种比较特殊的图像，通常出现在书籍最后一页，如《新刊大字魁本参增奇妙注释西厢记》《李卓吾先生批评西厢记》《新刻考订按鉴通俗演义全像三国志传》《新刻太仓藏板全补合像注释大字日记故事》《新镌历世诸大名家往来翰墨分类纂注品粹》《新锲全补天下四民利用便观五车拔锦》《新锲燕台校正天下通行文林聚宝万卷星罗》《新刻全补士民备览便用文林彙锦万书渊海》《新板全补天下便用文林妙锦万宝全书》《新刻类辑故事通考旁训》《鼎锓崇文阁彙纂士民万用正宗不求人全编》《新刻天下四民便览三台万用正宗》等均有此图。此图类似明代书籍的"版权页"。明版"版权页"通常在页面中间镌刻长方形框，顶部为荷叶形，底部为莲花台座。框左侧镌刻出版时间，右侧标注出版者，组合成一幅图文混合的装饰图像（装饰纹样），称为"牌记"（图4－20）。但也有不同，如《新刊大字魁本参增奇妙注释西厢记》牌记，在摆放文字的方框上下均镌刻了祥云纹（图4－21）。此外，《新刻天下四民便览三台万用正宗》的牌记捧在孩童的手中（图4－22），与之相似的有《京本通俗演义按鉴全汉志传》牌记（图4－23）。

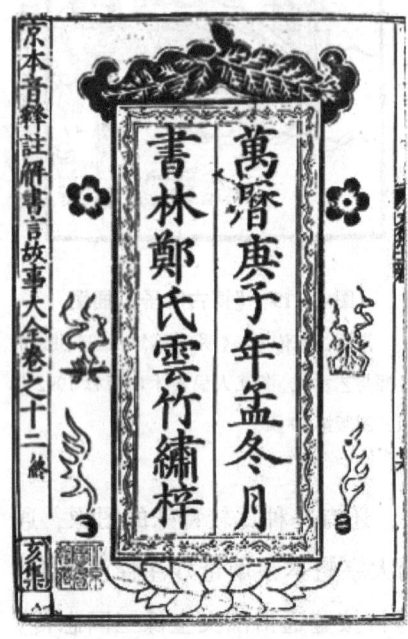

图4－20 《京本音释注解书言故事大全》牌记
来源：赵前编：《明代版刻图典》，文物出版社2008年版，第357页。

图4－21 《新刊大字魁本参增奇妙注释西厢记》牌记
来源：首都图书馆编：《古本戏曲版画图录》第1册，学苑出版社1997年版，第78页。

第四章 晚明文本插图延伸视角

图 4-22 《新刻天下四民便览三台万用正宗》牌记

来源：中国社会科学院历史研究所文化室编：《明代通俗日用类书集刊》卷6，东方出版社 2011 年版，第 631 页。

图 4-23 《京本通俗演义按鉴全汉志传》牌记

来源：路善全：《在盛衰的背后——明代建阳书坊传播生态研究》，中国传媒大学出版社 2009 年版，第 159 页。

在现存明版书中主要见上述三种牌记图像。另外，部分书籍没有刊印牌记图像，仅见"本卷终"。值得注意的是，牌记图像基本出自坊刻本，并且以类书、小说、戏曲等大众化读本为主。牌记图像不同于市民文学中的插图，是在没有任何文本参照的情况下自由发挥与创造的。换言之，牌记图像是人们过去视觉认知中并不存在的物象。它的出现一方面反映了明人的图像创造力，另一方面反映了图像表达逐渐渗透到社会生活的各个方面。

随着晚明印刷业的繁荣与发展，"图像"不再限于绘画、瓷器、家具上的人物与故事，更多的是印刷"复制"产生的图像，如各种图谱、画谱书籍，流行的图像叶子牌，装饰化的牌记图像，等等。

· 235 ·

毫无疑问，印刷复制加速了晚明图像的生产，这不仅引发了阅读方式的转变，更将图像引入普通人的日常生活。可以说，印刷批量复制的特性悄然推动了晚明社会的图像化进程。

二 从平面到立体的图像

晚明时人沈德符言"今教坊杂剧约有千本"①，而何良俊言"余家所藏杂剧本就几三百种"②，张岱则说魏忠贤败落之后"好事者作传奇十数本"③。由此看来，沈德符或许还遗漏许多。应该在两方面出现遗漏，一是某些人的作品鲜为人知，二是作品虽为人所知但流传不广。如"沈宁庵璟吏部，自号词隐生，亦酷爱填词，至作三十余种，其盛行者惟《义侠》《桃符》《红蕖》之属"④。晚明时期创作了大量戏曲剧目应该是现实需求所致，张岱《严助庙》载："一老者坐台下对院本，一字脱落，群起噪之，又开场重做。"⑤ "一字脱落，群起噪之"反映出大众对于剧目的熟悉，如此熟悉应该出于真心喜爱。因此，观剧与演剧（社戏）成为晚明大众熟悉且热衷的娱乐消遣活动。可以说，大众喜欢是推动晚明戏曲艺术繁荣发展的主要原因。张岱在《陶庵梦忆》中，对于晚明时期各种形式的戏曲表演记述丰富而翔实。他笔下的晚明戏曲表演大概分为两种。

一是王公贵胄、富商巨贾的家宴、小集中的戏曲表演。表演者多是自家供养的优人或外请的名优。

---

① （明）沈德符：《杂剧院本》，《万历野获编》卷25，《明代笔记小说大观》，上海古籍出版社2005年版，第2579—2580页。
② （明）何良俊：《四友斋丛说》卷37，《明代笔记小说大观》，上海古籍出版社2005年版，第1168页。
③ （明）张岱：《冰山记》，《陶庵梦忆》卷7，中华书局2007年版，第93页。
④ （明）沈德符：《张伯起传奇》，《万历野获编》卷25，《明代笔记小说大观》，上海古籍出版社2005年版，第2575页。
⑤ （明）张岱：《严助庙》，《陶庵梦忆》卷4，中华书局2007年版，第51页。

南都万历以前，公侯与缙绅及富家，凡有宴会、小集多用散乐，或三四人、或多人唱大套北曲，乐器用筝、蓁、琵琶、三弦子、拍板。若大席，则用教坊打院本，乃北曲大四套者。①

家班戏表演的既有教坊打院本，也有自编剧目，还会请名优来家班串戏。张岱曾言："（彭天锡）到余家串戏五六十场而穷其技不尽。"②

二是逢年过节或寿诞喜庆，集体出资或个人出资请专业戏班在户外搭台演剧。如《严助庙》："五夜，夜在庙演剧，梨园必倩越中上三班，缠头日数万钱。"这类表演往往不够精致，张岱称之为"孟浪他班"。张岱在《冰山记》《目莲戏》中所记述的演剧均与此相似。另外，水边搭台演剧亦属于这类表演形式：

家大人造楼，船之；造船，楼之。故里中人谓船楼，谓楼船，颠倒之不置。是日落成，为七月十五，自大父以下，男女老稚，靡不集焉。以木排数重搭台演戏，城中村落来观者，大小千余艘。午后飓风起，巨浪磅礴，大雨如注，楼船孤危，风逼之几覆，以木排为戗索览数千条，网网如织，风不能撼。少顷风定，完剧而散。③

鲁迅《呐喊》中记述小时候曾随家人乘船观戏，戏台远远立于水边。④ 从《环翠堂乐府投桃记》插图"宸游"中可一窥水边戏台风貌（图4-24）。从室内到室外，从陆地到水边；从散乐到套曲，再到教坊打院本以及自编剧目。如此丰富的表演形式和各种场域，充分说

---

① （明）顾起元：《戏剧》，《客座赘语》卷9，《明代笔记小说大观》，上海古籍出版社2005年版，第1430页。
② （明）张岱：《彭天锡串戏》，《陶庵梦忆》卷6，中华书局2007年版，第71页。
③ （明）张岱：《楼船》，《陶庵梦忆》卷8，中华书局2007年版，第96—97页。
④ 鲁迅：《呐喊》，《鲁迅选集》第1卷，中国文史出版社2002年版，第114—115页。

明了观剧听曲已然深入晚明社会的各个阶层，甚至是每个人的心里。晚明大众对于观剧的热衷，一是因为跌宕起伏的故事深深吸引了他们，二是因为舞台呈现出的立体、流动、艳丽的画面吸引了他们。

图 4-24　宸游

来源：首都图书馆编：《古本戏曲版画图录》第 2 册，学苑出版社 1997 年版，第 110—111 页。

如果说商业性的戏班是将静止的插本图像"复制"成舞台上流动的图像，那么家班则是在努力创造一种立体多维的视听盛宴。家班戏属于自编自演，在服饰、道具、动作、场景上更是精心打磨。主人不仅需要投入心力，还需要投入大量资金。彭天锡为排新戏不惜每次花费数十金，最终导致他十万金家业随着一次次排演新剧而散尽。①

晚明家班戏以歌舞形式为主，张岱曾言朱云崃教戏方法："未教戏，先教琴，先教琵琶，先教提琴，弦子、箫管、鼓吹、歌舞。"②

---

① （明）张岱：《彭天锡串戏》，《陶庵梦忆》卷6，中华书局2007年版，第71页。
② （明）张岱：《朱云崃女戏》，《陶庵梦忆》卷2，中华书局2007年版，第25—26页。

元鹏飞认为，戏曲表演舞蹈化是中国古典戏曲最为鲜明的特色。[①] 晚明戏曲插图呈现的也是舞蹈化的戏曲表演。如《环翠堂乐府投桃记》插图"秋怀"，一名女优在氍毹上翩翩起舞（图4-25）。而《新刻全像昙花记》的场面宏大，八人演奏，舞者在氍毹上"长袖缓带，绕身若环"，翩翩起舞（图4-26）。《元本出相琵琶记》跨页插图，图中表现了唱曲的场景。此外，还有《新编全像点板窦禹钧全德记》《重校锦笺记》及明万历年顾曲斋本《秋夜梧桐雨》（图4-27）。而在《重校吕真人黄粱梦境记》插图"梦蝶"中描绘了三个舞蹈的伶人（图4-28），每人头上佩戴了蝴蝶状头饰，同时，在画面左上角出现了演剧所需的盔头与髯口。这幅表现戏曲歌舞表演的插图，甚至将后台一并呈现出来。

图4-25 秋怀

来源：首都图书馆编：《古本戏曲版画图录》第2册，学苑出版社1997年版，第118—119页。

---

① 元鹏飞：《戏曲与演剧图像及其他》，中华书局2007年版，前言第6页。

图 4-26 《新刻全像昙花记》插图

来源：首都图书馆编：《古本戏曲版画图录》第 2 册，学苑出版社 1997 年版，第 278—279 页。

图 4-27 《秋夜梧桐雨》插图

来源：张秀民：《中国印刷史》（上卷），浙江古籍出版社 2006 年版，第 356 页。

图 4-28 梦蝶

来源：首都图书馆编：《古本戏曲版画图录》第 2 册，学苑出版社 1997 年版，第 71 页。

第四章　晚明文本插图延伸视角

从上述插图大概能领略晚明戏曲表演的风采。而实际的晚明戏曲表演，其精彩程度应该远远超过插图的表现。特别是晚明家班戏的演绎，表演细腻，舞台华丽。对观者而言，更像是一场立体、动态、华丽的视听盛宴。《唐明皇游月宫》就属于晚明时期戏曲演绎中视听盛宴的代表。①刘晖吉对于该戏不仅精心雕琢表演程式，更注重舞台背景、灯光、服饰等，这既是一场盛大的唐明皇幻游月宫的戏曲演绎，更是对晚明繁华奢靡的现实图景的"复制"。

晚明戏曲演绎是否一幅从平面到立体的、流动的图像，基于以下两点思考。

第一，戏曲表演是否对唱本图像的模仿或复制。明万历三十四年（1606），浣月轩刊本《蓝桥玉杵记》"凡例"中写道："本传逐出绘像，以便照扮冠服。"这虽未指出戏曲演绎是模仿或"复制"此图，却明确地传达出刊刻图像的目的在于"照扮冠服"。郑振铎对于此条"凡例"有着不同看法。他认为："许多剧本的插图未必都具有这个功能，它们恐怕只是作为装饰性的美好的'插图'，以增进读者的兴趣而已。"②廖奔则认为，插图是对现实生活的模仿，图上装扮对于戏曲演绎"出具一个基本的提示"：

　　这些图画都是生活场景的状摹，而不是舞台场面画，因此其中人物穿着打扮基本是生活装束，只能为表演装扮出具一个基本的提示，例如某个角色应该穿哪一类的服饰，如此而已。其中也没有角色面部装饰的提示，例如净丑角人物都不画出脸谱。因此还不能叫做扮像谱。③

齐如山与廖奔看法类似，但又有不同，他认为晚明戏曲插图中

---

① （明）张岱：《刘晖吉女戏》，《陶庵梦忆》卷5，中华书局2007年版，第67—68页。
② 郑振铎编著：《中国古代木刻画史略》，上海书店出版社2006年版，第53页。
③ 廖奔：《中国戏剧图史》，河南教育出版社1996年版，第319页。

人物的衣服还是依照戏曲行头画成的。① 前辈学者对于唱本与演绎间的讨论，为晚明戏曲演绎与唱本插图间的"复制"关系留下了进一步讨论的空间。

第二，晚明时人是否将舞台表演理解为立体、动态的图像。应该说，晚明时人对于图像的认知、理解，远远超越了前代。同时，他们生活的周遭更是充斥着图像。由此，他们表现出对戏曲演绎的集体痴迷，实则是对图像的迷恋，更是对图像的再造。从《朱云崃女戏》和《刘晖吉女戏》中能感受到张岱观剧时所受到的震撼与冲击，而这显然来自舞台上立体、动态、极具视觉性的图像化观感。同时，戏曲演绎呈现的"整体性"也震撼了张岱。因此，他感慨"谓氍毹场中那得如许光怪耶"！

随着各种形式的图像不断涌现，晚明戏曲或许就是大众眼中另一种形式的图像表达。当然，也或许只是图一乐、看个热闹。但戏曲演绎对于唱本插图的"作戏搬演、照扮冠服"却是客观事实。这或许是理解"晚明戏曲演绎是插图延伸与扩展"的基础。从二维插图到三维展演，不同的是空间场域，相同的是图像。这是一个基于图像赏析的视觉化时代。

---

① 齐如山：《国剧艺术汇考》，辽宁教育出版社1998年版，第125页。

余　论

　　明中后期以降，书籍刊刻不再只是一种印刷复制行为，随着失落文人的加入，逐渐转变成一种复杂、多变且具有时代特性的文化行为。他们认同印刷复制所带来的广范围而有效的传播性，并以极大的热情投身于批评、校勘、刊刻工作。借此发表见解，展现才学，消解游走朝堂之外的失落感。

　　插图作为一种绘画形式，既不是最难绘制的图像，也不是价格最昂贵的作品，却是可以不断复制的商品。一方面，晚明文本插图通过视觉化的图像语言，形象地呈现了明代中期到晚期的发展过程。另一方面，书籍插图所代表的印刷复制图像，构建出晚明社会各层级交流对话的边缘。[①] 明中期出现的社会变化带动了知识下移。知识下移的本质是精英阶层关注新兴市民阶层的日用常行及文化生活，通过大众文化形成对话[②]机制，创造出以图文书籍为代表的交流、传播形式，这一形式逐渐成为一个交融、开放、繁荣、多样的文化边缘。

　　晚明社会变化始于16、17世纪国外白银大量输入。樊树志认

　　[①] 边缘与边界完全不同，边界是将双方隔离、封闭，形成界线。边缘是容纳或包容双方，并促进交流、交融、开放、繁荣、多样，容易产生新事物。参见滕守尧《文化的边缘》，作家出版社1997年版，第1页。

　　[②] "对话"是造成"文化的边缘"的机制，是人类的一种特殊交流方式。参见滕守尧《文化的边缘》，作家出版社1997年版，第1页。

为，这一时期流入中国的白银数量为7000—10000吨，而弗兰克估算1600—1800年亚洲大陆吸收白银数量总计45000吨。可以说，大量白银输入为晚明社会银本位货币体制奠定了坚实基础。同时"外向型"经济极大地刺激了东南沿海地区商品经济的发展，以及作为商品集散地的市镇的兴起。

据《吴江县治》记载，该县弘治年间仅有6个市镇，到明末清初增加到17个市镇；而嘉定县正德年间有15个市镇，到万历年间共计26个市镇。此外，正德《松江府志》载松江府华亭、上海两县有44个市镇，到崇祯年间增加到61个市镇。[①]

随着市镇大量出现，市镇人口相应增长，一般"市"的居民有100—300户，"镇"的居民在1000户以上。随着晚明经济的进一步发展，也出现了万户以上的镇。在商业性市镇中，人员构成复杂。商业性的市镇"既不同于乡村，又不同于县城，在十分紧凑的街市范围内分布着丝行、绸行、叶行、花行、布行等牙行，以及茶楼、酒肆、饭店、钱庄等商业服务网点，还有机坊、染坊、练坊、踹坊等加工制造的作坊。因此，市镇上充斥着牙行的牙侩、行霸，仰食于市镇的脚夫、乐人、市井流氓，从全国各地到此经商的商客及商帮，还有受雇于各类作坊的工匠，有亦工亦农的周边居民，还有聚居于此的乡绅、文人。这样就构成了一个很有生气的社区，充分显示它作为基层商业中心、手工业中心和文化中心的功能"[②]。

繁荣的市镇，复杂的人员构成，催生出新的社会人群——市民阶层，这是明中期以来的一个重要变化。一方面是以市民为代表的大众群体对文化生活的渴求；另一方面，随着新思想、新思潮的出现，特别是受泰州学派"百姓日用即是道"的影响，精英阶层开始关注下层生活，开启知识下移进程。晚明大众文化的形成，是市民阶层文化需求与知识下移双重因素作用下的结果。而知识下移起到

[①] 樊树志：《晚明史（1573—1644）》，复旦大学出版社2003年版，第73—92页。
[②] 樊树志：《晚明史（1573—1644）》，复旦大学出版社2003年版，第102页。

关键作用，它是自上而下的流动，是寻求不同层级的对话而非对抗，产生交流的边缘而非边界。以传奇小说、戏曲唱本、日用类书为代表的娱乐文化和日常知识共同形成晚明文化的边缘地带。各类图文并茂的书籍是晚明文化边缘的主要表现形式，而插图是边缘地带的核心对话机制，此可看作晚明时期"无书不插图"的因素之一。

"熵增"可看作另一个因素。"熵"作为一个物理学概念，1850年由德国物理学家鲁道夫·克劳修斯首次提出。社会学认为"熵"代表一种无序，是从一种形式的有序转化成另一种形式的有序时所必然产生的某种无序状态。

明代中期以前的社会基本属于农耕型社会，随着白银大量输入，经济持续增长，到晚明时期逐渐形成消费型社会。如果说明中期到晚期是一种秩序向另一种秩序的转化，那么在此过程中的各种僭越、失序是否存在"熵增"的无序与无效呢？明万历朝是一个无书不插图的时代，郑振铎此言似乎暗示了插图运用的泛滥。明天启年凌濛初朱墨印本《西厢记》"西厢记凡例十则"："是刻实供博雅之助，当作文章观，不当作戏曲相也，自可不必图画。但世人重脂粉，恐反有嫌无像之为缺事者，故以每本题目、正名四句，句绘一幅，亦猎较之意云尔。"对刊刻者而言，此刻本是作文章观，不当作戏曲相，图像是无效内容。但是，"世人重脂粉，恐反有嫌无像之为缺事者"。刊刻者明知不必画图，但又必须画图，其中既有他们的无奈，又有编辑思路的失序。同时，"西厢记凡例十则"揭示出晚明时期知识传播与认知秩序正在发生转变。

郑振铎认为，晚明戏曲插图"恐怕只是作为装饰性的美好的'插图'，以增进读者的兴趣而已"[①]。郑振铎所言极是，可惜他只言及戏曲插图而没有提到其他。在晚明日用类书、农书、医药书、科技书等书籍中，晚明时人对于插图的功能有了新的认识。他们看到，插图不仅具有观赏性，更有助于读者直接而清晰地认知文本内容。

---

① 郑振铎编著：《中国古代木刻画史略》，上海书店出版社2006年版，第53页。

如郎瑛所言，认知应先从理性的文本阅读入手，继而进行图像阅读，获取感性认知。① 而周孔教则认为，《三才图会》的图文并茂属于"未有如此书之创见者"②，而这个创建就是王圻《三才图会》"引"中所言："图绘以勒之于先，论说以缀之于后，图与书相为印证。"③ 王圻认为，在认知过程中，以阅读图像获取感性认知为先，而后辅以阅读文本得到理性认知的印证。他的这套认知理论与郎瑛有着秩序上的不同。相同的是，他们都肯定了图像在认知方面的直观性。他们的肯定，实际上打破了人们对单一文本认知的依赖与惯性。图文互证认知方式的确立，是晚明文本插图数量陡增的又一个因素。

印刷复制的图像——"插图"，一方面构筑出不同阶层之间交流、对话的平台；另一方面，插图所代表的图文书籍构建起一种新的认知和传播方式。"插图"创造的广泛而直接的对话与传播方式，对于晚明社会生活的影响不言而喻。正如 Abraham A. Moles④ 教授所言："事实上我们已被所谓的电子幻想所包围，用 Villiers de l'Isle Adam 的话来说，这种幻影越来越多地侵入我们的工作和我们的娱乐和休息环境中。这一现实向人类心灵提出的挑战是：在当今这个现实与非现实、真实物品与它们的表象之间的界限越来越模糊的时代，人们是否会失去辨别和控制现实的能力？"⑤ 虽然晚明人面对的图像冲击远没有达到今天所面对的程度，但是图像的充斥所带来的感受、

---

① 参见（明）郎瑛《义理类·医画不能补》，《七修类稿》卷17，中华书局1959年版，第246—247页。

② （明）周孔教：《三才图会序》，载（明）王圻、王思义《三才图会》（上），上海古籍出版社1988年版，第1—2页。

③ （明）王圻：《三才图会引》，载（明）王圻、王思义《三才图会》（上），上海古籍出版社1988年版，第10页。

④ Abraham A. Moles，法国路易斯·巴斯德大学社会学和社会心理学教授，传播社会心理学研究所主任。

⑤ [法] Abraham A. Moles：《设计与非物质性：后工业社会中设计是什么样子？》载[法] 马克·第亚尼编著《非物质社会——后工业世界的设计、文化与技术》，滕守尧译，四川人民出版社1998年版，第37—38页。

冲击、影响是相似的。可以说，插图的大量出现既是晚明社会变化的结果之一，同时，插图种类、数量、内容的变化也成了推动社会变化的因素之一。

晚明插图留给后人的不仅是精美图像，更有丰富而厚重的历史社会信息。如何完全解码这些信息，本书尚没有找到有效方法。虽然文中某些部分尝试从图像学角度进行讨论，但限于篇幅、能力等诸多因素，未能详述，这不能不说是本书的遗憾。因此，对于晚明文本插图更深入的研究只能留待未来。

参考文献

一 历史文献资料

(一) 正史、文集、笔记、方志

(明) 陈建：《皇明通纪》，中华书局 2008 年版。

(明) 陈洪谟：《治世余闻》，中华书局 1985 年版。

(明) 陈洪谟：《继世纪闻》，中华书局 1985 年版。

(明) 陈献章：《陈献章集》，中华书局 1987 年版。

(明) 陈全之：《蓬窗日录》，上海书店出版社 2009 年版。

(明) 陈洪绶：《陈洪绶集》，浙江古籍出版社 1994 年版。

(清) 陈鼎：《东林列传》，明文书局 1991 年版。

(清) 虫天子：《香艳丛书》，人民文学出版社 1992 年版。

(明) 冯梦龙：《情史》，春风文艺出版社 1986 年版。

(明) 冯梦龙：《冯梦龙民歌集三种注解》，中华书局 2005 年版。

(明) 方以智：《通雅》，中国书店 1990 年版。

(明) 葛寅亮：《金陵梵刹志》，天津人民出版社 2007 年版。

(明) 归有光：《震川先生集》，上海古籍出版社 1981 年版。

(明) 顾炳：《顾氏画谱》，河北美术出版社 1996 年版。

(明) 顾起元：《客座赘语》，上海古籍出版社 2005 年版。

(清) 顾炎武：《日知录集释》，上海古籍出版社 2006 年版。

(明) 黄仲昭：《八闽通志》，福建人民出版社 1990 年版。

(明) 胡应麟：《少室山房笔丛》，上海书店出版社 2001 年版。

（清）华阳散人：《鸳鸯针》，春风文艺出版社1985年版。

（明）郎瑛：《七修类稿》，中华书局1959年版。

（明）何良俊：《四友斋丛说》，《明代笔记小说大观》，上海古籍出版社2005年版。

（明）嘉靖《建阳县志》，《天一阁藏明代方志选刊》1990年影印本。

（明）邝璠：《便民图纂》，农业出版社1959年版。

（明）李贽：《续焚书》，中华书局1959年版。

（明）李贽：《焚书》，中华书局1975年版。

（明）李诩：《戒庵堂老人漫笔》，中华书局1982年版。

（明）李日华：《六砚斋三笔》，上海古籍出版社1988年版。

（明）凌濛初：《拍案惊奇》，上海古籍出版社1982年版。

（明）凌濛初：《二刻拍案惊奇》，上海古籍出版社1985年版。

（明）陆云龙：《魏忠贤小说斥奸书》，时代文艺出版社2001年版。

（明）陆人龙：《型世言》，上海古籍出版社2001年版。

（明）陆容：《菽园杂记》，《明代笔记小说大观》，上海古籍出版社2005年版。

（明）刘若愚：《酌中志》，《明代笔记小说大观》，上海古籍出版社2005年版。

（明）闵正中、曾汝鲁：《风流题咏美人诗》，中央书店1935年版。

（明）祁彪佳：《祁彪佳日记》，浙江古籍出版社2016年版。

（清）钱谦益：《列朝诗集小传》，上海古籍出版社1983年版。

（明）沈德符：《万历野获编》，《明代笔记小说大观》，上海古籍出版社2005年版。

（明）唐顺之：《荆川先生文集》，上海商务印书馆1936年版。

（明）汤显祖著，（清）陈同、（清）谈则、（清）钱宜评：《吴吴山三妇合评牡丹亭》，浙江古籍出版社2016年版。

（明）汤显祖：《汤显祖全集》，北京古籍出版社1999年版。

（明）王士性：《广志绎》，中华书局1981年版。

（明）王圻、王思义：《三才图会》，上海古籍出版社1988年版。

（明）王锜：《寓圃杂记》，中华书局1984年版。

（明）王阳明：《传习录》，花城出版社1998年版。

（明）文徵明：《文徵明集》，上海古籍出版社1987年版。

（明）文震亨：《长物志》，中华书局2012年版。

（清）王弘撰：《山志》，中华书局1999年版。

（明）徐渭：《徐渭集》，中华书局1983年版。

（明）解缙：《解文毅公集》，江西吉水谢氏刻，清乾隆三十二年（1767）国家图书馆藏微略图。

（明）解缙：《永乐大典》，中华书局1986年版。

（明）谢肇淛：《五杂俎》，上海古籍出版社2005年版。

（明）叶盛：《水东日记》，中华书局1980年版。

（明）袁宏道：《袁中郎随笔》，作家出版社1996年版。

（明）袁中道：《珂雪斋集》，上海古籍出版社2019年版。

（清）叶德辉：《书林清话》，国家图书馆出版社2009年版。

（宋）郑樵：《通志》，中华书局1987年版。

（明）张岱：《陶庵梦忆》，中华书局2007年版。

（明）张丑：《清河书画舫》，上海古籍出版社2011年版。

（明）张岱：《夜航船》，中华书局2012年版。

（明）张瀚：《松窗梦语》，中华书局1985年版。

（清）张廷玉：《明史》，中华书局1974年版。

（二）唱本

《北西厢记》李榿本，万历三十年（1602），国家图书馆藏微略图。

《词坛清玩·般□硕人增改定本》，天启元年（1621），国家图书馆藏微略图。

《汇刻传剧》，梦凤楼暖红室影印本，大理大学图书馆藏。

《凌濛初朱墨印本西厢记》，天启年版，国家图书馆藏微略图。

《徐文长先生批评北西厢记》，崇祯四年（1631），国家图书馆藏微略图。

《新镌全像蓝桥玉杵记》，浣月轩刊本，万历三十四年（1606），国家图书馆藏微略图。

二 著作

（一）国内

陈旭耀：《现存明刊〈西厢记〉综录》，上海古籍出版社2007年版。

陈宝良：《明代社会生活史》，中国社会科学出版社2004年版。

陈宝良：《中国的社与会》，中国人民大学出版社2011年版。

陈传席：《明末怪杰——陈洪绶的生涯及艺术》，浙江人民美术出版社1992年版。

陈建勤：《明清旅游活动研究——以长江三角洲为中心》，中国社会科学出版社2008年版。

陈江：《明代中后期的江南社会与社会生活》，上海社会科学院出版社2006年版。

陈玉女：《明代的佛教与社会》，北京大学出版社2011年版。

程国赋：《明代书坊与小说研究》，中华书局2008年版。

戴健：《明代后期吴越城市娱乐文化与市民文学》，社会科学文献出版社2012年版。

邓之诚：《骨董琐记全编》，人民出版社2012年版。

丁锡根编著：《中国历代小说序跋集》，人民文学出版社1996年版。

段钢：《寻觅图像世界的密码——图像世界的学理解读》，上海人民出版社2008年版。

樊树志：《晚明史（1573—1644）》，复旦大学出版社2003年版。

范凤书：《中国私家藏书史》，大象出版社2001年版。

方彦寿：《建阳刻书史》，中国社会出版社2003年版。

方志远：《明代城市与市民文学》，中华书局2004年版。

冯鹏生：《中国木版水印概说》，北京大学出版社1999年版。

葛荣晋主编：《中国实学思想史》，首都师范大学出版社1994年版。

葛兆光：《中国思想史》，复旦大学出版社2000年版。
龚杰、匡亚明主编：《王艮评传》，南京大学出版社2011年版。
郭绍虞：《照隅室古典文学论集》，上海古籍出版社1983年版。
侯会：《食货金瓶梅——从吃饭穿衣看晚明人性》，广西师范大学出版社2007年版。
胡道静：《中国古代的类书》，中华书局1982年版。
胡妙胜：《阅读空间：舞台设计美学》，上海文艺出版社2002年版。
胡晓真、王鸿泰编：《日常生活的论述与实践》，允晨文化实业股份有限公司2011年版。
黄克武主编：《画中有话——近代中国的视觉表述与文化构图》，台湾"中研院"近代史研究所2003年版。
黄霖、韩同文：《中国历代小说论著选》（修订本），江西人民出版社2000年版。
蒋星煜：《西厢记的文献学研究》，上海古籍出版社1997年版。
雷庆锐：《晚明文人思想探析——〈型世言〉评点与陆云龙思想研究》，中国社会科学出版社2006年版。
廖奔：《中国戏剧图史》，河南教育出版社1996年版。
刘振天：《明代通俗类书研究》，齐鲁书社2006年版。
鲁迅：《鲁迅全集》，人民文学出版社1981年版。
路善全：《在盛衰的背后——明代建阳书坊传播生态研究》，中国传媒大学出版社2009年版。
罗宗强：《明代后期士人心态研究》，南开大学出版社2006年版。
齐如山：《国剧艺术汇考》，辽宁教育出版社1998年版。
钱杭、承载：《十七世纪江南社会生活》，浙江人民出版社1996年版。
石谷风编著：《徽州容像艺术》，安徽美术出版社2001年版。
宋原放、王有朋主编：《中国出版史料（古代部分）》，湖北教育出版社、山东教育出版社2004年版。
宋志英辑：《明代名人尺牍选萃》，国家图书馆出版社2008年版。

滕守尧：《文化的边缘》，作家出版社1997年版。

万明主编：《晚明社会变迁：问题与研究》，商务印书馆2005年版。

万木春：《味水轩里的闲居者——万历末年嘉兴的书画世界》，中国美术学院出版社2008年版。

王天有主编：《明朝十六帝》，紫禁城出版社2010年版。

巫仁恕：《明清城市民变研究——传统中国城市群众集体行为之分析》，博士学位论文，台湾大学历史研究所，1996年。

巫仁恕：《品味奢华：晚明的消费社会与士大夫》，中华书局2008年版。

吴承学：《晚明小品研究》，江苏古籍出版社1999年版。

向达：《唐代长安与西域文明》，商务印书馆2015年版。

肖明和、张营主编：《建筑工程制图》（第2版），北京大学出版社2012年版。

谢国桢：《明清之际党社运动考》，上海书店出版社2004年版。

谢水顺、李珽：《福建古代刻书》，福建人民出版社1997年版。

徐小蛮、王福康：《中国古代插图史》，上海古籍出版社2007年版。

杨正泰撰：《明代驿站考》（增订本），上海古籍出版社2006年版。

叶树声、余敏辉：《明清江南私人刻书史略》，安徽大学出版社2002年版。

元鹏飞：《戏曲与演剧图像及其他》，中华书局2007年版。

张广智、张广勇：《史学：文化中的文化》，上海社会科学出版社2003年版。

张秀民：《中国印刷史》（上、下卷），浙江古籍出版社2006年版。

郑振铎：《郑振铎全集》，花山文艺出版社1998年版。

郑振铎编著：《中国古代木刻画史略》，上海书店出版社2006年版。

中国社会科学院历史研究所文化室编：《明代通俗日用类书集刊》，东方出版社2011年版。

周齐：《明代佛教与政治文化》，人民出版社2005年版。

朱一玄、刘毓忱编：《水浒传资料汇编》，南开大学出版社 2002 年版。

(二) 国外

[英] 彼得·伯克：《图像证史》，杨豫译，北京大学出版社 2008 年版。

[加] 卜正民：《明代的社会与国家》，陈时龙译，时代出版传媒股份有限公司、黄山书社 2009 年版。

[加] 卜正民：《纵乐的困惑——明代的商业与文化》，方骏、王秀丽、罗天佑译，生活·读书·新知三联书店 2004 年版。

[美] 房龙：《伦勃朗全传》，王逸梅等译，东方出版社 1999 年版。

[美] 高居翰：《画家生涯——传统中国画家的生活与工作》，杨宗贤译，生活·读书·新知三联书店 2012 年版。

[美] 高居翰：《山外山——晚明绘画 (1570—1644)》，王嘉骥译，生活·读书·新知三联书店 2009 年版。

[荷] 高罗佩：《中国古代房内考》，李零、郭晓惠、李晓晨、张世京译，上海人民出版社 1990 年版。

[美] 高彦颐：《闺塾师——明末清初江南的才女文化》，李志生译，江苏人民出版社 2005 年版。

[英] 贡布里希：《艺术发展史》，范景中、林夕译，天津人民美术出版社 1992 年版。

[美] 何炳棣：《明清社会史论》，徐泓译注，联经出版事业股份有限公司 2013 年版。

[美] 何谷理：《明清插图本小说阅读》，刘诗秋译，生活·读书·新知三联书店 2019 年版。

[美] 黄仁宇：《十六世纪明代中国之财政与税收》，阿风、许继文、倪玉平、徐卫东译，生活·读书·新知三联书店 2001 年版。

[日] 井上进：《中国出版文化史》，李俄宪译，华中师范大学出版社 2015 年版。

[英] 柯律格：《明代的图像与视觉性》，黄晓鹃译，北京大学出版社 2011 年版。

[英] 柯律格：《长物：早期现代中国的物质文化与社会状况》，高昕丹、陈恒译，生活·读书·新知三联书店 2015 年版。

[意] 利玛窦、[比] 金尼阁：《利玛窦：中国札记》，何高济、王遵仲、李申译，广西师范大学出版社 2001 年版。

[法] 马克·第亚尼编著：《非物质社会——后工业世界的设计、文化与技术》，滕守尧译，四川人民出版社 1998 年版。

[美] 牟复礼、[英] 崔瑞德编：《剑桥中国明代史（1368—1644 年)》，张书生等译，中国社会科学出版社 2006 年版。

[美] 钱存训：《中国纸和印刷文化史》，郑如斯编订，广西师范大学出版社 2004 年版。

[日] 上田信：《海与帝国：明清时代》，高莹莹译，广西师范大学出版社 2014 年版。

[英] 约翰·伯格：《观看之道》，戴行钺译，广西师范大学出版社 2015 年版。

[美] 周绍明：《书籍的社会史——中华帝国晚期的书籍与士人文化》，何朝晖译，北京大学出版社 2009 年版。

三 论文

陈宝良：《游逸嬉玩：晚明的社会流动与文化的转向》，《浙江学刊》2014 年第 5 期。

江弱水：《风流经史：读梁鼓角横吹曲〈地驱乐歌〉》，《读书》2010 年第 7 期。

刘志琴：《晚明社会与中国文化近代化》，《河北学刊》2008 年第 1 期。

林宜蓉：《理想的顿挫与现世的抉择——陈洪绶"狂士画家"生命形态之展开》，载《朵云 68：陈洪绶研究》，上海书画出版社 2008 年版。

李劼：《论中国古典戏曲空间的审美特质》，《东华理工大学》（社会科学版）2011年第3期。

商传：《略论晚明的人文主义与社会转型》，《江西社会科学》2013年第7期。

田威：《〈西厢记〉重刻现象下的利益与话语权》，《大理大学学报》（社会科学版）2018年第9期。

许文美：《论陈洪绶版画〈张深之正北西厢秘本〉中的仕女形象》，载《朵云68：陈洪绶研究》，上海书画出版社2008年版。

徐邦达：《从壁画副本小样说到两卷宋画：朝元仙杖图》，《文物》1956年第2期。

岳天雷：《王廷相的实学思想及其精神品格》，《河南社会科学》2002年第1期。

元鹏飞：《论明清的小说刊本插图》，《广东技术师范学院学报》2009年第4期。

张人和：《明刊〈西厢记〉佚本管窥》，《古籍整理研究学刊》1998年第2期。

张献忠：《日用类书的出版与晚明商业社会的呈现》，《江西社会科学》2013年第12期。

四　画册、图录

北京图书馆：《中国版刻图录》，文物出版社1961年版。

陈启明校订：《水浒全传插图》，人民美术出版社1955年版。

深圳博物馆、辽宁省博物馆：《石渠宝笈　旷代风华——辽宁省博物馆藏中国古代书画名品》，文物出版社2012年版。

首都图书馆编：《古本戏曲版画图录》，学苑出版社1997年版。

（明）王文衡：《明刻传奇图像十种》，浙江人民美术出版社2013年版。

郑振铎编：《中国古代版画丛刊·历代古人像赞》，古典文学出版社1958年版。

周芜:《金古陵版画》,江苏美术出版社1993年版。

五 工具书

夏征农:《辞海》,上海辞书出版社1989年版。

中国社会科学院语言研究所词典编辑室编:《现代汉语词典》,商务印书馆2002年版。

后　　记

　　《晚明文本插图研究》终于完成。自 2008 年赴桂子山追随吴琦教授研学历史，匆匆 15 载。人生不过几个 15 年而已，如此耗时，一是能力有限，二是惰性使然，三是杂务缠身。好在总算完成，可以说博士毕业了。此可谓人生大事！

　　《晚明文本插图研究》虽已成书，但不尽如人意。特别是关于插图作为晚明社会各阶层交往、交流的边缘地带，应该另起一章专门论述。但是，这需要查阅的相关材料实在太浩繁了，自觉精力、能力已无法在短时间内完成，只好放弃。书中仅提及而没有详论。希望若干年内能弥补这一缺憾。当然，本书关于"边缘"的思考，特别要感谢滕守尧先生的著作《文化的边缘》给予我的启发和帮助。

　　从打算研究晚明文本插图起，一个问题始终萦绕心间：为什么晚明时期会出现大量的插图？曾尝试用知识下移的原因来解释这一现象，但始终没有完全说服自己。应该说，插图是知识下移的一种手段和方式，但知识下移不是直接导致插图大量出现的原因。晚明文本插图大量出现，应该是图像因其明确、清晰的直观性，在不同阶层的知识、信息交换中没有形成壁垒，而是创造出一个开放、交流的地带，即滕守尧所提出的"对话边缘"。"边缘"地带是人群和睦相处的地方，是充满欢乐之所。而晚明文本插图恰恰在晚明社会充当了人与人之间交往、交流的"边缘"地带。因此，无论是晚明图里的二维世界，还是图外的现实社会，都充满人间的欢愉。当然，

后　记

晚明时期的政治黑暗、吏治腐败、社会失序、物欲横流亦是有目共睹的。或许，正是因为有着如此迷茫的现实，导致所有人都希望逃离现实的困顿，在文本插图的世界中寻找自我的欢愉，即便这种欢愉是短暂的。

此书的出版，感谢恩师吴琦教授帮我打开另一扇窗看世界。我本是一个艺术人，看待世界只会用艺术的眼光，而吴琦教授教会我用历史的视角看待一切。另外，马良怀教授——桂子山上一个颇具魏晋风度的魏晋史学者，对于我这个史学研究的门外汉给予了极大的鼓励与支持。桂子山是个温暖的地方，历史文化学院更是一个友爱互助的大家庭。每一位老师、同学都给予了我历史研究上的指导与鼓励。当然，父母妻儿的支持更是我克服一切困难的最大动力。

最后，特别感谢中国社会科学出版社出版此书，更要感谢本书的责任编辑刘芳女士的辛勤工作！并向书中所引用文献的作者致敬！

田　威

2023 年 1 月 11 日于大理和苑